2019 年度国家社科基金一般项目
——基于社会生态模型促进智力障碍儿童青少年体力活动及其身心健康效应的研究（19BTY126）

我国儿童青少年身体活动协同促进研究

梁　枢　李佳薇　黄念南 ◎ 著

人民体育出版社

图书在版编目（CIP）数据

我国儿童青少年身体活动协同促进研究 / 梁枢，李佳薇，黄念南著. — 北京：人民体育出版社，2024（2024.6 重印）

ISBN 978-7-5009-6312-7

Ⅰ. ①我… Ⅱ. ①梁… ②李… ③黄… Ⅲ. ①儿童－体育锻炼－研究－中国 ②青少年－体育锻炼－研究－中国 Ⅳ. ①G806

中国国家版本馆 CIP 数据核字（2023）第 089653 号

*

人 民 体 育 出 版 社 出 版 发 行
北京中献拓方科技发展有限公司印刷
新 华 书 店 经 销

*

710×1000 16 开本 13.5 印张 225 千字
2024 年 1 月第 1 版 2024 年 6 月第 2 次印刷

*

ISBN 978-7-5009-6312-7
定价：67.00 元

社址：北京市东城区体育馆路 8 号（天坛公园东门）
电话：67151482（发行部） 邮编：100061
传真：67151483 邮购：67118491
网址：www.psphpress.com
（购买本社图书，如遇有缺损页可与邮购部联系）

前　言

PREFACE

后疫情时代儿童青少年身心健康问题日益受到我国社会各界的普遍关注，但是我国条块分割化的社会治理结构割裂了家庭、学校、社区三大社会生态场域，这是我国儿童青少年体质健康水平持续下滑的重要原因之一。作者基于家庭、学校、社区不同现实场域，整合质性、量化分析综合范式，探究我国儿童青少年身体活动的关键影响因素及其作用机制。这对于切实促进儿童青少年身体活动水平的提高具有重要意义。

作者通过设计4个访谈提纲分别对儿童青少年、家长、中小学教师、行政部门主管领导进行访谈，根据扎根理论研究范式，对访谈文本采用自下而上的三级编码流程构建包括个人、家庭、学校、社区4个主范畴的影响因素指标体系，在此基础上构建“家校社三不脱离模型”。通过该模型设计《儿童青少年身体活动影响因素量表》，配合三轴加速度计ActiGraph GT3X+和《每日身体活动回忆表》分析我国儿童青少年身体活动的关键影响因素及其作用机制。

本书的主要研究结果如下。

（1）年级对学校体育氛围因素具有显著性影响；BMI（Body Mass Index，身体质量指数）对情感支持、资金支持因素具有显著性影响；性别、是否为独生子女、是否近视对影响因素不产生显著性影响。

（2）父亲身体形态对资金支持因素具有显著性影响，而母亲没有这种影响力；父母受过高等教育的儿童青少年在绝大部分影响因素的得分上均高于父母未受过普通高等教育的儿童青少年。

（3）性别在上学日和休息日对低、中、高强度身体活动时间均存在显著性影响，且男生活动时间远多于女生；年级在上学日对睡眠时间、久坐时间、低强度和中强度身体活动时间有显著性影响，在休息日对低强度身体活动时间有显著性影响；BMI 和是否近视对身体活动时间不产生显著性影响。

（4）父母身体形态和受教育程度在上学日和休息日不同身体活动量持续时间维度均不存在显著性差异。

（5）儿童青少年身体活动关键性影响因素包括学校硬件设施、伙伴情谊（同学）、学校体育氛围、体育与健康课程、体育师资配备、家长体育认知、资金支持、情感支持、社区体育设施、社区体育氛围、建成环境 11 个因素。

本书的主要研究结论如下。

（1）学校场域下的关键性影响因素对儿童青少年身体活动行为产生“主导性作用”。

（2）家庭场域下的关键性影响因素对儿童青少年身体活动行为产生“适时性作用”。

（3）社区场域下的关键性影响因素对儿童青少年身体活动行为产生“补充性作用”。

（4）“家校社”场域下的个人因素不起主动影响作用。

（5）儿童青少年身体活动影响因素在三大场域发生相互作用，形成了跨域辐射、同域促进、异域影响和域际消长四大机制。

目　录

CONTENTS

第一章

绪　论

我国条块化的制度结构割裂了家庭、学校、社区三大社会生态场域，这是我国儿童青少年体质健康水平持续下滑的重要原因之一。本书旨在整合质性和量化研究范式，构建理论框架，通过多种研究方法，探究我国儿童青少年身体活动的关键影响因素及其作用机制。

第一节　研究背景

一、后疫情时代儿童青少年身心健康问题日益受到社会关注

复旦大学附属华山医院感染科主任张文宏提出，病毒感染者的自身免疫力是战胜疾病的终极武器。因此，提升全民免疫机能成为打赢防疫战役、全面促进社会健康生活水平提升的关键手段。在流行病学学科领域，关于体育锻炼、身体活动能有效提高人体免疫力的观点早有定论。有学者提出，身体活动是抵抗疾病、改善健康的有效方法；还有学者曾证明，身体活动是降低罹患慢性疾病风险率的重要因素。如何动员、引导全社会力量推动全民健身，以激发身体活力，成为关系国计民生的问题。儿童青少年正处于锻炼行为培养、终身体育意识形成的关键时期，他们是决定未来国家健康水平的重要人群，因此决策者应当重视他们的身心健康问题。

二、家庭、学校、社区场域割裂是限制儿童青少年身体活动的重要原因之一

一直以来，我国条块化的制度结构存在典型的路径依赖特征，这导致我国儿童青少年长期处于家庭、学校、社区场域割裂的状态[1]。儿童青少年长期受到彼此割裂、相互矛盾的社会场域力量的干扰，这对其形成稳定健康的终身体育习惯和身体活动素养产生了很大阻力。2007 年中央 7 号文件《中共中央、国务院关于加强青少年体育增强青少年体质的意见》、2012 年国务院办公厅 53 号文件《国务院办公厅转发教育部等部门关于进一步加强学校体育工作若干意见的通知》、2016 年国务院办公厅 27 号文件《国务院办公厅关于强化学校体育促进学生身心健康全面发展的意见》等文件中提出，要完善学校、家庭、社区相结合的青少年体育网络，加强沟通与合作，逐步形成家庭、学校、社区联动，共同指导学生体育锻炼的机制。2016 年国家体育总局印发的《青少年体育“十三五”规划》中也提出建立三者结合的青少年体育网络和联动机制。2017 年教育部等七部委联合颁布的《青少年体育活动促进计划》中提出，应持续增强家庭、学校、社区的联动效应。2020 年国家体育总局印发的《关于深化体教融合 促进青少年健康发展的实施意见》中着重强调了学校体育的重要性。从十多年来陆续颁布的系列文件中不难发现，家庭、学校、社区应合力促进学生体育锻炼的指导思想从未改变。然而，一系列政策在现实中并未得到十分有效的下沉与执行。如何在家庭、学校、社区等不同的时空场域中找到促进我国儿童青少年身体活动深层次的和具体化的影响机制，具有重要的研究价值。

三、家庭、学校、社区场域中儿童青少年身体活动影响机制研究存在的局限

（一）质性研究过程主观且空泛

目前，我国学者倾向使用主观性研究方法诠释促进身体活动的内外部影响因素或构建影响指标体系。例如，有的学者倾向从社会生态学视角（Social Ecology）对儿童青少年身体活动影响因素加以概括，如 Mulhall 等[2]、Dwyer 等[3]、Kenyon 和 Baete[4]、Berge 等[5]、高岩和王先亮[6]、Timo 等[7]、Veselska 等[8]、Noordstar

等[9]、苏晓红等[10]、代俊和陈瀚[11]、王富百慧[12]。从大部分文献的行文逻辑来看，影响因素筛选更多依赖德尔菲（Delphi）法、专家访谈法、逻辑归纳法等主观性研究方法，缺乏严谨的归纳和总结的过程，且对各因素影响身体活动的机制的探讨过于空泛。

（二）量化研究过度聚焦高普适性因素

目前，国内儿童青少年身体活动量化研究多围绕几个高普适性的影响因素，采用国际成熟量表进行数据采集，继而反复变换假设模型，进行检验与论证。这些高普适性影响因素如教师支持、父母支持、建成环境等被模糊化处理，被笼统视为家庭、学校、社区影响因素的代名词，只能从局部简单揭示家庭、学校、社区影响因素与身体活动的表象关系。在众多影响因素中筛选出关键性因素，是深刻揭示我国儿童青少年身体活动发展特有规律的重要契机。

第二节 研究目的与研究价值

一、研究目的

根据本章第一节所述的研究局限，作者认为基于我国家庭、学校、社区场域实际，整合质性研究和量化研究的优点，采用质性研究构建儿童青少年身体活动影响因素指标体系，结合量化研究筛选关键性影响因素，继而在不同时空场域下（上学日、休息日 2 个时间范畴，家庭、学校、社区 3 个社会情境）探究不同关键性影响因素对儿童青少年身体活动行为的影响机制，能够真正意义上分析并解决我国家庭、学校、社区场域割裂的问题，为形成合力促进我国儿童青少年身体活动发展提供理论支持。

二、研究价值

（一）理论创新价值

本书基于家庭、学校、社区实际，有机整合质性研究与量化研究，统筹构建儿童青少年身体活动“家校社三不脱离模型”，综合运用量表、加速度计、访谈回忆录搜集加工相关数据，探究不同时空场域下（上学日、休息日 2 个时间范畴，家庭、学校、社区 3 个社会情境）儿童青少年身体活动发展的内在机制，具有较高的理论创新价值。具体体现在以下两个方面。

1. 基于中国国情扎根构建“家校社三不脱离模型”

我国关于儿童青少年身体活动领域的研究主要借鉴西方理论或采用国际常用方法。例如，计划行为理论（范卉颖等[13]）、社会生态理论（郭强[14]）等都是我国学者常用的国际经典理论，《久坐行为调查问卷》（ASAQ-CN）、《儿童青少年家长支持量表》（ACTS-CN）等是我国学者倾向采用的测量工具。总体上，学者借鉴西方的理论和方法研究中国问题时，会更多聚焦中西方高普适性影响因素，而忽略一些符合中国国情的特殊性影响因素。

为了避免质性研究主观且空泛，本书第四章中采用扎根理论分析 13 万余字的访谈文本，归纳出包括个人、家庭、学校、社区 4 个主范畴，14 个子范畴，38 个概念的“家校社三不脱离模型”，并基于该模型研制《儿童青少年身体活动影响因素量表》。模型维度、量表题项和访谈文本与素材相对照，与我国家庭、学校、社区场域相互契合，有别于西方理论及方法。

2. 基于身体活动水平的数据加工深化理论

在国内身体活动量化研究中，学者们倾向选择成熟的《WHO 学龄儿童健康行为问卷》《国际身体活动问卷（短卷）》《青少年身体活动问卷》进行身体活动的笼统测量。有小部分学者已经开始使用加速度计测量被试一整段时间内中高强度身体活动总量。这两种数据采集方式仅能够粗泛地论证身体活动影响机制，得出的结论总体比较模糊、笼统。本书第六章、第七章中采用“加速度计+访谈回忆录”的方式对被试中高强度身体活动总量进行针对性分解，计算不同时空场域内、不同类型的身体活动量，能够更加具体、鲜明地论证不同关键性影响因素与不同时空场域身体活动水平的关系，更加深刻地揭示身体活动影响机制，深化了理论。

（二）实践价值

1. 研制出标准统一、操作性强的《儿童青少年身体活动影响因素量表》

以往我国学者倾向使用西方成熟量表测量影响因素，但这些研究往往聚焦高普适性因素，且存在以偏概全地划分家庭、学校、社区场域的问题。例如，有学者用“父母支持”代表家庭场域的影响因素、用“教师支持”代表学校场域的影响因素、用“建成环境”代表社区场域的影响因素。实际上，三大场域内还存在其他内涵各异、特征鲜明的影响因素。为此，本书第五章中基于“家校社三不脱离模型”，依次完成《儿童青少年身体活动影响因素量表》的初始设计、信度效度检验等，为我国学者在家庭、学校、社区不同场域下全面搜集影响因素数据提供了可靠工具。

2. 深刻、鲜明地揭示了儿童青少年身体活动影响机制

作者在质性研究基于扎根理论构建的“家校社三不脱离模型”的基础上，通过量化分析确定了11个关键性影响因素与7个时空场域中高强度身体活动时间之间的7个多元回归模型，揭示了7个较为深刻的身体活动影响机制。本研究相比以往的研究，更加鲜明具体地揭示了我国儿童青少年中高强度身体活动量在家庭、学校和社区场域中的分布情况，以及不同场域中高强度身体活动量的关键性影响因素组合，从而清晰地为我国体育行政部门、社区体育组织、学校体育管理人员、家长、儿童青少年自身提供有价值的参考，从而统一思想，提高认知，共同努力打破家庭、学校、社区场域的割裂状态，实现我国儿童青少年身体活动发展目标。

第三节 研究方法与研究框架

一、研究方法

（一）文献综述法

本书第二章中围绕儿童青少年身体活动水平、测量及其影响因素的研究主题，

搜集了“身体活动”“体力活动”“加速度计研究进展与测量”“统计学”“质性研究”“扎根理论”等领域的理论和实证研究文献。外文期刊论文的搜集以 Web of Science、EBSCO、ProQuest、PubMed 等电子数据库为主，以谷歌学术、百度学术为辅；中文期刊和学术论文的搜集以中国知网、万方数据和维普资讯为主；图书资料主要来自各学校图书馆和国家图书馆。

（二）访谈法

本书在文献研究的基础上综合相关理论并融合多轮专家修改意见，针对不同群体制定了学生、家长、学校体育负责人和体育教师、政府教育和体育部门负责人 4 份访谈提纲，在辽宁、山东、安徽、湖北、广东 5 省选择访谈对象并进行半结构化访谈，形成了 13 万余字的访谈文本。

（三）质性研究方法

根据扎根理论原理，利用 Nvivo 11.0 软件对访谈文本进行三级编码，构建我国儿童青少年身体活动影响因素的三级指标体系，形成既与西方理论普适重叠，又能体现中国特殊性影响因素的“家校社三不脱离模型”。

（四）问卷调查法

在第五章中，作者自编了《儿童青少年身体活动影响因素量表》，在第六章、第七章的量化研究中使用该量表采集影响因素数据。该量表是基于“家校社三不脱离模型”的自编量表，包含个人、家庭、学校、社区 4 个分量表，16 个维度和 87 个题项，其中包括人口统计学指标的信息，如年龄、性别、民族、是否为独生子女、是否近视、父母身体形态和受教育程度等。本书中的初始量表应用于 1050 个对象，进行大样本信效度检验；正式量表应用于 57 名被试，进行小样本影响因素的数据收集。

（五）测量法

第六章、第七章中采用加速度计设备对 57 个被试的身体活动情况进行为期一周的不间断测量。根据数据有效性的筛选依据，提取 43 个有效样本并根据一周身体活动时间按自然天数（周一至周日）和场域（家庭、学校、社区）统计出久坐（Sedentary Behavior，SB）、低强度身体活动（Light Physical Activity，LPA）、中等强度身体活动（Moderate Physical Activity，MPA）、高强度身体活动（Vigorous Physical Activity，VPA）及中高强度身体活动（Moderate-to-Vigorous Physical Activity，MVPA=MPA+VPA）的持续时间等独立的时间片段。

（六）数理统计法

在第五～七章中使用数理统计法进行统计。

1.《儿童青少年身体活动影响因素量表》的自编量表研制

第五章内容为量表的研制过程，对889份有效问卷进行信效度检验，利用SPSS 22.0软件对样本一进行独立样本 t 检验、相关分析及探索性因素分析（Exploratory Factor Analysis，EFA），用主成分分析法和固定因子抽取方式分别获得4个分量表的因子结构；结合AMOS 21.0软件对样本二进行验证性因素分析（Confirmatory Factor Analysis，CFA），检验拟合优度，进行模型修正，确定正式问卷。

2. 小样本数据的统计分析

第六章、第七章涉及小样本数据的统计分析，核心思路是将43个有效样本的回收数据与测量数据进行逐一比对整理，利用SPSS 22.0、ActiLife（v6.13.3）软件，采用参数检验和非参数检验（独立样本 t 检验、Mann-Whitney U 检验、Kruskal-Wallis H 检验）的统计方法，以性别、年级、BMI、是否为独生子女、是否近视、父母身体形态和受教育程度为分组变量，对儿童青少年身体活动水平及其影响因素的分布特征和发展趋势进行统计分析。采用多元回归分析方法，分析人口统计学变量和身体活动水平影响因素是否显著，预测细分场域和时间段的中高强度身体活动时间。

二、研究框架

本书从我国儿童青少年身体活动影响因素这一现实问题出发，对国内外文献进行梳理，并结合相关理论提出模型构想。针对学生、学生家长、学校体育行政部门主管领导和中小学特级体育教师4类访谈人群，编制4份访谈提纲，以半结构深度访谈为基础，运用扎根理论对访谈文本逐字逐句地进行三级编码，构建“家校社三不脱离模型”。本书以该模型为蓝本，开发儿童青少年身体活动影响因素的初始量表，并对该量表进行信度和效度检验，形成正式量表。本书利用加速度计设备搭配回忆录访谈方式，测量被试一周时间不间断的身体活动水平，同时发放正式的《儿童青少年身体活动影响因素量表》，根据“家校社”场域对设备数据进行关于身体活动强度和身体活动量的深度加工。本书对儿童青少年身体活动水平及其影响因素进行描述性统计分析，并对其内在因果关系进行多元回归分析，构建回归方程。作者在上述实证探讨的基础上，发现影响儿童青少年身体活动的关键性影响因素，探讨其作用机制，并对相关研究的结论、建议、局限及未来设想进行总结。具体研究框架如图 1-1 所示。

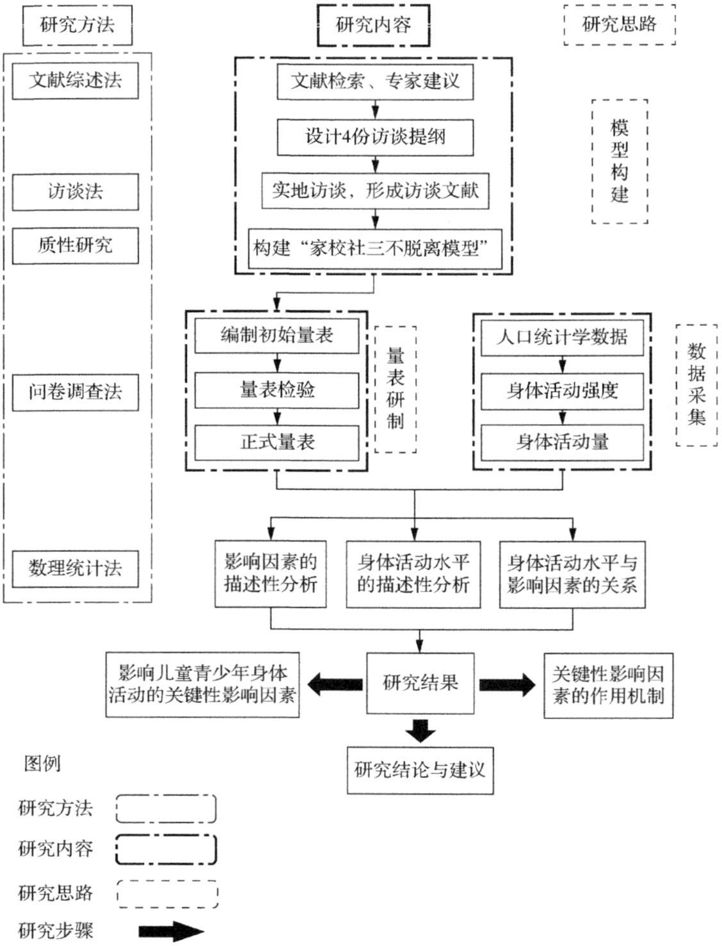

图 1-1　具体研究框架

第四节　创　新　点

一、整合质性研究和量化研究，构建前沿论证范式

本书采用“质性研究+量化研究”的论证范式，在保证必要性和可行性的前提下，系统串联整合扎根理论、量表编制、加速度计身体活动测量、访谈回忆录数据加工和小样本数理统计的前沿研究方法。本书第三章至第七章既相互独立又彼此联系，既体现出理论演化的层层递进，又体现出方法论应用的承上启下。相比国内同领域学者的研究，本书不再简单使用西方成熟量表测量身体活动的影响因素，不再应用量表形式模糊测量身体活动水平，或简单依赖加速度计测量整体中高强度身体活动水平，而是充分结合访谈回忆录对加速度计所测数据进行深度加工，在前人研究的基础上对论证范式进行改良及优化。

二、采用“加速度计+访谈回忆录”形式对数据进行分解、深度加工

当前，有学者应用加速度计进行身体活动水平测量，并占据了国内该领域学术前沿位置。在量化研究中，依靠大样本采集得到的中高强度身体活动数据有利于揭示并挖掘影响因素，但是其明显的劣势在于难以配合访谈回忆录对大样本身体活动数据进行深度加工与挖掘（大样本加速度计数据采集的工作量非常大，研究人员无法再抽出多余精力和时间完成访谈回忆录的记录、加工和处理工作），从而无法进一步分析这些影响因素会在哪些场域、哪些时间范畴内对哪些具体的身体活动产生影响。

因此，本书选择“加速度计+访谈回忆录”数据采集加工方式，在保留高稳健性的关键性影响因素前提下，深度挖掘不同时空场域内（上学日、休息日 2 个时间范畴，家庭、学校、社区 3 个社会情境）的身体活动数据，探索深层次的儿童青少年身体活动影响机制。

三、转变“假设+验证”思路，采用“探索+检验”逻辑思维

我国儿童青少年身体活动领域的量化研究大多是由西方理论推演而来的，围绕若干高普适性影响因素指标进行模型假设，继而采用西方成熟量表测量我国儿童青少年被试，最终验证模型假设并得出结论。这种“假设+验证”是基于西方理论及高普适性影响因素的量化研究，无法完全揭示符合我国国情的儿童青少年身体活动影响机制。

因此，本书基于扎根理论构建“家校社三不脱离模型”之后，并不明确模型中众多影响因素与身体活动的具体关系，而是对所有自变量（影响因素）和因变量（身体活动水平）进行数据采集与汇总，形成包含43个有效样本的横截面数据。作者通过多元回归全面检验各影响因素指标的数据，在11个关键性影响因素与7个时空场域的中高强度身体活动时间之间建立对应关系，在家庭、学校、社区场域下初步建立7个多元回归模型。

第二章

国内外文献综述与比较

本章主要梳理个人、家庭、学校、社区4个维度与健康儿童青少年和智力障碍儿童青少年的身体活动水平的关系，以及测量工具的发展和适用条件。作者在综述中发现，国际上更注重微观层次的研究，普遍采用加速度计作为测量工具，而我国学者更偏重质性的理论推演，以问卷调查测量为主。此外，在研究对象上，国外对于智力障碍儿童青少年身体活动的研究已有相对成熟的结论，根据病种细分为脑瘫、孤独症、唐氏综合征、威利综合征等；根据患病程度细分为轻度智力障碍、中度智力障碍、重度智力障碍；根据不同患病程度和病种的结合，又细分出了更精准的群体，并提出具有针对性的建议。

第一节　核心概念界定

一、儿童青少年

关于儿童青少年的年龄界定，各国大致相同。《美国青少年身体活动提高战略》[15]中提出，青少年包括3~11岁的儿童及12~17岁的少年。《加拿大儿童青少年身体活动指南》[16]中将儿童青少年细分为5~11岁的儿童和12~17岁的青少年。《美国身体活动指南2008》[17]、《澳大利亚身体活动与久坐行为指南》[18]和《中国儿童青少年身体活动指南》[19]中将儿童青少年的年龄界定为6~17岁。本书借鉴各国界定标准并结合我国儿童青少年体育发展实际，把儿童青少年的年龄界定为6~17岁，基本涵盖我国中小学学生年龄段。

二、智力障碍

Tredgold 于 1908 年最早提出“智力障碍(Intellectual Disability)”的概念。1921 年，美国智力与发展性障碍协会（The American Association on Intellectual and Development Disability，AAIDD）也开始对“智力障碍”概念展开研究，经历不断修订于 2010 年推出了第 11 版“智力障碍”概念。期间，AAIDD 在第五版“智力障碍”概念中首次将智力、社会适应力低下双重标准纳入其中[20]；在第六版“智力障碍”概念中正式提出关于“智力障碍”的两个基本概念——“适应行为”和“智力落后”，专门针对“智力落后”提出量化标准，并规定“智力障碍”适用于从出生至 16 岁的儿童青少年[21]。本书选用第 11 版的“智力障碍”概念，即智力障碍是一种以智力功能和适应行为都存在显著限制行为特征的障碍，适应行为表现出概念性、社会性和应用性障碍，智力障碍发生于 18 岁之前[22]。另外，对于智力障碍，还可以从程度与亚群体的角度进行划分。根据智力障碍的程度来划分，可以将其划分为轻度障碍、中度障碍、重度障碍、极度障碍。根据遗传造成的染色体变异来划分，可以将智力障碍划分为若干亚群体，包括唐氏综合征（Down Syndrome，DS）、威廉姆斯综合征（Williams Syndrome，WS）、普拉德-威利综合征（Prader-Willi Syndrome，PWS）。

三、身体活动

身体活动一直是涉及国计民生的重要学术主题。1985 年，Caspersen 等首次定义“Physical Activity（PA）”为“由于骨骼肌收缩产生的任何高于基础代谢水平的消耗能量的一种身体移动形式”[24]，中文译为“身体活动”或“体力活动”。世界卫生组织（World Health Organization，WHO）及全球学界普遍通过身体活动频率、强度、时长和类型四大要素来衡量和评价身体活动。“身体活动”这一概念的外延相对广泛，不仅包含“锻炼行为（Exercise）”[25]和“竞技运动（Sports）”[26]，还包括各种活动类型。

四、儿童青少年身体活动

本书将儿童青少年身体活动界定为 6～17 岁的儿童青少年在学习和生活中以身体练习为基本形式，以放松身心、休闲娱乐和促进健康为目标而进行的一种有意识或无意识的活动。

五、机制

机制（Mechanism）是指机器的构造和动作原理，主要应用于自然科学界，指代机械和机能互相作用的过程或产生的某种现象。机制具有实体和活动的双重内涵，是以某种形式组成的实体和活动在初始条件与终结条件中产生的一系列规律性变化[27]。社会科学中的机制是指寻找某种社会现象涉及的因果关系中的关键性影响因素，并提炼出主导的因果关系，从而揭示该社会现象发生的原因及方式[28]。机制包括两种类型，一是对典型事实的探究，二是对经验型事实的探究。第二种类型是机制理论的终极目标，对经验型事实的概念化和理想化的解释有助于在更广泛的领域内应用该机制。

第二节　社会生态理论的身体活动相关研究

20 世纪 80 年代前后，西方学界开始在学校、社区、医疗情境中探究青少年个体的行为改变策略，并普遍认同个体行为同时受到内部环境和外部环境中各类影响因素的综合作用与影响。1979 年，Hardcastle 等首次提出了测量个体行为改变的“生态学模型（Ecological Model）”，认为影响个体行为的因素包括微观、中观、宏观 3 个层次，而个体通过与外部不同层次的影响因素之间相互反复影响，从而产生对行为的影响[29]。进入 20 世纪 90 年代，生态学模型理论被引入公共健康领域，用于分析人类行为与慢性疾病、生活方式的内在联系[30]。1992 年，Zhang 等结合健康生物心理社会模式、人与环境适应理论、人类发展生态模式等提出了促进健康的社会生态理论（Social Ecological Model）[31]。1999 年，Sallis 和 Owen

首次通过社会生态理论研究身体活动的行为改变[32]，其中包含了大量影响因素，包括个人因素、人际关系、制度组织、政策法规等[33]。

我国很多学者基于社会生态模型提出了儿童青少年的体育健康行为议题，并受到社会广泛关注（杨剑等[34]；陈培友和孙庆祝[35]；韩慧和郑家鲲[36]；代俊和陈瀚[37]）。杨剑等系统梳理了国内外应用社会生态理论研究锻炼行为的相关文献，认为锻炼行为生态学模型适合用来分析我国人群锻炼行为的内在致因及影响机制。根据相关文献，社会生态系统划分为“微观系统”“中间系统”“外围系统”“宏观系统”四大组成部分；不同影响因素对锻炼行为的影响存在 3 种类型，包括倾向性因素、促成性因素、强化性因素。同时，社会生态学包括“个体层面”“人际间层面”“机构层面”“社区层面”“公共政策层面”5 类。当前，国内外运用社会生态理论分析锻炼行为的研究包括描述性研究和干预性研究两大类。苏晓红等[10]采用问卷调查、访谈等研究方法，构建了关于健康行为的生态学模型，并且分别在个体、家庭、学校、社区、政策五大层面探究青少年锻炼行为的影响机制问题，根据各影响因素之间的联系，提出促进青少年锻炼行为的核心机制。结论显示，体育参与动力、体质健康保障是青少年产生体育锻炼行为及保持锻炼持续性的重要因素；家庭健康意识、经济教育水平是决定锻炼行为的重要因素。韩慧和郑家鲲[36]基于社会生态学视角系统分析了西方学术界关于青少年身体活动的相关研究。首先，概述了国外关于青少年身体活动的学术史基本情况；其次论证了个体、人际、教育卫生环境、社区、政策 5 个基本层面中哪些影响因素更被国外学者关注，并在实证方面展开了相应研究；最后，综合比较了我国青少年身体活动研究的不足，结合国际学界的先进经验提出了未来相关研究的趋势与方向。

总体上，我国目前大部分基于社会生态理论展开的研究较为粗泛，倾向从总体筛选出具有显著影响关系的重要因素。但是，不同因素之间的量化关系及因素的重要程度均没有被较为深刻地反映出来。针对社会生态理论中涉及的某些重要影响因素，还未进行深刻的实证研究与理论挖掘。当然，我国一批学者已经开始了较为细致的研究，但是总体上还与国际上的研究存在差距，需要围绕具体的指标进行更加深入的挖掘与研究。

第三节　个人维度与身体活动关系的文献梳理

个人因素是指儿童青少年个体的内部因素会对自身的体育锻炼行为或者身体活动意识产生影响。这类研究涉及的个人指标比较丰富，大致包括年龄（Ndiaye and Benefice[38]），青春期发育（Wilson et al.[39]；Cumming et al.[40]），性别（Belcher et al.[41]；Kidokoro et al.[42]），民族种族（Corder et al.[43]；Trost et al.[44]），文化信仰（Thind et al.[45]），认知、动机（Wilson et al.[46]），技能习得与基础（Hume et al.[47]），心理训练（Najafabadi et al.[48]）等。作者选择了若干指标的典型文献进行概述，具体如下。

一、人口统计学变量与身体活动的关系

相关学者曾以美国儿童青少年为研究对象，探讨来自个体自身的哪些因素会对其身体活动水平产生影响，该研究涉及部分人口统计学变量，包括种族（Race/Ethnicity）、年龄（Age）、性别（Gender）及体重（Weight）等指标。学者根据 2003 ~ 2004 年和 2005 ~ 2006 年国家健康与营养调查（National Health and Nut Examination Survey，NHANES）数据形成一套横截面数据，被试人群为 6 ~ 19 岁的 3106 名美国儿童和青少年，要求其每天至少佩戴加速度计 10 个小时。研究结果显示，6 ~ 11 岁儿童每天会花费更多时间（88 分钟/天）进行中高强度身体活动，远高于 12 ~ 15 岁组（33 分钟/天）和 16 ~ 19 岁组（26 分钟/天）的青少年，且三者间均存在显著性差异（$p<0.001$）。肥胖青少年的中高强度身体活动水平相对较低，比正常体重青少年日均少 16 分钟/天。

Trost 等曾研究不同年龄和性别的儿童青少年群体身体活动水平差异问题[49]。他们选择了 185 名男性和 190 名女性连续 7 天佩戴 CSA7164 加速度计。为了探究身体活动与年龄相关的趋势，他们将被试分为 1 ~ 3 年级（$n=90$）、4 ~ 6 年级（$n=91$）、7 ~ 9 年级（$n=96$）及 10 ~ 12 年级（$n=92$）4 个组别。与大部分研究相似，通过加速度计获取被试中高强度身体活动的消耗时间，继而进行实证分析。结果显示，

日均中高强度身体活动及高强度身体活动水平表现出与年级层次的反向关系，即随着年级层次增高，身体活动水平呈现下降趋势。另外，1～3 年级与 4～6 年级被试的中高强度、高强度身体活动存在显著性差异；不同性别的儿童青少年群体总体身体活动水平表现出适中的显著性差异；在儿童向青少年逐步转变的过程中，中高强度身体活动水平将发生显著性下降。

另外，有一批学者展开了对智力障碍儿童青少年群体身体活动的年龄特征的研究。Izquierdo-Gomez 发现智力障碍儿童青少年的低龄组（11～16 岁）与高龄组（17～20 岁）的身体活动水平不存在显著性差异，同一组别不同年龄被试之间的中高强度身体活动时长同样不存在显著性差异[50]。Pan 研究了 6～12 岁孤独症儿童的年龄、社会参与和身体活动之间的关系，发现年龄对身体活动和社会参与有一定的积极影响，但并没有证据直接证明患孤独症儿童的年龄越大，则其身体活动水平越低[51]。

二、个体生理指标与身体活动的关系

文献中大量身体活动的研究均与个体生理指标相挂钩，包括最大摄氧量（Maximum Oxygen）（Eiberg et al.[52]）、身体成分（Body Composition）（Lohman et al.[53]）、肌肉能量消耗（Energy Expenditure）（Machado-Rodrigues et al.[54]）、血压（Mark and Janssen[54]）、青春期（Pubertal）、骨内微量元素等。学者们试图将这些生理指标作为自变量，探讨其对儿童青少年身体活动的影响效果。作者在众多文献中进行筛选，选择“青春期”和“骨内微量元素”2 个常见生理指标，分析其与儿童青少年身体活动的内在关系。

（一）青春期发育与身体活动的关系

Baker 等专门研究了青春期对于儿童青少年身体活动的影响[56]。研究者跟踪采集 143 名 11～13 岁的女生的青春期数据，形成纵向数据。青春期自变量的数据采集以 11 岁女生为被试，指标确定为血液中雌激素水平（Blood Estradiol Levels）、乳房分期发育标准（Tanner Breast Staging Criteria）及父母青春期检测报告。通过综合 3 类测试得分，女生被划分为“早熟”（n=41）和“晚熟”（n=102）两大类。

身体活动是研究的因变量，选择 ActiGraph 加速度计测量她们的高强度身体活动及高强度身体活动的日均时长。在女性被试 11 岁时，采集其自变量信息，在女性被试 13 岁时，采集其因变量信息。

结果显示，13 岁早熟被试在“自报告”身体活动水平得分及“加速度计”测量得出的中高强度累计时长（Accumulated Minutes）均低于 13 岁晚熟女生。另外，这批女生的体脂含量变化及自评价的身体活动水平不是产生上述差异的原因。结果显示，11 岁早熟女生成长到 13 岁时，相比于 11 岁晚熟女生更容易发生身体活动水平降低的问题。这说明青春期早熟可能是降低儿童青少年身体活动水平的重要原因。

（二）儿童青少年骨微量元素与身体活动的关系

Janz 等通过 3 年跟踪调研，研究了儿童青少年骨微量元素（Bone Mineral Content，BMC）对身体活动影响的内在机制[57]。学者选择了年龄区间为 5.3 ~ 8.6 岁的 370 名儿童，让他们连续佩戴 4 天加速度计设备，以便测量其身体活动水平，对于骨微量元素则通过双能 X 射线骨密度测量法（Dual Energy X-ray Absorptiometry）进行测量。通过校准骨微量元素、年龄、身体尺寸、平均身体活动水平的基线，分别预测后续骨微量元素研究（第 3 年）男生的臀部、粗隆（Trochanter）、脊柱、全身骨微量元素含量和女生的粗隆、全身骨微量元素含量。一般性线性回归的分析结果显示，较高水平的身体活动会刺激儿童的骨密度提高。其中，对粗隆的刺激效果最为明显，粗隆的骨微量元素增长比例超过 14%，而全身骨微量元素增长比例略超过 5%。

三、个体行为与身体活动的关系

（一）久坐行为的相关研究

久坐是影响身体活动最为典型的个体行为，尤其随着信息革命的到来，儿童青少年生活学习的大部分时间均处于坐（看电视、打游戏等）的状态（Katmarzyk and Tremblay[58]；Colley et al.[59]；梁枢和梁伟[60]）。久坐时间挤占了低、中、高强度身体活动的时间，成为儿童青少年个体行为影响健康研究的重要考察内容，深受学界关注[61]。有学者利用 GT2M 加速度计检验手机的生态瞬时评估（Ecological Momentary Assessment）软件是否能够可靠监测儿童青少年身体活动水平。其中，久坐行为及中高强度身体活动的可靠性是检测的重点目标。学者选择了 121 名 9～13 岁的儿童作为研究被试，要求被试全程携带手机和 GT2M 加速度计，以便进行数据搜集，搜集的时间范围是从周五下午至周一晚上的非上学日（Non School Time）。EMA（Exponential Moving Average，指数移动平均值）测试会按照设定在特定时间从手机自动跳出，测试时间是被试出现一定时长的持续性中高强度身体活动（或者出现大规模计步数量）后的 30 分钟。被试要在手机 EMA 软件中输入中高强度身体活动对应的具体身体活动内容（如看电视、打游戏、参加体育锻炼等），被试在接受测试过程中每天录入 3～7 次身体活动内容，以定期记录当前的身体活动事项。统计显示，EMA 软件和加速度计测量的身体活动水平或者计步数量不存在显著性差异，尤其是二者测量的久坐行为（读书、玩电脑、做家庭作业、看电视电影、玩游戏、骑车等）的测量可信度更是显著不相关（$P<0.001$），最终验证 EMA 身体活动测量方式具有较高的可信度。

（二）运动基础技能与身体活动的关系

Balaban 以捷克共和国 8～11 岁儿童为研究对象，分析他们身体活动与各自基础运动技巧（Fundamental Motor Skills）掌握水平的关系[62]，被试样本包含 108 名男孩和 93 名女孩。学者采用“大肌肉动作发展测试（The Test of Gross Motor Development 2，TGMD-2）”的方法对儿童基础运动技巧进行测量。该测试总共分为 2 个部分，共 12 项子测试，具体如下：①运动能力测试（Test of Loco-motor Skills），包括跑步（Run）、跳远（Jump）、单脚跳（Hop）、跨跳（Leap）、前滑步（Gallop）、侧滑步（Slide）；②物体控制技巧测试（Test of Object Control Skills），包括原地拍球（Stationary Dribble）、双手击球(Two-hand Strike)、踢球（Kick）、接球（Catch）、投球（Throw）、地滚球（Underhand Roll）。分析结果显示，所有样本的中高强度身体活动水平与运动能力测试仅保有弱相关和中等相关关系，男生样本高强度身体活动水平与物体控制技巧测试存在弱相关和中等相关关系。因此，相关研究结论表明加强基本运动技巧的学习，有助于促进儿童青少年群体的身体活动发展。

另外，国内也有部分学者研究了智力障碍儿童青少年运动基础技能的形成机制。张磊等对来自特殊学校的中、重度智力障碍男生进行分组，其中实验组 14 人接受软式曲棍球训练干预，并通过大肌肉动作发展量表测量。结果显示，实验组基本动作技能得分要显著高于对照组，实验组位移技能得分显著高于对照组，实验组控制技能得分显著高于对照组。其中，实验组的立定跳远、单脚跳和前滑步动作得分显著提升，控制技能中的原地拍球、击固定球和双手接球动作得分显著提升。这证明了通过系统的软式曲棍球训练能够有效提高中、重度智力障碍男生的基础运动能力[63]。

四、个体心理与身体活动的关系

（一）认知功能与身体活动的关系

Fisher 等试图考察体育教育课程对于儿童青少年认知功能的干预效果[64]。他们通过剑桥神经心理测验（Cambridge Neuropsychological Test Automatic Battery，CANTAB）、注意力网络测试（Attention Network Test，ANT）、认知评估系统（Cognitive Assessment System，CAS）及《Connor 评定等级量表（简版）》对因变量“认知功能”进行综合测量；通过让被试在体育课程中佩戴加速度计对自变量“身体活动”进行测量。研究结果显示，同一班级被试的“剑桥神经心理测验空间跨度（r=0.51）”“空间工作记忆误差（Spatial Working Memory Errors）（r=0.59）”“注意力网络测试反应时（r=0.37）”“注意力网络测试反应准确性（r=0.60）”等指标的前后两次测试结果存在弱相关关系；施加干预后，被试的身体活动指标的复测效果显著优于第一次测试（p<0.001）。但是，干预组及控制组在“认知评估系统”方面的得分变化不存在显著性差异。该研究得出结论，“认知功能”在特定年龄儿童青少年群体中有显著的影响，能够在一定程度上提高儿童青少年体育课程的上课效率，从而达到提升体育课程中身体活动水平的目的。

（二）动机与身体活动的关系

自我决定理论（Self-determination Theory，SDT）是一个关于动机的理论[65]，在国际身体活动领域较为常见。根据自我决定理论，动机包含不同的自我决定强度等级，可用于评价完成某项任务的意志程度。自我决定最高等级是“内部动机（Intrinsic Motivation）”，这意味着儿童青少年完全因自身兴趣而从事某项活动；低一等级的是“可识别规则”，这意味着儿童青少年根据他人判断得出该活动是否具有较高的社会经济价值并决定是否从事该活动；再低一等级是“融合规则”，这意味着儿童青少年为得到奖励或规避惩罚而从事该活动；最低等级是“无动机”，这意味着儿童青少年因失去兴趣而不愿承担某种责任或者缺乏明显的意志去完成某项任务或目标。根据自我决定理论，基本心理得到满足会产生自主动机，如果个体拥有自主性（Autonomy）、胜任力（Competence）、相关性（Relatedness）的支撑，便可达到提高身体活动水平的目标[66]。

Wang 使用 SDT 考察中国儿童青少年闲暇时间中的身体活动情况[67]。学者提出假设：父母、体育教师及同伴都会给予儿童青少年可观察性支持，从而激发儿童青少年产生体育锻炼或身体活动的心理需求，此时体育锻炼自主心理动机（Autonomous Motivation）便得以促进，并实现提高身体活动水平的目标。学者从上海 4 所学校中选择 255 名 6～8 年级的学生，在研究中运用 SDT 对中国青少年的父母、体育教师和同伴的自主支持感知、心理需求（自主性、胜任力和相关性）的满足、自主动机和闲暇时间体育活动之间的假设关系进行了检验。对于实际数据搜集过程中的中高强度身体活动，用加速度计加以测量；对于父母、体育教师及同伴提供的可观察支持，用《锻炼环境量表》（Scale for Exercise Setting）[68]加以测量；通过《基本运动心理需求量表》（The Basic Psychological Needs in Exercise Scale）[69]对心理需求进行测量；另外，使用《锻炼行为管理量表》（Behavioural Regulation in Exercise Questionnaire）[70]评估儿童青少年在运动情境中的运动动机。研究结果表明，来自家长、体育教师和同伴的自主性支持为中国青少年实现 3 项基本心理需求创造了社会条件。反过来，自主性、胜任力和相关性可以正向预测进行中高强度身体活动的自主动机。心理需求对父母支持（$\beta=0.18$，$P<0.01$；Bootstrap 95%，CI=0.06～0.33）和教师支持（$\beta=0.17$，$P<0.01$；Bootstrap 95%，CI=0.03～0.26）的数据显示 P 值小于 0.05 且置信区间不包含 0，结果显著，能够产生部分中介作用。

王富百慧和王梅基于自我决定理论，采用结构方程模型探讨分析了社会环境与城市青少年身体活动的关系。在实证研究中，“动机”与“兴趣”显示出中介作用。首先，城市青少年的内部动机与身体活动参与水平存在着显著相关关系，而外部动机并不能直接产生作用，需要通过“兴趣”发生间接影响。其次，内部动机对于父母支持、同伴关系及参与兴趣具有较强的预测性[71]。

（三）自我效能感与身体活动的关系

有学者曾通过元分析系统梳理并验证自我效能感与身体活动的关系。自我效能感是综合社会认知理论（Bandura and Selt-efficacy[72]）、保护动机理论（Baker et al.[56]）、跨理论模型、健康行动过程方法及可观察行为控制与计划理论之后创造性产生的。Bandura 和 Selt-efficacy 曾经定义自我效能感是个体根据自身能够拥有充分能力去组织执行一系列行动以达到某种目的的信念[72]。大量研究均证明自我效能感是影响自身健康行为的重要指标，如减少酗酒、戒烟行为等。同样，关于自我效能感对于身体活动的促进也有大量成熟的研究（Kaewthummanukul and Brown[73]）。研究者对 27 篇关于自我效能感与身体活动关系的文献进行元分析（Meta Analysis）后得出自我效能感是身体活动发展的有效影响因素的结论。

程晖同样在身体活动领域的研究中考虑到了自我效能感的影响，以甘肃省 6 所高校为调查对象，通过回归分析和结构方程模型来对朋友支持、自我效能感、身体活动、有氧体适能 4 个指标的内在量化关系进行研究。从方程模型中可以看出，自我效能感在朋友支持与身体活动之间起到了显著的中介作用。从某种意义上来说，朋友支持不仅直接作用于身体活动，还能够有效调动大学生个体自身的效能感知，在体育锻炼过程中加强学生对自身能力的认可，从而进一步强化身体活动的内在动机[74]。

第四节　家庭维度与身体活动关系的文献梳理

家庭是影响儿童青少年行为、意识、观念形成最为重要的场景之一，长期以来受到国内外学者的关注。家庭对儿童青少年身体活动的主要影响因素包括父母干预（饮食提供、身体活动、媒体选择）（Davison et al.[75]）、父母经济社会地位（Weaver et al.[76]）、家庭结构（Solomon-Moore et al.[77]）、父母身体活动（Adamo et al.[78]）、家庭护理（Alexy et al.[79]）、父母运动动机（Emm-Collison et al.[80]）、屏幕时间（Cabanas-Sánchez et al.[81]）、家庭环境（Cleland et al.[82]）、计算机游戏（Janssen[83]）及父母支持（Gillison et al.[84]；徐陆璐和童宝林[85]）等。本研究筛选其中关注度最高的“父母支持”“父母经济社会地位”“家庭结构”影响因素进行详细论述。

一、父母支持与身体活动的关系

父母支持理论在儿童青少年身体活动领域的应用非常广泛。徐陆璐和童宝林运用了交叉滞后研究设计，深度挖掘父母支持与青少年身体活动的内在关联。调查对象为上海市的 1048 名青少年，学者对这批青少年进行了为期 14 周的跟踪调查。研究中包含两个时间节点，T_1 和 T_2。T_1 时间节点的父母支持对 T_2 时间节点的身体活动产生显著性影响。同样，T_1 时间节点的身体活动对 T_2 时间节点的父母支持产生显著性影响。因此，得出结论：父母支持与身体活动之间存在着交叉滞后的影响机制[85]。

国内已经有学者开始研究智力障碍儿童青少年学习活动行为的支持程度，对于研究社会支持对智力障碍儿童青少年身体活动行为的影响机制有着较高的借鉴价值。段玄锋曾专门编修了智力障碍儿童学习活动支持程度调查问卷，研究发现：①不同父母受教育水平、家庭序列环境中的智力障碍儿童在基本学习活动、自我决定活动、健康与安全活动方面所需的社会支持不存在显著性差异，这说明这些因素并不是影响智力障碍儿童基本学习等行为的关键性影响因素，因此这些影响因素对于智力障碍儿童的身体活动不存在显著作用；②通过相关分析发现，家庭社会经济水平与智力障碍儿童的基本学习活动、自我决定活动、健康与安全活动显著相关，这说明家庭社会经济水平会对智力障碍儿童身体活动产生影响；③通过多元回归分析发现，通过适应行为水平可有效地预测个体的支持程度，因此其对智力障碍儿童身体活动支持程度有预测作用[86]。

二、父母经济社会地位与身体活动的关系

大量关于儿童青少年身体活动研究早已开始关注父母经济社会地位（Socio-Economic Status，SES）对于儿童青少年身体活动的影响。例如，父母经济收入与子女久坐行为呈现负向影响关系的论点在学界得到普遍认同（Ferreira et al.[87]；Maher and Old[88]）。Raudsepp 和 Viira 则认为自评报告（Self-Report）测量的身体活动水平存在较高误差，因此对父母经济社会地位无法进行有效准确的量化研究[89]。也有学者认为肥胖症儿童更容易出现在低收入（SES 低分值）家庭（Janssen et al.[90]；Lioret et al.[91]）。总体来说，多数学者认为父母经济社会地位在一定程度上影响子女的身体活动行为。

Drenowatz 等专门就父母经济社会地位与儿童青少年久坐及身体活动的关系进行研究[92]。学者采用分组实验的方式，"研究分组 1"选择 271 名儿童（117 名男生和 154 名女生）；"研究分组 2"选择 131 名儿童（63 名男生和 68 名女生）。测量两组被试身高体重，计算 BMI 值，填写自评报告，收集父母收入信息，以确定其社会经济地位，让两组被试分别佩戴计步器（Pedometer）和加速度计，以测量 5 类身体活动类型（久坐、低强度身体活动、中强度身体活动、高强度身体活动和中高强度身体活动）。学者使用 ANCOVA 软件对身体活动及父母经济社会地位影响的久坐行为进行差异性检验，其中分析"计步器"测量的身体活动数据时，需要控制个体样本的"腿长"数据。研究 1 显示：高 SES 组和低 SES 组间的日均步数存在显著差异，高 SES 组日均步数约为 12000 步/天，而低 SES 组日均步数约为 10500 步/天，且控制个体样本的"腿长"数据后两组差异依然显著（$p<0.05$）；低 SES 组相对于高 SES 组呈现出高水平的 BMI 值（$p<0.05$），当控制两组样本的 BMI 值后，两组差异消失。研究 2 显示：只有控制 BMI 值后，才能显示出高低 SES 两组间的久坐行为差异性，这表明高 SES 组儿童青少年会比低 SES 组儿童青少年花费更少的时间看电视。总体研究结论表明：低 SES 组的儿童青少年往往会产生更低的身体活动倾向，并且会在久坐行为上比高 SES 组儿童青少年花费更多

的时间；BMI 值是造成高低两组被试产生久坐行为差异的重要因素，具有较高 BMI 值的低 SES 组儿童青少年更容易产生健康问题。

三、家庭结构与身体活动的关系

随着现代文明的不断发展，家庭结构正在经历翻天覆地的变化。据统计，英国家庭子女数从 1970 年的平均 2 个/家庭下降到 2017 年的平均 1.75 个/家庭[93]。家庭结构与子女身体活动关系受到学界的普遍关注。Bagley 等在发表的文献中，通过“Single-Parents”“Two-Parents”“Children without any Sibling”“Children with One Sibling”“Children with Two Siblings”“Children with Three or more Siblings”来划分不同的家庭结构，并比较分析来自不同家庭结构的孩子的身体活动差别[94]。家庭结构与子女身体活动关系的学术观点多有碰撞，Bagley 等指出儿女双全且父母双全家庭的孩子会产生更高的身体活动倾向，尤其女孩表现更为明显；Robinson 和 Thomas 认为生活在只有父亲或母亲的家庭的孩子往往会产生更高的身体活动倾向[95]；O’Loughlin 等[96]和 Sallis 等[97]则指出家庭结构与子女身体活动不存在关系。

Wang 曾专门研究中国儿童青少年家庭结构与身体活动的关系[67]。学者选择 612 名 10～16 岁的中国上海儿童青少年（317 名男生和 295 名女生），通过加速度计测量被试的中高强度身体活动时间，并通过问卷调查采访被试家长以确定孩子所在家庭的结构。该研究的家庭结构包括 4 个维度：父母数量、父母属性、祖父母数量及兄弟姐妹数量。父母数量被划分为没有父母、单亲父母、父母双全 3 个子维度；父母属性被划分为血缘父母、寄养父母（Step Parents）、领养父母（Adopted Parents）及亲戚 4 个子维度。研究显示，家庭结构显著影响儿童青少年参与身体活动的可能性，并且能够对中高强度身体活动变量产生 6%的解释效度。单亲父母家庭及寄养家庭的孩子往往比双父母家庭及家庭中拥有祖父母的孩子具有更高的身体活动水平。但是，相比于那些不与祖父母一起居住的儿童青少年，与祖父母一起居住会降低儿童青少年身体活动水平。另外，家庭中子女是否有兄弟姐妹不显著影响其身体活动水平。

第五节　学校维度与身体活动关系的文献梳理

“青少年身体活动促进策略”一直是西方学者关注的焦点[98]。学校情境可以为儿童青少年提供正式的结构化的身体活动项目，如体育课程（Physical Education，PE）、课外体育俱乐部（After-School Club）、课间活动（Recess Activity）、郊游旅行（Active Travel）等[99]。国际上对儿童青少年学校范畴进行了时间阶段的划分，包括周中时间（Weekdays）、校内时间（During the School）、校外时间（Out of School）及周末时间（Weekend）[100-101]。

一、体育课程与身体活动的关系

学界普遍认同体育课程是促进休闲身体活动（Leisure-time Physical Activity）的重要路径（Cavill et al.[102]），认为它能够为儿童青少年提供必要的知识、技术及信息，是儿童青少年积极参与闲暇时间体育锻炼、保持身体活动水平的重要前提[103]。因此，提高体育课程效率是提高儿童青少年身体活动水平的重要手段。学校干预（School-based Interventions）是增加学生中高强度身体活动时间的重要手段（Dudley et al.[104]），是提高体育课堂效率的重要指标。总体上，学校干预体育课程的主要类型可概括为两个方面：教学策略（Teaching Strategy）和健康技能（Fitness Skill）。

（一）教学策略提升体育课程效率的研究

在学校情境中，一部分学者开展体育课程教学策略对儿童青少年身体活动的影响研究（Fairclough and Stratton[105]）。其中，不同运动项目“共通性教学策略”的实施关系着教学效率的提升，而其对于儿童青少年课上身体活动水平及课后、课外闲暇时间体育锻炼活动的影响效果，受到学界的普遍关注（Mckenzie et al.[106]；Sallis et al.[107]）。其中，McKenzie 等设计的体育课程干预实验的目的在于论证和评估中学体育课程促进学生身体活动发展的效果[106]。学者选择西加利福尼亚 24

所中学的25000名学生进行随机实验，将被试分为干预组（n=12）和控制组（n=12）。学者选择初中二年级的体育课程作为实验干预的手段，事先对实验组所在学校体育教师展开专门培训，而控制组所在学校则按照常规进行教学，整体实验周期为2年。研究结果显示，优化过的体育教学策略能够有效提高体育课程效率，整体提高体育课堂中18%的中高强度身体活动。其中，男生提升效果显著优于女生。Young等探讨分析了在体育教学中增设“片段化”或“专题式”技术训练教学环节或者体育游戏环节，能否提升体育课堂效率，以达到提升课上学生身体活动水平的效果[108]的问题。

（二）健康技能提升体育课程效率的研究

在体育课程中增加对学生健康知识的灌输与技能的训练是否会提升课堂效率、提升课堂内外学生的身体活动水平的问题受到学界关注（Scantling and Digdale[109]；Ignico et al.[110]）。体育课程的本质目的在于促进健康，只有使学生清晰认识到体育锻炼的健康功能，才能够有效刺激其身体活动的改变（Johnson and Martin[111]；Strand and Anderson[112]）。在该领域中普遍采用健康–技术–游戏综合模型”（Fitness- Skill-Play Integration Model，FSPIM）来分析体育课程中健康技能融入对提升体育课程效率的影响。具体来说，FSPIM是传统体育课程技能游戏综合模式的升级版。传统体育课程技能游戏综合模式认为技术训练和体育游戏是体育课程的重要学习板块（Rink[113]）。FSPIM则在每次体育课程中增加专门的促进健康内容，要求学生专门提高高强度身体活动水平，以提高心肺功能、呼吸机能等身体素质要素。

二、教师支持与身体活动的关系

很多学者认为“教师”“父母”“伙伴”都是重要的社会角色，其社会支持程度和倾向会深刻影响儿童青少年身体活动行为（Cox and Ullrich-French[114]；Zhang et al.[31]）。体育教师良好的基本素养和有效的教学技巧是提高体育课程质量的重要前提，是儿童青少年形成健康体育锻炼认知观念、培育良好运动情境和健康氛围的重要基础，是给儿童青少年灌输基本运动能力的核心渠道（Bates et al.[115]；Koff et al.[116]）。大量研究基于社会支持理论考察体育教师支持行为，并研制专门测量体育教师支持的量表问卷（Allison 和 Patrick[117]；Patrick and Ryan[118]；Cox[119]），考查学生在教育环境中感知体育教师情感关心的程度。

第六节　社区维度与身体活动关系的文献梳理

社区会对儿童青少年计划行为和偶然行为产生显著影响。但是社区环境内涵丰富，因此不同研究视角下的学术概念表达各不相同，如邻里环境（Neighborhood Environment）、街道（Streets-Cape）、社区（Community）、室外环境（Outdoor Environment）、交通通勤（School Transition/Transportation）、建成环境（Built Environment）等。Ding 等梳理了邻里环境中能够对儿童青少年身体活动（社区中主要是移动通行）产生影响的可察觉因素，包括公园可达性、娱乐设施、土地利用效率（Land-Use Mix）、居民密度、街道连接性（Street Connectivity）、步行性、车流流速（Traffic Speed）、步行安全设施（Pedestrian Safety Structures）、邻居是否礼貌文明（Neighborhood Incivilities）、犯罪率、植被覆盖率等[120]。

为便于讨论，该研究选择邻里环境的相关概念进行进一步的论证。Sukys 等针对青年群体，分析了闲暇时间体育活动与社区锻炼服务可用性和锻炼环境的关系，结果表明仅仅依靠锻炼环境是不够的[121]。Nelson 和 Woods 认为需要通过环境、政策和立法改革干预建筑环境，进而激发青少年锻炼的意愿[122]。Sun 等通过访谈和问卷调查发现，使用适宜的社区政策来增加身体活动在中国的小城市可能是无效的[123]。Vet 等提出邻里环境与儿童青少年行为具有特殊性关系[124]。但是有学者认为邻里环境不能有效地改变儿童青少年身体活动行为（Hanson and Chen[125]；Ferreira et al.[126]）。也有部分文献进一步限定了邻里环境中的儿童身体活动类型（如儿童独立上下学），得出了二者具有局部影响关系的结论。

由于邻里环境内容丰富，大部分文献中习惯使用“Neighborhood Environment”概念来表达，但实际客观测量标准千差万别，导致邻里环境与身体活动关系的研究始终未能统一观点。对此，作者认为应当进一步缩小“社区因素”的内涵范围，着重探讨“课外活动”“伙伴情谊”“上下学交通方式”“自然环境”，这些均是目前儿童青少年社区身体活动研究的前沿问题。

一、建成环境与身体活动的关系

大量研究均关注家庭所在社区的社会层次（Socioeconomic Status）对于儿童青少年肥胖和身体活动的影响，但是在一定程度上忽略了使用社区设备的便利性、可达性（Access to Community Facility）[127-128]。因此，邻里环境中逐步产生了一个新的概念指标——“建成环境”（Built Environment）[129]。建成环境作为学术界研究身体活动影响的重要指标，其内涵因研究所需而变得越来越细、越来越广，如邻里环境的可步行区域设计（Walkable Neighborhood Design）[130]、前往公园的道路路径（Access to Parks）、公共交通系统的可用性（Availability of Public Transit）[131]等。Sallis 等对建成环境的研究涉及的主要指标进行汇总，包括基于 GIS（Geographic Information System，地理信息系统）的建成环境测量指标和基于自评报告的建成环境测量指标两个维度[132]。

（1）基于 GIS 的建成环境测量指标的测量与换算。首先需要确定测量的时空区域。各类指标的测量换算都需要先测量统计“邻里环境缓冲区”（Neighborhood Buffers）。具体来说，需要对被试家庭住址周边地理区位进行编码，形成不规则多边形区域，继而使用 ArcGIS 软件进行数据处理，将缓冲多边形区域划分为半径分别为 0.5 千米和 1.0 千米的同心圆区域。在两个同心圆区域内，可以在不同视角下换算出这个缓冲区内各种变量指标的密度。具体包括：①人口净密度（Net Residential Density），计算方式为用该区域内居民住宅（房子及公寓）的数量除以缓冲区内土地面积，单位是“住宅数量/平方千米”。②混合式土地利用（Land-Use Mix），包括两种算法：a. 根据居民住宅、食品娱乐休闲零售业、公共设施占地面积计算 0 ~ 1 的熵值（Entroy Score），价值接近 1.0 则证明 3 种土地使用较为平均，价值接近 0 则证明单一土地使用占据主导；b. 计算零售业和公共设施占地面积在缓冲区面积中的比例。③路口密度（Intersection Density），计算缓冲区内每平方千米拥有多少分叉路口（≥3）。④交通密度（Transit Density），有两种计算方式：a. 用被试居住的缓冲区内公交车、铁轨数（Rail）、乘船码头（Ferry Stop）和公交车站的数量除以缓冲区土地面积；b. 计算被试居住地到最近公交车站的网络距离（Network Distance）。⑤公园可达性（Park Access），包括3种计算方式：a．用在邻里环境缓冲区内所有公园数量除以缓冲区土地面积；b．计算被试居住地到最近公园的网络距离（Network Distance）；c．计算缓冲区内所有公园区域的面积总和；⑥可步行指数（Walkability Index），是一个总和评价的指标，计算方式为路口密度的标准值+人口净密度的标准值+混合式土地利用的标准值。

（2）基于自评报告的建成环境测量指标的测量与换算。国外学者常运用《邻里环境可行性测量量表》（Neighborhood Environment Walkability Scale）展开自评报告，以测量建成环境的相关指标，总体包括以下几个维度的测量指标：①居住密度（Residential Density），即每英亩（1英亩≈4046.86平方米）住宅单位数；②土地综合利用（Land Use Mix），即住宅、零售、娱乐、办公和机构的建筑面积分布的均匀性；③基础设施及安全性（Infrastructure and Safety），包括人行道、分布在人行道或马路中的停车区域、分布在人行道或马路中的草地及垃圾场、道路红绿灯、骑行与步行者的提示标识（Easily Seen）、人行横道标识；④公园可达性（Park Proximity），从家出发到距离最近公园步行所用的大概时间；⑤公共交通可用性（Transit Proximity），从家出发到距离最近公交车站步行所用的大概时间；⑥环境美学（Aesthetics），居住环境中的景观树木、建筑物的情况，以及家周边自然景色的设计布置情况；⑦交通安全，附近街区发生严重交通堵塞、低速行驶及超速违章的情况；⑧家庭街区犯罪率（Safety from Crime），包括犯罪率水平、白天步行不安全因素、晚间步行不安全因素等。

二、校外项目与身体活动的关系

本书中的“社区情境”包含“课后”（After School）概念，强调学生离开校园后的地理情境，它与学校情境[体育课程（Physical Education）、校内体育活动（Intramural Activities/After-School Programme in a School-Based Setting）、课间活动（School Recess Time）]相区别。Emilie等曾以上学日的儿童身体活动为观测对象，并对上学日进行了有目的的阶段划分[133]。研究中，上学日学校时间总体控制在9:00 ~ 15:00，在校期间自由身体活动时间范围可以划归3个部分：课间休息（Recess）、午餐休息（Lunch Recess）和体育课程（Physical Education），其余时间归为课后时间。

大量研究数据显示，校外项目对于促进儿童青少年身体活动发展具有重要作用，美国课外联盟 2004 年提出大约有 660 万儿童青少年长期参加校外体育项目，有 2200 万美国家庭支持子女参加课外体育活动[134]。校外项目对于促进儿童青少年身体活动具有很高的价值。校外项目大致分为“结构性活动”（Structured Activity）和“非结构性活动”（Unstructured Activity）。其中，结构性活动主要指系统化体育竞训，非结构性体育活动主要指儿童自由游戏或玩要等。Gagen 和 Getchell 认为非结构性活动是促进儿童青少年身体活动的重要途径，但是不利于其习得基础运动技巧（Fundamental Motor Skill，FMS）[135]。按国际惯例要求，儿童青少年应至少完成 60 分钟/天的中高强度身体活动，其中结构性校外项目一般会承担 1/3 的身体活动量[136]。

Lee 等研究发现校外基础运动能力训练对于早期学龄儿童身体活动、健康认知有着重要促进作用[137]。学者将被试分成干预组和控制组，干预组为“学校 1”的 20 名学生，控制组为“学校 2”的 11 名学生。对于干预组 20 名学生，以参加校外 FMS 项目为干预手段。FMS 项目在下午 3:30 ~ 4:30 进行，每次 60 分钟，每周 3 次并持续 8 周。控制组 11 名儿童则在相同时间段保持正常的校外活动，如自由玩要游戏、画画、阅读、接受学术指导等。实验期间，控制组和实验组不再接受校内任何结构性和非结构性体育培训或活动。实验 8 周内，学者需要进行的测量工作有：通过《大肌肉运动技能发展测试（第二版）》（Test of Gross Motor Development-2nd Edition）问卷测量 FMS；利用加速度计测量中高强度身体活动（MVPA），测量时间范围是 8:00 ~ 15:00；采用《儿童生活质量量表的家长代理报告格式》（Parent Proxy-report Format of the Pediatric Quality of Life Inventory TM）测量健康认知。研究结果显示，结构性校外 FSM 活动能够有效提高儿童的身体锻炼率及基础运动技能，但是对于健康认知影响不明显。

三、上下学交通方式与身体活动的关系

随着现代化工业制造水平的提高，汽车的使用效率逐步提升，极大地改变了传统儿童青少年上学的交通方式。据统计，英国 16 岁以下儿童青少年在 1985—1986

年到 1997—1998 年时间段内，乘坐汽车上下学的人数占比从 16%上升至 30%，而 2003 年有 38%的小学生（年龄在 5 ~ 10 岁）乘坐汽车上学[138]。上下学交通方式对于儿童青少年身体活动的影响机制逐步受到学界及社会的普遍关注。

Cooper 等进一步改进身体活动数据采集方法，将加速度计与 GPS（Global Positioning System，全球定位系统）进行融合，用以评估儿童青少年学生“步行上学习惯”对其身体活动的潜在影响机制[139]。该研究被试为英国伦敦 137 名儿童青少年[平均年龄为（11.3±0.3）岁]，测试安排在 2006 年的 6 月和 7 月，通过加速度计和 GPS 接收器综合评价儿童青少年移动过程。GPS 和加速度计的综合应用能够在不同时刻、不同地理区位测量被试的具体身体活动水平，形成“行为地图”（Behavioral Map）（图 2-1）。研究结果显示，上学前（8:00 ~ 9:00）步行上学学生平均每分钟“加速度计计点数”比坐车上学的学生高 43%。8:00 ~ 9:00，所有被试平均中高强度身体活动叠加时长为 4.5 分钟，其中步行者比坐车者的平均中高强度身体活动时长多出 2.1 分钟。学生步行上学路途上的身体活动总量是其在运动场的两倍[2131.3±1170.7cmp（Cost per Mille，千人成本）vs 1089.7±938.6 cpm，p<0.001]，其中学生上学途中中高强度身体活动用时是运动场中高强度身体活动用时的 3 倍。这意味着步行上学方式是提升中高强度身体活动水平的重要方式。

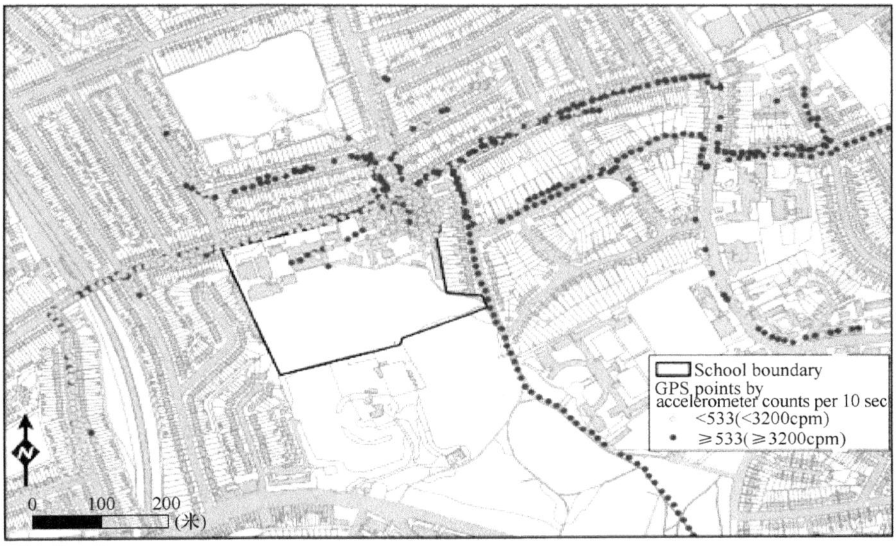

图 2-1　儿童青少年行为地图示意图

四、伙伴情谊与身体活动的关系

社会情境对于儿童青少年身体活动影响非常显著，儿童青少年更容易产生与其伙伴、朋友趋同的行为（Sarah-Jeanne et al.[140]）。伙伴关系的重要价值在于为儿童青少年提供一种陪伴，这是创造愉悦环境的重要条件（Bukowski et al.[141]），继而促进身体活动，并改变久坐与无节制饮食等习惯。大量研究表明，伙伴共同参与是儿童青少年参与特定身体活动锻炼、体育活动项目的重要原因（Beets and Michael[142]；Salvy et al.[143]）。因此，与朋友、伙伴一同玩耍被视为提高儿童青少年身体活动水平的重要方法，是促使儿童青少年从被动参与高度组织化体育锻炼（Organized Sports）向自主参与身体活动游戏（Spontaneous Physically Active Play）转变的重要前置因素（Pellegrini et al.[144]；Pelligrini and Smith[145]）。

有学者采用实验法 RRV（The Relative Reinforcing Value of Activity）研究了“伙伴陪同”情境下肥胖儿童青少年的身体活动动机改变议题。在实验情境中，以被试参加局域网电子游戏（互动式自行车游戏）来替代现实中的身体活动情境，利用单机计算机使用效率（点击鼠标频率）来评价身体活动的强度（类似加速度计的“打点”）。实验采用 2×2×2 的综合指标，将性别、体重作为人口统计变量，将社会情境（Social Context）作为实验分组的标准，即被试“独自游戏”或者与朋友、伙伴一起“共同游戏”。结果显示，朋友和伙伴共同参与的情境能够明显增强肥胖儿童青少年参与身体活动的动机（$p<0.001$），但是对非肥胖儿童青少年的影响不明显（$p=0.47$）；游戏中肥胖儿童青少年拥有 1 名伙伴时，其骑行距离要比独自骑行的儿童青少年更远，但是这点在非肥胖儿童中并不显著（$p=0.23$）。

五、社区自然环境与身体活动的关系

（一）季节变化与身体活动的关系

在西方学界中，季节变化（Seasonal Variation/Change/Difference）与身体活动的关系的研究已经积累了较为丰富的成果，其中冬季与夏季身体活动水平比较的研究最为常见（King et al.[146]）。季节变化与身体活动的关系研究可分两大类：①基于截面数据，采用分组试验或复测分析（Repeated-Measures Analysis）对同一组被试在同一年内两个季节的身体活动水平进行比较；②基于纵向数据，跟踪分析某个群体（小样本）一年周期内的身体活动数据的变化情况，以便分析季节变化的影响。大量研究显示，季节变化是环境气候变化的重要原因，会对儿童青少年群体中高强度身体活动、睡眠、久坐产生显著影响。另外，还有学者将季节变化作为调节变量，将其与被试性别、体重、社会经济地位（Socioeconomic Position）等纳入同一模型进行研究。

Christiansen 等基于流行病学领域，采用“季节变化测量公式”进行研究，对该学术方向的发展产生较高影响。该研究分为两个步骤：①按照节气将 3 月 21 日至 6 月 20 日划分为春季，将 6 月 21 日至 9 月 20 日划分为夏季，将 9 月 21 日至 11 月 20 日划分为秋季，将 11 月 21 日至 3 月 20 日划分为冬季；②采用“天”的量化计量方式形成具有时间线索的面板数据，即“正弦函数和余弦函数的加权线性组合”（Weighted Linear Combination of Since and Cosine Functions），公式为

$$\beta 1 \sin(2\pi\,(\text{day of year}/365.25)) + \beta 2 \cos\,(2\pi\,(\text{day of year}/365.25)) \qquad (2\text{-}1)$$

式中，$\beta 1$ 和$\beta 2$ 分别代表回归方程数理分析预估出来的权重系数。

式（2-1）在流行病发病季节的研究中被广泛应用[147]。

（二）日常天气与身体活动的关系

日常天气（Daily Weather）是季节气候性变化的具体概念。关于日常天气对可步行性（Walkability）的影响机制的研究很多。例如，Martin 和 Carlson 提出遭遇不好天气时，人群存在改变步行出行方式、乘坐机动车辆的行为决策倾向[148]；Rich 等研究发现夏季是身体活动水平最高的季节，冬季是身体活动水平最低的季节[149]。但是，上述两类对日常天气的研究更多强调了一段时期内某特定地理区域内的总体气候状态，而关于日常天气相关短期、瞬时（Temporal）的概念指标，如温度、湿度、太阳辐射等天气指标，直到近 10 年才慢慢出现并发展起来[150]。其中，当日温度常作为促进身体活动的重要前置变量被加以应用（Goodman et al.[151]；Harrison et al.[152]）。

（三）空气污染与身体活动的关系

身体活动缺乏（Physical Inactivity）与空气污染（Air Pollution）均被视为影响人体健康的重要因素（Ezzati et al.[153]；Hill et al.[154]）。悬浮颗粒（Particular Matter）、臭氧（O_3）是目前全球空气污染的重要表征指标，是代谢综合征（Metabolic Syndrome）及心肺、呼吸系统疾病的致因。因此大量学者开始关注这些空气污染指标与身体活动的相互关系，但目前仍存明显悖论，即如果要提高身体活动水平，就可能在污染空气中暴露更长时间；如果要避免暴露在污染空气中，则很可能要减少身体活动时长（覃飞等[155]）。两个方面都有益于健康，又都会损害健康，应如何把握两者之间的平衡以保证健康最大化是该领域学者关注的研究问题（Marshall et al.[156]；Weichenthal et al.[157]）。

第七节　智力障碍儿童青少年与身体活动关系的文献梳理

智力障碍儿童青少年身体活动的研究是儿童青少年身体活动研究的重要分支领域。作为特殊的群体，智力障碍儿童青少年身体活动与健康儿童青少年存在明显的区别，同时其内部也会因不同亚群体的特殊性而形成不同的身体活动发展模式。

一、智力障碍儿童青少年与健康儿童青少年的身体活动比较

智力障碍儿童青少年与健康儿童青少年身体活动比较一直是国外较为关注的研究视角。Foley 对智力障碍儿童与同龄健全儿童的身体活动时间进行了划定，包括休息/午餐、融合体育课、放学后及周末。在这 4 个基本时间框架内，智力障碍儿童青少年的身体活动水平均呈现出不同程度的不足，具体为：在休息/午餐时间方面，智力障碍儿童的总体身体活动时长比健康儿童少 47%；在融合体育课时间方面，智力障碍儿童的总体身体活动时长比健康儿童少 55%；放学后智力障碍儿

童的总体身体活动时长比健康儿童少 30%；在周末时间方面，智力障碍儿童的总体身体活动时长比健康儿童少 23%[158]。Einarsson 等按区域对被试进行划分，分别讨论了校内区域和校外区域智力障碍儿童青少年与健康儿童青少年的身体活动差异，结果显示，智力障碍儿童青少年与健康儿童青少年一样，在校内环境中产生的身体活动总量要高于校外环境，其中智力障碍儿童青少年的校内、校外身体活动总量差异相对较小，仅存在 25%的差异[159]。

二、不同亚群体智力障碍儿童青少年的身体活动研究

不同亚群体智力障碍儿童青少年的身体活动情况也存在差异。与单纯性智力障碍不同，癫痫综合征（Dravet Syndrome，DS）、小胖威利综合征（Prader-Willi Syndrome，PWS）及 WS 受到学术界的高度关注。患有这 3 类病症的智力障碍儿童青少年的久坐时间最长，因此备受学术界关注。经研究发现，患有癫痫综合征的群体往往具有更高的患先天心脏病风险[160]或者肥胖症风险[161]，从而大大降低了身体活动的整体水平。Phillips 等对 12 ~ 70 岁癫痫综合征患者进行了身体活动研究，认为癫痫综合征患者总体身体活动时间、中高强度身体活动时间相比单纯性智力障碍者更少，每天步行步数更多，但是久坐时间也更长[162]。对 DS、PWS 及 WS 3 个亚组进行比较，发现 WS 组被试平均每天的身体活动时间要多于 PWS 组和 DS 组被试，其中比 PWS 组被试多出 65 分钟，比 DS 组被试多出 8 分钟；但是 DS 组被试平均每天低强度身体活动时间多于 PWS 组和 DS 组被试，其中比 PWS 组被试多出 66 分钟，比 WS 组被试多出 41 分钟；久坐时间分别比 PWS 组和 WS 组被试少了 73 分钟和 43 分钟。

第八节　身体活动数据采集与测量方式的文献梳理

总体来看，国际儿童青少年身体活动研究以量化实证研究为主流，身体活动测量方式及数据加工处理方式，都能够决定研究质量与水平。归纳相关量化实证文献发现，国际上普遍采用量表、加速度计、自评报告 3 种测量方式，展开对身

体活动水平、感知、类型、区位等指标的数据测量。

一、量表在身体活动测量中的使用

量表是目前获取身体活动数据最为普遍的测量方式，量表的使用成本低且容易大范围发放，但存在测量准确性低的缺点，且无法在时间、空间维度上进一步加工处理数据。目前，全球范围内普遍使用《WHO 学龄儿童健康行为问卷》《国际身体活动问卷》《青少年身体活动问卷》。其中，《WHO 学龄儿童健康行为问卷》是 1995 年挪威大规模儿童青少年体质测试使用的身体活动量表[163]，主要用来评估被试在户外进行中高强度身体活动的感觉感知状况；《国际身体活动问卷》是国际上比较常用的身体活动测量量表，围绕强度、时间、频率三维指标换算形成“低”“中”“高”3 类强度的身体活动分类；《青少年身体活动问卷》则倾向采用自我管理模型，要求被试采用 7 天回忆的方式进行答题[164]。

二、加速度计在身体活动测量中的使用

加速度计是现阶段身体活动前沿实证研究鼓励使用的主流测量方式。相比量表的数据采集方式，加速度计所采集的数据更加精确，也易于配合自评报告进行进一步的数据加工。但是，加速度计依然存在使用成本高、不易大规模发放的缺点。加速度计是一个通过测算运动频率来估计耗能水平的设备，运动频率即单位时间内的打点数，单位时间内打点数越高则运动强度越高，单位时间内打点数越低则运动强度越低。早期西方多使用 Caltrac 款加速度计进行身体活动的测量，随着时代发展，目前应用的加速度计比传统的更加便携、轻便，如 ActiGraph、Actical、Actiwatch 和 RT3，多为三轴加速度计，可以测量人体不同运动方向上的运动频率[165]。

三、自评报告在身体活动测量中的使用

自评报告往往用于配合加速度计、GPS 等数据采集工具，为身体活动数据的加工与处理提供时空划分的现实依据，从而为测量不同类型的身体活动水平提供方法论支撑。一般来说，自评报告的开展形式灵活多样，在不同文献中的应用也

各不相同，大致可以归纳为回顾（Recall）、日记（Diary）、访谈（Interview）3 类。其中，回顾使用成本小，是文献中常用的测量方式，常要求被试佩戴加速度计的同时按时进行身体活动事件的回忆，从而获取划分不同类型身体活动强度和时间的相关信息；日记作为一种文体，属于记叙性质的应用文，其内容源自生活的观察，因此可以叙事，可以写人，可以状物，可以写景，亦可以记述活动；另外，访谈也较为常见，往往配合身体活动的实验法来展开，为了设置某个实验情境而专门设计访谈提纲，或者为了采集某类特定信息而设计高针对性的访谈题项。

四、SOPARC 在智力障碍儿童青少年身体活动测量中的应用

智力障碍儿童青少年的身体活动行为很难被测量，因此需要借助一套科学严谨的外部观察方法来测量[166]。其中，美国学者 McKenzie 等研制出社区玩耍与游憩活动信息观察法（System for Observing Play and Recreation in Communities, SOPARC）[167]，对于外部观察智力障碍儿童青少年的身体活动行为较为有效。传统方法需要用心率监测设备、加速度计等电子设备。McKenzie 针对大规模测量的需要设计出 SOPARC，极大弥补了传统的利用电子设备测量社区游客的玩耍休憩行为的缺陷。SOPARC 源于青少年玩耍与休闲观察系统（System for Observing Play and Leisure in Youth，SOPLY），采用了同样的编码逻辑。早期，SOPARC 主要应用于户外游客的体力活动监测，除了记录参与者年龄、性别、种族等人口统计学变量，还要通过有计划的活动检录方式（Planned Activity Check）对游客的玩耍休憩行为进行数据监测与记录[168]。McKenzie 将 SOPARC 量表划分为老年人、成年人、青年人、儿童 4 个年龄段。后期，不同学者在此基础上对 SOPARC 量表进行年龄阶段的细分修订，将 SOPARC 的研究重心聚焦于未成年人。Bocarro 等再次细分未成年人的年龄，通过 SOPARC 观测幼儿（0 ~ 5 岁）、儿童（6 ~ 12 岁）、少年（13 ~ 18 岁）之间的户外运动差异[169]。SOPARC 的应用非常广泛，适用于不同的特定人群，如黄色人种、白色人种和黑色人种等[170]。其中，Evenson 等尝试通过 SOPARC 对智力障碍人士的户外活动进行监测[168]。

总的来看，SOPARC 的使用方法包括以下步骤：①根据具体的研究目标对量

表进行调整和优化。McKenzie已经给出了基本的测量量表，其中包括：基本信息部分（观察日期、区域名称、观察员姓名、观察起止时间）；目的地概述（可进入性、可使用性、设施现状、组织管理现状、光线强弱、空旷程度）；观察结果（被观察者的性别、年龄段、种族、活动强度）。②设定观察目标区域，即确定每个目标区域的面积、位置、边界信息，并做详细标注。③选择适合的观察员进行实地观察，依次记录被观察者年龄、种族、活动强度。④处理观察数据，并对结果进行分析。

第九节　文献述评

在理论支持上，国际研究视角多样、应用理论多元、论证方法复杂。因此，作者在第三章中基于场动力理论有效整合相关国际理论视角，形成了“家校社三不脱离模型”的初步构想，为扎根理论分析及量表研制提供统一的理论范式。

在研究思路上，我国学者主要通过“影响因素-身体活动”模式来开展量化研究，多采用“假设+验证”的范式检验局部的“影响因素-身体活动”数据。作者在以往研究的基础上，希望采用“探索+检验”的研究思路，从“家校社三不脱离模型”的大量指标中找到关键性或者特殊性的影响因素。

在测量工具选择方面，国外普遍采用以加速度计为代表的客观测量工具，国内研究目前以问卷调查测量为主，也有部分学者开始将加速度计测量身体活动作为因变量，但是并未结合“回忆录”对身体活动数据进行深入加工。作者在“家校社三不脱离模型”初步构想基础上，采用西方文献中常用的“加速度计+回忆录”数据加工方法对身体活动进行深入剖析，对“影响因素-身体活动”研究思路进一步深入优化调整。在“上学日”“休息日”两个时间范畴，以及“家庭”“学校”“社区”三大场域下对整体的中高强度身体活动值进行分解处理，这是在国内前沿文献基础上进行理论研究的创新与尝试。

在综述中发现，智力障碍儿童青少年身体活动研究是儿童青少年身体活动研究的重要细分领域，且国外已经有了相对成熟的研究基础。中国智力障碍儿童青少年身体活动的研究近几年逐步兴起，具有较高的研究潜力与空间。作者计划逐步调整关于儿童青少年身体活动的研究逻辑、研究思路与研究方法，逐步结合智力障碍儿童青少年身体活动测量与评价的相关研究方法和评价标准，深入探究智力障碍儿童青少年身体活动的家庭、学校、社会协同促进的影响机制与内在规律。

第三章

理论基础与研究设计

通过第二章文献综述发现，国内外学者关于身体活动影响因素及其机制的研究内容非常丰富，与个人、家庭、学校和社区场域有着密切联系。但是，不同文献理论视角、论证思路和研究方法存在明显差异，如何将家庭、学校、社区场域融入统一理论框架之中，统筹考虑各维度影响因素，具有重要价值意义。本章在场动力理论基础上，充分结合“家校社三不脱离模型”构想，并基于初步的理论构想展开研究设计。

第一节 理论基础与“家校社三不脱离模型”构想

一、身体活动影响因素及其作用机制的基本逻辑

国内外文献量化研究总体遵循“影响因素–身体活动”的内在逻辑（图 3-1）。例如，基于社会支持理论视角研究父母支持、教师支持对于促进或者抑制儿童青少年身体活动的效果；基于社会经济地位理论（Socio-Economic Status）探究拥有较高经济社会地位的父母的儿童青少年是否会有不同的身体活动表现等。随着学界关注的影响因素不断扩展和细化，各类基于影响因素的专门性理论不断发展。但是，无论影响因素的筛选标准和边界如何变化与发展，以及如何研制与应用外部影响因素测量的各种量表、问卷，此领域的关键研究问题都落脚于研究内外部影响因素是如何干预和影响儿童青少年的身体活动行为的。内外部影响因素不同、身体活动的具体范式不同，势必会存在各种各样的作用机制。

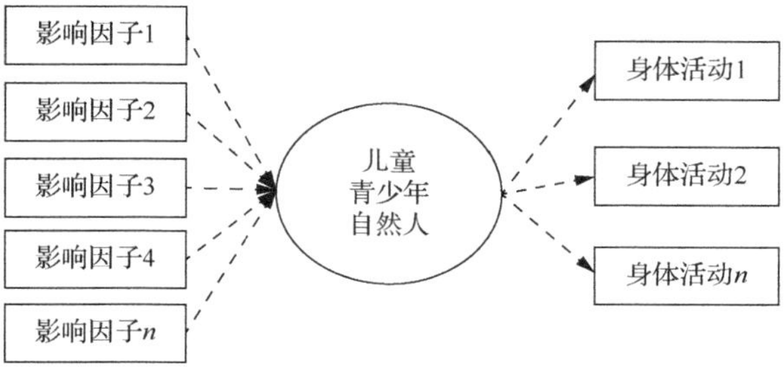

图 3-1　儿童青少年身体活动作用机制量化研究的基本逻辑

从图 3-1 来看，影响因素 1 和影响 2 可能是影响儿童青少年个体行为的不同外部社会力量或自然力量，这些因素在同一时间范围内作用于儿童青少年个体，继而影响儿童青少年行为。换言之，儿童青少年个体处于特定场域、特定时间范围内会同时感知到若干影响因素的作用，并且以一种特定的“处理方式”来调节、整合各类影响因素，使其综合作用于自身行为。因此，作者认为深入研究儿童青少年内、外部影响因素的“处理方式”，既能够在统一标准下考量不同影响因素的干预效力，又能够综合测量儿童青少年内在的情感和认知特征。作者认为研究“儿童青少年身体活动影响因素”的立足点在于儿童青少年自身的感知、情绪、认知，各类外部影响因素均通过儿童青少年自身的感知、情绪、认知转化为儿童青少年实际的行为意向。

因此，儿童青少年身体活动的解释理论应当同时涵盖两个基本维度：儿童青少年自身的影响因素维度；儿童青少年所处社会和自然环境的影响因素维度。经过反复比较，作者认为场动力理论是一个更容易解释“个人维度—个体行为—外部维度”三者关系的理论范式，继而在场动力理论基础上，结合第二章文献综述中的部分相关理论观点和因素，初步形成了基于前人文献的理论构想——儿童青少年身体活动“家校社三不脱离模型”。为更好解释“家校社三不脱离模型”构想的内涵，作者进行了细致的理论基础梳理与阐述。

二、基于场动力理论的身体活动“家校社三不脱离模型”设想

德国社会心理学家库尔特·勒温（Kurt Lewin）结合数学中“拓扑学”和物

理学中“场”的概念，创造性地提出了场动力理论。它综合了行为主义学习理论及人本主义学习理论两大学习理论[171]。其中，行为主义学习理论是以“刺激—反应”学习机制为理论核心的，强调个体行为是受到外部环境刺激而产生的应激式的学习行为；而人本主义学习理论则强调学习者个体兴趣、意向等内部心理因素的主导作用，在自我实现导向下，个体总会主动筛选外部影响因素，并将外部资源或力量有目的性地内化于自身。场动力理论中和了两套学习理论的观点，认为个体行为是在特定时间与空间内，个体与其嵌入的外部环境发生交互作用后产生的综合结果。

场动力理论主要用于解释个体行为动力及其与空间场域之间的变化关系和深层次原因，其核心特征是将个体的行为选择及变化放在个体内部自发动力和外部支撑动力的双重作用下来考虑，尤其关注特定时空与情境下个体“心理场”与“环境场”的要素关联，在“场”概念中关注两者的动态变化关系。具体来说，为了解释和预测个体行为，分析特定时空中个体行为的发生过程及其变化原因，应把人和环境发生相互作用的过程看作一个整体（生存空间），即“场”[172]。个体、外部环境及二者相互关系组成的整体被称为该个体的生活空间。Kurt Lewin 用场动力理论公式表达了“个体行为”的改变机制，其基本公式为

$$B = f(P \times E) = f(\mathrm{LS}) \qquad (3\text{-}1)$$

式中，B（Behavior）代表个体行为；P（Personal）代表个体心理和个体认知倾向（个体在特定时空影响下的心理空间场域即心理场）；E（Environment）代表个体所处的环境或情境（个体行为发生的物理空间场域即环境场）；LS（Living Space）代表生活空间；f代表某个函数关系（两种空间场域间的依存共生关系）[173-174]。

从式（3-1）中不难看出，个体行为是个人心理和外部环境综合作用的结果。

个人主观需要是个体行为发生的基础，是原动力因素；环境刺激是激发个体行为的条件，是诱导力因素；二者相互作用产生个体行为的动力和方向[175]。因此，我们不仅要考虑行为主体，还要考虑行为发生时主体的外部环境。场动力理论认为在“心理生活空间”下，如果个人有心理需求，就会处于紧张状态，为了消除

紧张、寻求心理平衡，个体内部会产生不同行动的动力，同时消除或缓解紧张也有赖于满足需求和确定个体目标。需求与目标之间具有一种力与力的性质，叫作引拒值。正向引拒值具有吸引力，引起个体趋向；负向引拒值具有排斥力，引起个体拒斥[176]。场动力理论通过对处在具体场域和心理生活空间中的个体、环境及二者相互关系的分析，推论个体行为动力产生的心理机制[177, 178]，是一种消解失衡以达到平衡的动态过程。因此，作者基于场动力理论对“儿童青少年身体活动作用机制量化研究的基本逻辑”做进一步优化，构建“心理场”和“环境场”，具体影响因素分别以 P_1、P_2、…、P_n 和 E_1、E_2、…、E_n 表示，形成“基于场动力理论的儿童青少年身体活动作用机制理论构想调整与优化”（图 3-2），从而探究多个影响因素是如何独自影响个体行为（身体活动），以及相互作用联合影响个体行为（身体活动）的。

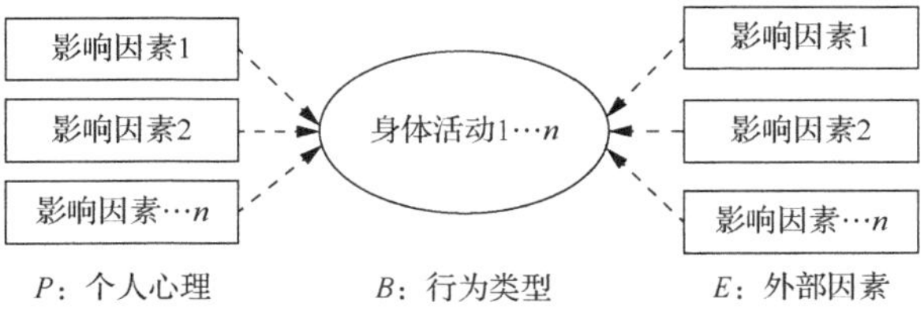

图 3-2　基于场动力理论的儿童青少年身体活动作用机制理论构想调整与优化

从图 3-2 来看，不同心理特质与不同外部因素构成若干“行为场”。不同“场”代表着不同的时间和空间场域。在某个场域内，个体心理和外部因素相对其他“场域”存在一定差异。在不同场域内，个人心理与外部因素会发生不同的交互作用，导致不同场域的个体行为存在差别。行为类型表达式为

$$B = f(P_1 \times P_2 \times \cdots \times P_n \times E_1 \times E_2 \times \cdots \times E_n) \tag{3-2}$$

考虑到模型的构想与优化，作者基于文献综述，明确了“心理场”和“环境场”的分维度。图 3-2 中的“P：个人心理”与第二章第三节“个人维度与身体活动关系”的文献基础高度契合；而对于“E：外部因素”，可以根据第二章第四、五、六节“家庭、学校、社区与身体活动”的理论观点划分出“$E1$：家庭因素”

“*E*2：学校因素”“*E*3：社区因素”。因此，在场动力理论基础上结合相关文献，作者初步设想出了儿童青少年身体活动“家校社三不脱离模型”（图 3-3）。

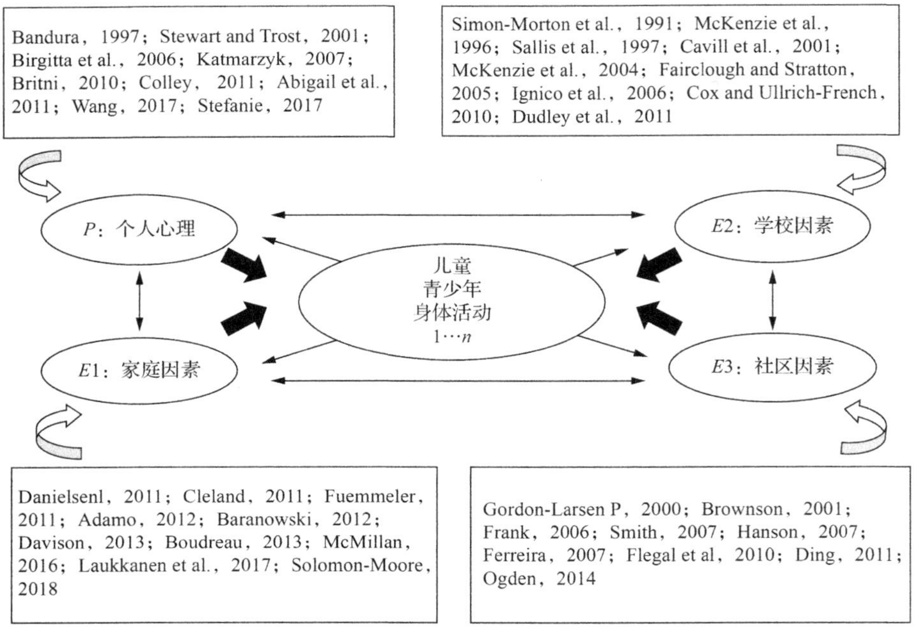

图 3-3　儿童青少年身体活动“家校社三不脱离模型”初步设想

三、“家校社三不脱离模型”初步设想的局限与不足

作者基于场动力理论，结合文献，初步设想构建了包含“个人”“家庭”“学校”“社区”4 个理论维度的儿童青少年身体活动“家校社三不脱离模型”基本框架，发现“个人”因素只有在不脱离“家庭”“学校”“社区”3 个基本场域的前提下，才能够影响个人身体活动。但是，此环节仅仅是作者基于文献的理论构想，尤其是理论来源以英文期刊论文为主。当然，外文中涉及的很多因素是中外普适性的影响因素，如父母支持、伙伴情谊、建成环境、体育课程等。但是，西方的很多因素与中国国情高度不符。

作者认为通过理论和文献初步构架出的“家校社三不脱离模型”的个人、家庭、学校、社区四维架构，具有较高信服力，但是单纯依赖国内外文献整理筛选影响因素，或者通过专家访谈罗列影响因素，并不科学严谨。为此，作者计划采用扎根理论从中国实际情况出发，系统归纳凝练个人、家庭、学校、社区 4 个基本维度内的影响因素，基于现实对设想的初步模型进行影响因素的遴选与补充。

第二节　研究环节设计及重点指标说明

根据初步构建的“家校社三不脱离模型”进行研究，核心目的是基于“家庭”“学校”“社区”现实场域，探究影响我国儿童青少年身体活动发展的关键性影响因素，归纳我国儿童青少年常见的中高强度身体活动类型，揭示这些关键性影响因素影响不同中高强度身体活动类型的内在机制。为此，需要在初步建立的“家校社三不脱离模型”基础上，筛选归纳出符合我国国情的“影响因素指标体系”“在不同时空场域下的身体活动水平”，继而探究“关键性影响因素与不同场域身体活动水平的量化关系”。因此，基于“家校社三不脱离模型”构想，作者进行了整体性研究设计，包括 3 个基本研究环节（图 3-4），即：①影响因素筛选与测量工具研制；②身体活动水平与影响因素的数据采集；③影响因素与身体活动水平量化关系实证研究。

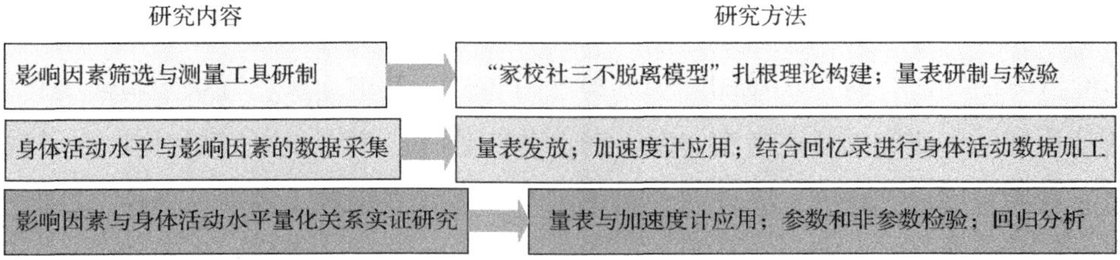

图 3-4　研究设计的 3 个基本环节

一、影响因素筛选与测量工具研制

作者根据“家校社三不脱离模型”初步设计的“个人”“家庭”“学校”“社区”四大维度，采用扎根理论归纳梳理影响我国儿童青少年身体活动的内外部影响因素，继而根据构建完成的“家校社三不脱离模型”，对应各维度、各影响因素，展开《儿童青少年身体活动影响因素量表》的题项设计与信效度检验，最终完成研制。此部分为本书的第四章、第五章的核心内容。

二、身体活动水平与影响因素的数据采集

研制《儿童青少年身体活动影响因素量表》完成后，将其与加速度计进行配套，选择特定儿童青少年群体展开小样本数据采集与加工。其中，采用新编制量表采集 16 个影响因素的具体设计方案不在此处赘述（详见第六章）。在此需要较为详细地说明应用加速度计对被试身体活动水平进行测量的机制与设计方案。

作者要求被试佩戴一周时间加速度计（游泳、洗澡和睡眠时除外），跟踪监测记录被试每个瞬时的身体活动强度，且保持连续记录，从而保证每个样本都能够产生一条时间连续的身体活动强度变化曲线。作者采用 Evenson 等[179]的身体活动强度标准，对连续的身体活动变化曲线进行剥离，把不同身体活动强度（低、中、高）及特定身体活动类型（睡眠、久坐）划分为相互分散、不再连续的“时间片段”。根据世界卫生组织推荐的儿童青少年每日不低于 60 分钟的中高强度身体活动的标准[180]，可知中高强度身体活动是本研究的重点。

为深入探究影响因素的作用机制，作者结合“回忆录”对 43 名有效被试中高强度身体活动进行时空场域的降维分解（图 3-5）。其中，灰色背景中高强度身体活动类型是本研究的重点考察对象，而白色背景 PA 类型的研究相对较少，仅在第六章中进行局部研究。具体来说，本书在 3 个社会场域（家庭、学校、社区）及两个时间范畴（上学日、休息日）内将中高强度身体活动降维成 2 类次维和 5 类低维，以中高强度身体活动为重点考察对象。

下面详细阐述次维、低维各中高强度身体活动类型的具体内涵。

（一）次维中高强度身体活动

次维中高强度身体活动包括上学日中高强度身体活动和休息日中高强度身体

活动两类。上学日中高强度身体活动是指周一至周五时间内的中高强度身体活动加和的平均值，而休息日中高强度身体活动是指休息日内的中高强度身体活动加和的平均值。

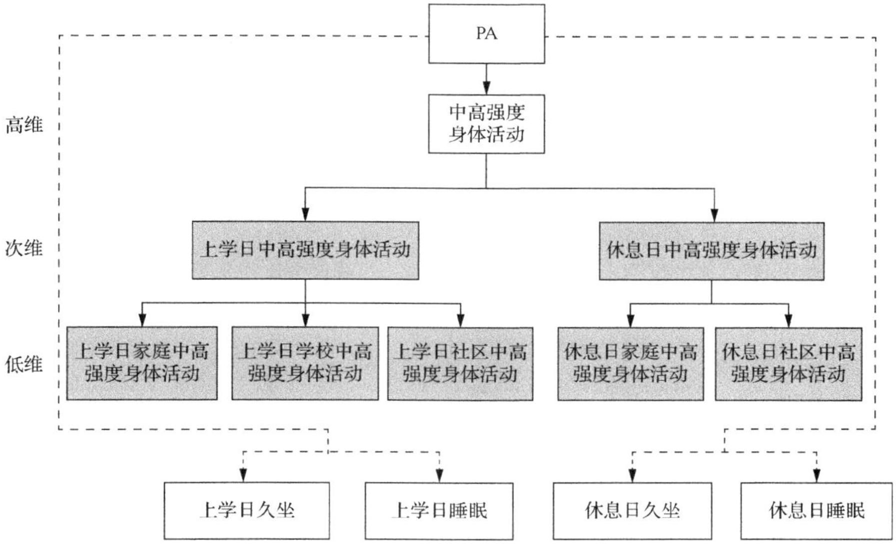

图 3-5　不同时空和场域下中高强度身体活动的分类结构与层次示意图

（二）低维中高强度身体活动

低维中高强度身体活动包括“上学日家庭中高强度身体活动”“上学日学校中高强度身体活动”“上学日社区中高强度身体活动”“休息日家庭中高强度身体活动”“休息日社区中高强度身体活动”5 种基本类型，主要依靠“回忆录”对次维中高强度身体活动进行二次降维。具体来说，在应用加速度计测量的过程中，要求学生每天填写 3 次回忆录表格，记录此前 3 ~ 4 小时发生的身体活动事件，要求概述该事件发生的陪同人员、所在环境及发生的时间范围。作者将不同场域中高强度身体活动与同一时间范围内“回忆事件”的内涵标准相对应，确定 5 类低维中高强度身体活动时空场域数据加工处理的界定标准（表 3-1）。

表 3-1　低维中高强度身体活动时空场域数据加工处理的界定标准

概念	内涵释义
上学日家庭中高强度身体活动	单个学期内周一至周五时间内，儿童青少年在父母直接影响、陪同、监督下或者在家庭户内产生的中高强度身体活动加总时间的单日平均值
上学日学校中高强度身体活动	单个学期内周一至周五时间内，儿童青少年自早晨进入学校开始，直至下午最后一节课结束离开学校的时间范围内（放学后自由活动的时间不计算在内）产生的中高强度身体活动加总时间的单日平均值
上学日社区中高强度身体活动	单个学期内周一至周五时间内，上学前和放学后儿童青少年在不受父母直接影响、陪同、监督的情况下，在家庭以外自发、自主产生的中高强度身体活动加总时间的单日平均值
休息日家庭中高强度身体活动	单个学期内周六至周日时间内，儿童青少年在父母直接影响、陪同、监督下或者在家庭户内产生的中高强度身体活动加总时间的单日平均值
休息日社区中高强度身体活动	单个学期内周六至周日时间内，儿童青少年在不受父母直接影响、陪同、监督的情况下，在家庭以外自发、自主产生的中高强度身体活动加总时间的单日平均值

另外，作者结合“回忆录”列出了“上学日久坐”“上学日睡眠”“休息日久坐”“休息日睡眠”4 个时空场域的特殊身体活动行为，将在第六章中进行描述性分析。这部分并非本书核心考察内容。

三、影响因素与身体活动水平的量化关系实证研究

《儿童青少年身体活动影响因素量表》与加速度计的配套应用形成了包含 43 个有效样本的 16 个影响因素、12 个身体活动水平的横截面数据。小样本统计分析很容易造成接近临界值的影响因素丢失或被忽视，但是其“身体活动”数据因是小样本而能够得到深度的加工与处理，适合用于探讨深层机制问题（图 3-6）。作者试图基于独立样本 *t* 检验、Mann-Whitney *U* 检验、Kruskal-Wallis *H* 检验、多元回归分析等研究方法，从该小样本横截面数据中找到关键性影响因素与不同场域中特定身体活动水平的量化关系。本书第六章、第七章中将对该内容展开具体分析。

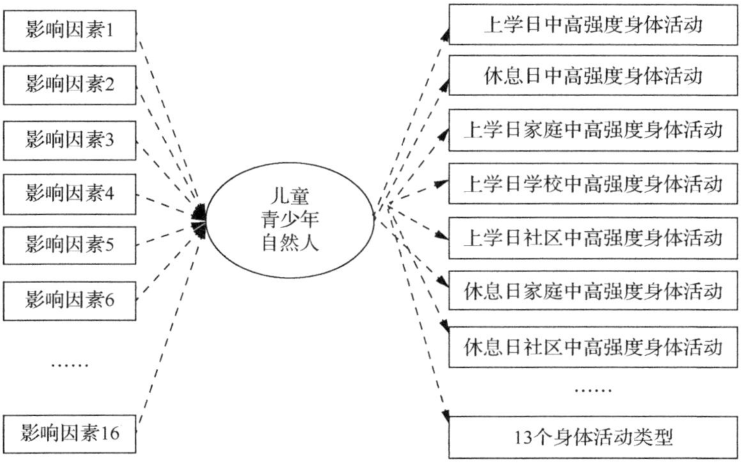

图 3-6 影响因素与身体活动水平的量化关系

第四章

儿童青少年身体活动“家校社三不脱离模型”的扎根理论构建

作者基于场动力理论并综合相关文献，进行了“家校社三不脱离模型”初步设想，该模型包含个人、家庭、学校和社区 4 个基本理论维度，这与我国儿童青少年身体活动发生的内外部场域和环境契合。但中国和西方国家的政治制度、文化氛围差异明显，影响因素指标体系也各不相同。初步设想的“家校社三不脱离模型”涵盖了西方社会元素，但并不完全适合研究中国的相关问题；同时，初步设想的“家校社三不脱离模型”缺乏对中国特殊国情、民情的提炼，如“生育政策”“中高考制度”等未被纳入设想[181, 182]。为此，本章基于中国国情，通过扎根理论逐步凝练、归纳影响我国儿童青少年身体活动的影响因素指标体系，基于该模型设想的个人、家庭、学校、社区维度构建我国儿童青少年身体活动“家校社三不脱离模型”，为量表研制奠定基础。

第一节　扎根理论研究流程

扎根理论研究隶属于质性研究方法范畴，于 1967 年由社会学家 Glaser 和 Strauss 提出，其主要宗旨是在经验资料的基础上建立理论，其研究逻辑是对搜集所得的数据文本进行反复的比较、编码，通过抽象化、概念化的方式提炼关键因素，并构建相应理论模型[183]。扎根理论是指以问题为导向，避免方法论的刚性格局影响对现象和问题的解读，将真实素材和清晰逻辑进行“反复交织”，建立起高信度的理论模型[184]。从具体操作方式上来看，扎根理论是一种自下而上建立理论的方法，其特点是研究伊始没有理论假设，但必须有经验证据的支持，即在系统收集资料的基础上能从经验事实、原始资料中抽象出反映社会现象的核心概念，然后通过在核心概念之间建立联系而形成理论[185]。扎根理论被公认为是最为严谨、规范、科学的质性研究方法之一[186]，适用于分析复杂的社会问题，并找到导致该社会问题的归因[187]。Glaser 和 Strauss 提出的扎根理论研究流程示意图如图 4-1 所示[183]。

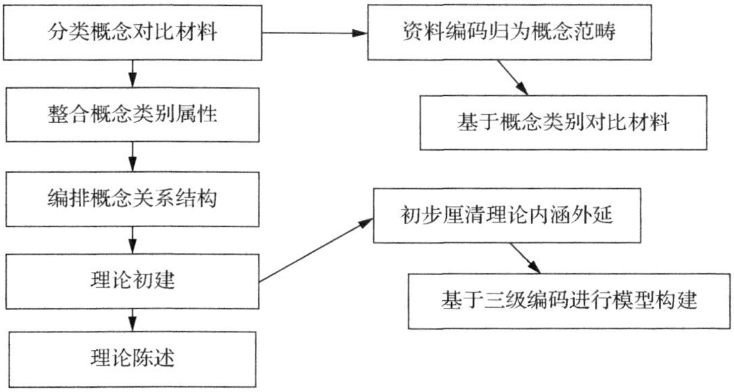

图 4-1　扎根理论研究流程示意图

扎根理论包括三大学派，其中程序化扎根理论是目前国内外应用最为广泛的扎根理论[188]。作者立足于程序化扎根理论，进行一对一深度访谈，试图通过开放式编码、主轴式编码和选择式编码的三级编码手段分析访谈文本[189]（图 4-2），试图归纳我国儿童青少年身体活动影响因素的理论模型。

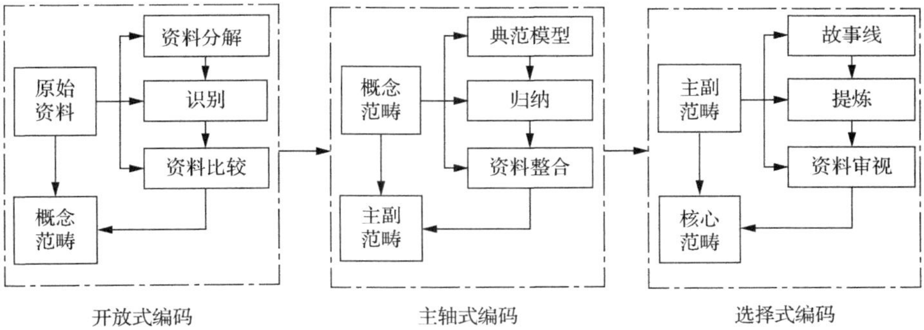

图 4-2　扎根理论研究思维框架[190]

第二节　扎根理论研究设计

一、访谈对象选择

为了保证扎根理论研究结果的科学性和可信度，访谈对象的选择要具有普遍性和典型性。本书紧密围绕儿童青少年身体活动高度相关的人群来选择访谈对象，包括儿童青少年自身、家长（父母）、学校主管、学校专家、行政领导。受访的儿童青少年覆盖了小学、初中、高中3个学段（含中、高考学生），地域分布集中在辽宁、山东、安徽、湖北、广东等地。

有效样本为20名6～18岁儿童青少年、20名家长（父亲或母亲，与20名儿童青少年对应，一次访谈同时完成家长与儿童青少年的两次访谈任务）、1名中小学特级体育教师、2名高校儿童青少年研究领域教授、2名学校体育行政部门主管领导（表4-1）。

表4-1　深度访谈有效样本信息汇总表

样本类型	姓名	地区	所在单位	相关信息
行政领导	梅××	山东济南	山东省教育厅民办教育与继续教育处	处长
行政领导	赵××	山东济南	山东省教育厅体卫艺处	二级调研员
学校主管	张××	广东广州	广州第二师范学院体育学院	副院长/教授
学校专家	刘××	广东广州	华南理工大学体育学院	二级教授
学校专家	邓××	广东广州	增城中学体育教研室	教授/特级教师
小学生	吕××	山东济南	济南市长清平安小学	4年级
小学生	朱××	山东济南	济南市德兴街小学	2年级
小学生	张××	山东济南	济南市天桥区实验小学	2年级
初中学生	韩××	山东济南	章丘外国语学校	初二（8年级）
高中学生	梅××	山东济南	山东省实验中学（省重点学校）	高三（12年级）
初中学生	刘××	山东济南	古城中学	初三（9年级）
小学生	张××	辽宁沈阳	沈阳市和平路小学	3年级
小学生	姜××	辽宁丹东	丹东市纤维厂小学	5年级

续表

样本类型	姓名	地区	所在单位	相关信息
小学生	王××	辽宁丹东	丹东市纤维厂小学	3 年级
初中学生	孙××	辽宁丹东	丹东市第六中学（重点学校）	初二（8 年级）
初中学生	石××	辽宁丹东	丹东市第六中学（重点学校）	初一（7 年级）
初中学生	张××	辽宁丹东	丹东市第十九中学（重点学校）	初一（7 年级）
初中学生	田××	辽宁抚顺	抚顺市第二十三中学	初一（7 年级）
高中学生	鞠××	辽宁丹东	丹东市敬业高中	高二（11 年级）
高中学生	马××	辽宁丹东	丹东市凤城市第二中学	高二（12 年级）
初中学生	赵××	安徽铜陵	铜陵市第十五中学	初一（7 年级）
初中学生	刘××	湖北武汉	铁四院中学	初二（8 年级）
高中学生	左××	安徽铜陵	铜陵实验高中	高一（10 年级）
高中学生	周××	安徽铜陵	铜陵市第一中学（省重点学校）	高三（12 年级）
高中学生	王××	安徽铜陵	铜陵市第三中学（市重点学校）	高三（12 年级）

注：家长与对应的学生同组完成访谈，不再单独列表说明。

二、访谈提纲设计

为更好地推进深度访谈、获取有价值的访谈信息，本书在以往文献研究基础之上，综合相关理论并融合多轮专家修改意见，充分借鉴访谈对象的建议，针对不同访谈对象类型进行访谈提纲设计，形成“学生访谈提纲”“家长访谈提纲”“学校体育负责人和体育教师访谈提纲”“政府教育和体育部门负责人访谈提纲”4 份访谈提纲。表 4-2 中仅对深度访谈提纲设计的主要维度进行了归纳，提纲的具体内容见附录 1。在访谈过程中，提纲主要作为沟通交流的引导，不会过度限制受访者的思维发散。

表 4-2　深度访谈提纲设计的主要维度

子提纲	主要题项维度
学生访谈提纲	儿童青少年对自身身体活动情况的评价 儿童青少年对锻炼行为的态度与认知 儿童青少年对自己居住和学习大环境中的体育环境的认知与评价 儿童青少年对自己参与体育运动产生的社会关系的评价

续表

子提纲	主要题项维度
家长访谈提纲	家长对子女及自身身体锻炼情况的评价 家长对身体锻炼与健康重要性及风险的认知 家长对子女居住和学习环境对身体锻炼影响的看法 家庭体育支持与环境（运动文化氛围、经济支持、情感支持等）
学校体育负责人和体育教师访谈提纲	学生身体活动评价 体育与健康课程评价 学校体育硬件和软件评价 学校体育政策评价 学校体育氛围评价
政府教育和体育部门负责人访谈提纲	学校体育政策监督执行管理手段与激励制度 学生体质健康监督管理手段与激励制度 学校体育活动开展情况及扶持激励制度 学校体育发展的诉求与困境 解决当地竞技体育后备人才培养学训矛盾的制度保障

三、数据搜集与整理

本书采用半结构化深度访谈方式获取一手数据，提前向受访者阐述访谈的主题及提纲内容，以便受访者可以提前整理思路、梳理表达内容，从而提高访谈的深度和广度。访谈时间跨度为 2019 年 1—5 月，对于单次访谈时间，行政部门主管领导及专家访谈控制在 1 小时左右，学生和家长访谈约为 30 分钟（1 ~ 2 年级小学生访谈需要父母陪同回忆和解释）。访谈结束后，将录音文件转化为访谈文本，通过 Nvivo 11.0 软件进行编码分析，共形成 13 万余字的原始文本。

第三节　编码过程与模型构建

一、开放式编码

开放式编码是对一个整体的访谈文本逐字、逐句、逐行、逐段地进行碎片化处理，继而通过界定概念与归纳范畴、类属的方式做进一步整合和提炼[191]。在该阶段要求忽略研究者的学术背景，在不带入主观观念的基础上按照原始访谈文本的本质属性进行编码。因此，本书尽可能提取访谈文本的原始表述作为初始概念。

首先，将资料分解为独立信息单元。作者选择使用 Nvivo 11.0 软件对原始访谈文本进行初步整理，将资料拆分成一个个独立的语句，对表达冗余的内容进行口语化的梳理，使叙述更加清晰简洁，并忽略语气词。梳理后的语句成为独立的信息单元，即能够表达唯一语义的句子。例如，原句为“我妈么？嗯，她给我报了个篮球班，在篮球班里面我认识了很多新朋友，我觉得吧，上篮球班也挺好的，感觉自己不那么害怕和别人说话了”修改为“我妈给我报了个篮球班，我认识了很多新朋友，感觉自己不那么害怕和别人说话了”。其次，概念归纳。由于独立信息单元的数量庞大且口语化严重，研究者需要不断归纳信息形成初始概念和概念。例如，将上文例句的初始概念概括为“篮球促进人际交流”，并进一步概括为概念“社会适应价值认知”。

在开放式编码阶段，作者从 45 例文本稿中提取到 294 个初始概念，经反复凝练、归纳后形成 38 个概念（参考点个数略）[192]。开放式编码（示例）如表 4-3 所示。

表 4-3　开放式编码（示例）

概念	初始概念	原始资料
社会适应价值认知	篮球促进人际交流	我妈么？嗯，她给我报了个篮球班，在篮球班里面我认识了很多新朋友，我觉得吧，上篮球班也挺好的，感觉自己不那么害怕和别人说话了
行为习惯	父母每周带孩子打球	我打乒乓球是小的时候我爸经常带我打，时间长了就习惯了，现在上学了就每周末去
信息支持	父母指导孩子锻炼	我打羽毛球好多年了，也带着孩子去，一般简单的技术动作我都能指导，太专业的我都给他请私教
健康认知	父母担心运动受伤	我侄子之前玩轮滑把腿摔断了，都耽误上学了，因此我现在不敢让我女儿玩了，现在我就陪着她在楼下骑个自行车、跳个绳之类的

续表

概念	初始概念	原始资料
专业素质能力	体育教师带校队训练	我们学校有田径队，也是体育教师在带他们
内容全面性	体育课安排不科学	体育课挺枯燥的，中考考什么就练什么，其余都不学
组织资源	社区周边培训机构多	我家离学校很近，有很多培训班，还有一个少年宫
伙伴情谊	闲时与同学一起锻炼	我在小区不认识其他同龄人，周末还是和同学一起打球

二、主轴式编码

（一）主轴式编码过程

主轴式编码是一种类似“聚类”的类属归纳方法，程序化扎根理论的主轴式编码每次只对一个类属展开分析，会以类属核心内涵为中轴（又称为“轴心”）展开相关关系的搜集与概括，借此来探究“范畴”与“范畴”之间的潜在逻辑关系[193]，从而把各子范畴凝聚成主范畴。在开放式编码环节中，概念内涵较为分散，并且内在逻辑联系比较模糊，因此需要进行多轮的概念和初始范畴的比较，厘清它们之间的关系并归类，形成范畴边界更加清晰、逻辑体系更加合理的主范畴。本书目的在于厘清儿童青少年身体活动的影响因素，因此在主轴式编码阶段对开放式编码阶段形成的 38 个概念进行逐个筛选、合并和分类，将其归纳为 14 个子范畴，具体如下：个体认知、习惯技能、情感体验、家庭氛围、家长体育认知、家庭支持、学校硬件设施、体育师资配备、体育与健康课程、学校体育氛围、社区场地设施、社区体育氛围、伙伴情谊、建成环境。主轴式编码结果如表 4-4 所示。

表 4-4　主轴式编码结果

主范畴	子范畴	概念（相关节点量）	主范畴	子范畴	概念（相关节点量）
个人	个体认知	生理价值认知（1）	家庭	家庭氛围	屏幕氛围（20）
		心理价值认知（6）			家务氛围（12）
		社会适应价值认知（4）		家长体育认知	体育重要性认知（13）

续表

主范畴	子范畴	概念（相关节点量）	主范畴	子范畴	概念（相关节点量）
个人	习惯技能	行为习惯（7）	家庭	家庭支持	健康认知（6）
		运动技能（6）			榜样支持（8）
	情感体验	兴趣爱好（8）			信息支持（5）
		追求卓越（3）			情感支持（12）
学校	学校硬件设施	场地器材水平（23）			资金支持（12）
		场地器材管理方式（9）	社区	社区场地设施	场地器材规格（13）
	体育师资配备	师资规模（4）			场地设施管理水平（1）
		道德素养（1）		社区体育氛围	人力资源（1）
		专业素质能力（16）			组织资源（3）
		师生关系（3）			体育健康宣传（3）
	体育与健康课程	内容全面性（19）			社区体育活动（1）
		组织科学性（4）		伙伴情谊	榜样支持（2）
		评价合理性（4）			参与性陪伴支持（10）
	学校体育氛围	班主任支持（9）		建成环境	生态友好性（2）
		校领导支持（10）			锻炼安全性（1）
		体育活动氛围（28）			锻炼便利性（4）

（二）范畴和概念的内涵

作者根据原始素材，在充分尊重相关理论基础的前提下，对主轴式编码概括出的子范畴和概念的内涵进行阐述，以便更好地推进后续研究。

1. 个人主范畴的内涵界定

在个人主范畴下，影响儿童青少年身体活动的因素包括 3 个子范畴，即个体认知、习惯技能及情感体验（表 4-5）。具体如下：①个体认知。个体认知是强调儿童青少年个体从理性角度看待身体活动的价值及意义的一个评价维度，它更深入地涵盖了 3 个基本概念，即生理价值认知、心理价值认知与社会适应价值认知。这意味着儿童青少年深刻理解体育锻炼或者身体活动具有有效增强身体机能、调试心理状态、增强社会交往的重要功能，可以很好地促进儿童青少年增加自身体育锻炼或者身体活动的时间并提高强度。②习惯技能。习惯技能包含行为习惯和运动技能两个维度。行为习惯是指儿童青少年具有体育锻炼或者参加中高强度身体活动的行为习惯；运动技能是指儿童青少年经历必要的竞技训练后掌握了较为稳定的运动技术。两者都会更好地促进儿童青少年身体活动水平的提升。③情感体验。情感体验与个体认知存在明显区别，情感体验更多强调非主观的情绪和情感的体会，包括兴趣爱好和追求卓越两个基本概念。兴趣爱好是指儿童青少年对参与体育锻炼或身体活动存在天然倾向；追求卓越是指儿童青少年对于胜利与成功的渴望很容易促使其提高参加体育锻炼或身体活动的强度并延长时间，从而达到发展身体素质的目标。

表 4-5　个人主范畴的内涵说明

主范畴	子范畴	概念	内涵说明
个人	个体认知	生理价值认知	个体对体育锻炼增强生理健康的价值理解
		心理价值认知	个体对体育锻炼调试心理健康的价值理解
		社会适应价值认知	个体对体育运动增强个体和谐社会关系的理解
	习惯技能	行为习惯	具有锻炼偏好及活动习惯有助于提高身体活动水平
		运动技能	习得较为稳定的运动技术有助于提高身体活动水平
	情感体验	兴趣爱好	对运动存在天然喜好及参与倾向能够促进身体活动发展
		追求卓越	对于胜利与成功的渴望能够促进身体活动发展

2. 家庭主范畴的内涵界定

儿童青少年行为受到家庭文化的影响非常明显。家庭主范畴包括家庭氛围、家长体育认知及家庭支持 3 个子范畴，是影响儿童青少年身体活动的重要因素（表 4-6）。具体如下：①家庭氛围。家庭氛围是用来衡量家庭身体活动文化氛围的子范畴，包括屏幕氛围和家务氛围两个基本概念，会影响儿童青少年群体在家庭环境中的身体活动水平。屏幕氛围主要用于评价家庭中儿童青少年使用电子设备的频率和时长；而家务氛围则用于评价家长鼓励、要求孩子参与家务劳动的倾向。②家长体育认知。家长对于体育运动及身体活动价值的认知水平与认可程度会对子女参与身体活动产生积极影响，其中包括体育重要性认知和健康认知两个基本概念。体育重要性认知与个体认知中的生理价值认知、心理价值认知、社会适应价值认知存在重叠，只是认知主体由儿童青少年变成家长；而健康认知则更多强调孩子健康与学业或升学压力之间重要性的比较，现在越来越多的家长表示孩子健康比孩子学业成绩更加重要。③家庭支持。家庭支持是一个比较具体的硬指标，是父母对于孩子参与体育锻炼或身体活动的支持，具体包括榜样支持、信息支持、情感支持和资金支持。其中，榜样支持是指父母严格要求自己、经常参与体育锻炼或身体活动的行为会积极带动、影响子女养成锻炼习惯；信息支持是指家长经常与子女进行交流沟通，灌输体育锻炼、身体活动、竞赛活动、体质健康等信息知识，这有利于促进儿童青少年身体健康；情感支持是指父母从情感上积极鼓励子女参与体育锻炼，并且能够通过积极的情绪表达正向反馈孩子身体活动行为；资金支持是指家长能够为子女参加身体活动提供必要且充足的经费。

表 4-6　家庭主范畴的内涵说明

主范畴	子范畴	概念	内涵说明
家庭	家庭氛围	屏幕氛围	家庭使用电子设备的时长与频率
		家务氛围	父母鼓励、支持子女从事家务活动的倾向
	家长体育认知	体育重要性认知	家长对体育促进子女身心健康、社会适应的认知
		健康认知	家长对子女健康与学业之间权重的比较与认知
	家庭支持	榜样支持	父母体育锻炼行为对子女运动行为的影响
		信息支持	父母与子女围绕运动相关话题进行沟通交流
		情感支持	父母在情感上认同、鼓励子女参与身体活动
		资金支持	父母承担子女参加身体活动的经济成本

3. 学校主范畴的内涵界定

学校是儿童青少年群体参与社会活动、接触非亲属关系最为集中的空间区域，对于儿童青少年价值观、世界观的形成具有重要影响。学校主范畴包括学校硬件设施、体育师资配备、体育与健康课程及学校体育氛围 4 个子范畴，从多方面影响儿童青少年身体活动（表 4-7）。具体如下：①学校硬件设施。学校硬件设施是指学生参与体育锻炼所必需的基础条件，其规模、质量直接影响学生参与体育锻炼的强度与时长，包含场地器材水平及场地器材管理方式两个方面。场地器材水平是指学校体育硬件设施的数量、类型、成色等；场地器材管理方式是指学校是否有一套科学的场馆设施组织管理方式，以保证场地设施的使用效率最大化及管理科学化。②体育师资配备。体育教师是教授学生体育技能、引导监督学生进行体育锻炼及组织课后锻炼和相关体育活动的关键性人才，为学生的身体活动提供智力支持。体育师资配备包括 4 个基本概念，分别是师资规模、道德素养、专业素质能力、师生关系。师资规模是指学校配备体育专任教师的数量与梯队建设水平；道德素养是指体育教师是否具有较高的道德及职业操守，是否遵守以人为本的教学理念，是否具有敬业精神；专业素质能力是指体育教师是否具有过硬的专业技术与体育运动素养，是否能够传授科学的专业技能并为学生树立积极榜样；师生关系是指体育教师在课内外能否与学生保持融洽和谐的关系。③体育与健康课程。体育与健康课程是依托公共财政集中对学生进行观念塑造、技能传授、行为养成的课程组织类型，包括内容全面性、组织科学性、评价合理性 3 个基本概念。内容全面性是指体育教师能否全面将大纲中所要教授的运动技能、理论观念传授给学生，并通过有限的课程时间有效提高学生的身体素质；组织科学性是指体育教师能否有效安排体育课程中的教学活动，保证学生身体活动达到或超过必要的运动强度及效率；评价合理性是指体育教师是否具备多元的评价手段与观念，是否能够顾及学生现实情况与个体差异，是否能够通过评价提高学生学习积极性。④学校体育氛围。学校体育氛围主要用于评价该学校是否拥有健康、积极的体育锻炼和身体活动文化氛围，以及领导与教师作为权威者是否对学生参与体育锻炼和身体活动保持支持态度。学校体育氛围包括班主任支持、校领导支持和体育活动氛围 3 个基本概念。其中，班主任和校领导是学校范畴内影响体育活动氛围的重要主体，其支持态度对学生行为及校园文化影响很大；另外，体育活动氛围是考查学生感知校园整体体育文化是否积极的重要指标。

表 4-7　学校主范畴的内涵说明

主范畴	子范畴	概念	内涵说明
学校	学校硬件设施	场地器材水平	学校体育硬件设施的数量、类型、成色
		场地器材管理方式	学校体育硬件设施的使用效率与管理科学性
	体育师资配备	师资规模	学校配备体育专任教师的数量与梯队建设水平
		道德素养	体育教师是否具有较高的道德及职业操守
		专业素质能力	体育教师是否具有较高的专业技术与运动素养
		师生关系	体育教师在课内外能否与学生保持融洽和谐的关系
	体育与健康课程	内容全面性	体育教师能否将技能与理论全面传授给学生
		组织科学性	体育教师能否根据学生发展规律，科学组织教学活动
		评价合理性	体育教师是否具备多元的评价手段与观念，是否能够顾及学生现实情况与个体差异
	学校体育氛围	班主任支持	班主任对学生参加体育锻炼的支持度与认可度
		校领导支持	校领导对体育课程及课余体育活动的支持度与认可度
		体育活动氛围	学生感知校园整体体育文化是否积极

4. 社区主范畴的内涵界定

社区是儿童青少年开展户外运动、进行生活休闲的重要场域，其体育锻炼的物质基础、身体活动文化氛围及环境条件都会对儿童青少年的行为培养产生重要影响。因此，社区主范畴包括社区场地设施、社区体育氛围、伙伴情谊和建成环境 4 个子范畴（表 4-8）。具体如下：①社区场地设施。根据扎根理论分析发现，社区场地设施的规模、质量是吸引儿童青少年在社区进行体育锻炼的重要因素，社区场地设施包括场地器材规格和场地设施管理水平两个子概念。其中，场地器材规格是指社区体育场馆设施的质量、规模、翻新频率及健身效能等；场地设施管理水平是指该社区是否具备专门的维护人员，是否能够定期检修体育设施，是否能保持场地场馆的清洁卫生。②社区体育氛围。社区体育氛围是指社区环境内是否拥有充足的体育培训、教育、管理人才，是否形成或培育出积极繁荣的体育健身文化，是否能够定期组织群众性体育竞赛或活动，包含了人力资源、组织资源、体育健康宣传和社区体育活动 4 个子概念。其中，人力资源是指社区是否拥有充足的高水平体育教练和组织指导管理人员；组织资源是指社区是否拥有健全的群众性体育社团、协会、俱乐部等组织；体育健康宣传是指社区范畴运动情境中是否形成了较为积极、健康、稳定的大健康宣讲手段；社区体育活动是指是否定期组织社区内的群众性体育赛事及活动。③伙伴情谊。伙伴情谊是指社区内形成了一种以体育锻炼为主题的稳定人际关系群，群体成员相互间情谊互动频繁且稳定，这是吸引儿童青少年在社区开展体育锻炼的重要维度，包括榜样支持和参与性陪伴支持两个基本概念。榜样支持是指社区中拥有少数高人格魅力的领袖榜样，其运动习惯和技术风格是儿童青少年效仿的对象，儿童青少年喜欢与他们一起进行体育锻炼；参与性陪伴支持是指儿童青少年体育参与的动机是同伙伴一起参与体育锻炼，他们因享受伙伴陪伴的感觉而被吸引前往社区进行体育锻炼。④建成环境。建成环境不再局限于社区体育场地设施，而是在更加广阔的生活交通空间内讨论社区吸引儿童青少年进行身体活动或者开展体育锻炼的大环境，具体包括生态友好性、锻炼安全性和锻炼便利性 3 个基本概念。其中，生态友好性是指生态环境是否存在水源、噪声、空气等污染；锻炼安全性是指身体活动发生过程中或体育锻炼过程中是否存在造成意外人身伤害的不确定因素；锻炼便利性是指儿童青少年前往锻炼设施或公园步道的方便程度。

表 4-8　社区主范畴的内涵说明

主范畴	子范畴	概念	内涵说明
社区	社区场地设施	场地器材规格	社区场地设施的规模、质量、规模、翻新频率、健身效能
		场地设施管理水平	场地设施是否有专门维护人员维护，以及场馆安全和卫生维护准则

续表

主范畴	子范畴	概念	内涵说明
社区	社区体育氛围	人力资源	社区是否拥有充足的高水平体育教练和组织指导管理人员
		组织资源	社区是否拥有健全的群众性体育社团、协会、俱乐部等组织
		体育健康宣传	社区情境中是否形成了较为积极、健康、稳定的体育健康宣讲手段
	伙伴情谊	社区体育活动	是否定期组织社区内的群众性体育赛事及活动
		榜样支持	是否有高水平、高魅力的伙伴群体吸引儿童青少年效仿并积极参与社区身体活动
		参与性陪伴支持	儿童青少年基于伙伴陪伴的积极体验参与到社区的体育锻炼或者身体活动中间
	社区环境	生态友好性	是否存在水源、噪声、空气等污染
		锻炼安全性	身体活动发生过程中或体育锻炼过程中是否存在造成意外人身伤害的不确定因素
		锻炼便利性	儿童青少年前往锻炼设施或公园步道的方便程度

三、选择式编码

选择式编码是对已知范畴的再次梳理，归纳核心范畴，构建核心范畴、子范畴和概念之间的三级关系网络，形成一个完整的解释框架。在主轴式编码过程中，已经对各子范畴之间的逻辑关系加以明确，因此在选择式编码阶段根据研究主题、范畴类型、以往的文献研究及我国现实国情，提取了 4 个主范畴，具体如下：个人、家庭、学校、社区。通过对深度访谈对象的观察和交流，以及对照儿童青少年身体活动水平的客观事实，发现 4 个主范畴与儿童青少年身体活动影响因素之间具有明显因果关系，且各主范畴之间相互影响。因此，作者依据三级关系网络和因果关系，构建了“家校社三不脱离模型”理论示意图（图 4-3）。

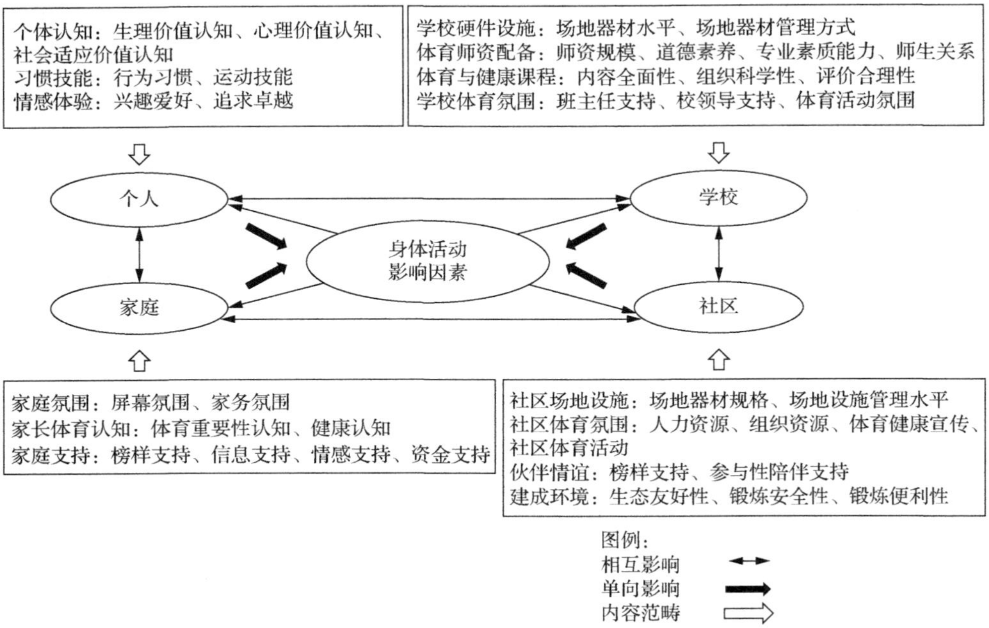

图 4-3 “家校社三不脱离模型”理论示意图

四、理论饱和度检验

为了检验访谈样本的理论饱和度，作者随机访谈了 3 对学生和家长，在梳理的访谈文本中没有发现新的概念和子范畴，且主范畴不变，即更多的访谈也不能提供新的概念和理论内涵，已经达到理论饱和，因此访谈结束。

第五章

儿童青少年身体活动影响因素的测量工具开发

作者根据扎根理论构建了儿童青少年身体活动“家校社三不脱离模型”，设计了《儿童青少年身体活动影响因素初始量表》。为便于儿童青少年群体作答，该量表采用李克特五点计分法计分。本章重点说明《儿童青少年身体活动影响因素初始量表》的检验修正过程。

第一节 初始调查问卷的发放与施测

一、初始调查问卷的发放对象

本书的访谈对象分布在东北地区、华东地区、华中地区、华南地区，因此采用区域抽样方式选择初始调查问卷的发放对象，具体包括济南、青岛、武汉、深圳市区的 3 所小学、5 所初中。考虑到学生认知水平和升学压力的客观干扰，为了尽可能保证数据真实性、提高学生配合度，作者在抽样过程中提前排除 1 年级、初三（9 年级）的学生。初始调查问卷共计发放 1050 份，剔除规律作答、空白、缺失值过多的无效调查问卷后，得到有效调查问卷 889 份，调查问卷有效率为 84.67%（表 5-1）。

表 5-1 调查学生所在学校基本情况表

学校	人数（人）			学段	说明	学校	人数（人）			学段	说明
SDSY	80	男	34	小学	普通	SDFR	52	男	25	初中	省重点
		女	46					女	27		
SDFR	191	男	93	小学	省重点	BXZX	84	男	48	初中	普通
		女	98					女	36		
WJSSX	109	男	46	小学	普通	GCLZ	89	男	49	初中	普通
		女	63					女	40		
YGZX	141	男	70	初中	市重点	LXZX	143	男	69	初中	普通
		女	71					女	74		

注：隐去学校名称，以缩写字母代替。

二、初始调查问卷的施测过程

初始调查问卷采用整群分层抽样的方式发放，作者和中小学政教处主任、班主任或体育教师一同组织学生在教室内统一填写，正式填写前统一讲解填写说明和注意事项。考虑到低年级（2～3 年级）学生年龄偏小、认知和思维理解能力有限，采用“逐题讲解+生动举例”的方式指导其作答（包括识字词和内容含义）。对其余年级的学生采用答疑讲解的方式指导其作答。在调查问卷填写时间方面，初一和初二（7～8 年级）的学生为 20～30 分钟，4～6 年级的学生为 30～40 分钟，2～3 年级的学生为 60 分钟。施测时间为 2019 年 5 月 23 日至 6 月 24 日。

第二节 量表的检验

利用 SPSS 22.0 软件将总样本（889 份有效调查问卷）随机分半，对形成的两个样本（样本一和样本二）进行独立样本 t 检验，显示两个样本在各题项上均不存在显著差异。利用 SPSS 22.0 软件对样本一进行探索性因素分析，用主成分分析法分别获得 4 个分量表的因素结构；将样本二与 AMOS 21.0 软件结合，进行验证性因素分析，检验拟合优度，进行模型修正，确定正式调查问卷。

一、量表的项目分析

为提高量表的信效度，对个人、家庭、学校、社区 4 个分量表进行项目分析，通过临界比率（Critical Ratio，CR）、题总相关、同质性检验 3 个统计指标进行区分度检验。由于初始调查问卷题目较多，初步筛选各分量表测试题项时，须同时满足以下 3 个标准：①分别将 4 个分量表反项计分题进行重新计算并得出总分，对每个分量表取前 27%和后 27%（临界比率）的样本组成高低分组并做独立样本 t 检验，筛除鉴别度较差的题项，剔除 P 值大于 0.05 或决断值小于 3 的题项；②进一步考察各分量表题项得分与分量表总分的相关性，筛选标准为相关系数 0.4；③抽取共同因素，要求共同因素值在 0.2 以上。

（一）个人分量表

根据分量表总分进行高低分组，将分量表总分从高到低排序，分别将得分前 27%[445×27%=120（名），总分≥118 分，由于有多名被试获得 118 分，最终高分组取前 122 名]的样本和后 27%（第 326 名，总分≤95 分，由于有多名被试获得 95 分，最终低分组取第 317 名到最后一名）的样本筛选出来。个人分量表项目分析如表 5-2 所示。

表 5-2　个人分量表项目分析

题号	临界比率（t 值）	题总相关（r 值）	更正后项目总数相关	共同因素	题号	临界比率（t 值）	题总相关（r 值）	更正后项目总数相关	共同因素
P1	7.384***	0.432***	0.399	0.205	P10	13.506***	0.541***	0.489	0.295
P2	6.500***	0.327***	0.275	0.105	P11	7.171***	0.364***	0.299	0.110
P3	8.043***	0.389***	0.336	0.150	P12	12.587***	0.545***	0.488	0.280
P4	2.377*	0.183***	0.106	0.015	P13	11.955***	0.531***	0.485	0.283
P5	14.611***	0.640***	0.602	0.431	P14	15.620***	0.673***	0.632	0.464
P6	11.720***	0.558***	0.512	0.337	P15	14.646***	0.646***	0.607	0.436
P7	14.932***	0.579***	0.529	0.354	P16	16.352***	0.638***	0.587	0.404
P8	11.136***	0.499***	0.454	0.270	P17	18.550***	0.666***	0.619	0.445
P9	3.926***	0.273***	0.220	0.062	P18	9.669***	0.425***	0.362	0.156

续表

题号	临界比率（t 值）	题总相关（r 值）	更正后项目总数相关	共同因素	题号	临界比率（t 值）	题总相关（r 值）	更正后项目总数相关	共同因素
P19	12.817***	0.585***	0.532	0.327	P24	13.949***	0.560***	0.498	0.297
P20	14.279***	0.633***	0.592	0.427	P25	15.689***	0.673***	0.636	0.469
P21	13.845***	0.649***	0.612	0.439	P26	11.029***	0.515***	0.459	0.263
P22	15.042***	0.618***	0.574	0.388	P27	10.654***	0.515***	0.463	0.267
P23	19.616***	0.710***	0.668	0.488	P28	8.423***	0.488***	0.446	0.248

*在 0.05 水平（双尾）上显著。

***在 0.000 水平（双尾）上显著。

在高低分组中，临界比率全部显著，显著性概率值 $P\approx0.000<0.05$，P4 的 t 值统计量为 2.377，绝对值小于临界值 3；在题总相关的检验中，P2、P3、P4、P9、P11 的相关系数均小于 0.4；更正后项目总数相关系数 P1、P2、P3、P4、P9、P11、P18 均小于 0.4；抽取共同因素值时，P2、P3、P4、P9、P11、P18 的相关系数均小于 0.2（表 5-2）。根据满足其一即可删除的原则，综上删除 P1、P2、P3、P4、P9、P11、P18 共 7 个题项（表 5-3）。

表 5-3　个人分量表项目分析删除题项

题号	题项
P1	我认为身体活动有利于强身健体
P2	我认为身体活动能够降低生病的次数
P3	我认为身体活动能够延长健康寿命
P4	***我认为体育运动会影响我的体型外貌，如皮肤晒黑、体型粗壮***
P9	***我认为体育锻炼太脏太累了***
P11	我认为体育运动是吸引异性关注的一种方式
P18	我的身体素质从小就很好

注：斜体加粗部分为反向题。

（二）家庭分量表

根据分量表总分进行高低分组，将总分从高到低排序，分别将得分前 27%[445×27%=120（名），总分≥166 分，由于有多名被试获得 166 分，最终高分组取前 122 名]的样本和后 27%（第 326 名，总分≤131 分，由于有多名被试获得 131 分，最终低分组取第 324 名到最后一名）的样本筛选出来。家庭分量表项目分析如表 5-4 所示。

表 5-4　家庭分量表项目分析

题号	临界比率（*t* 值）	题总相关（*r* 值）	更正后项目总数相关	共同因素	题号	临界比率（*t* 值）	题总相关（*r* 值）	更正后项目总数相关	共同因素
F1	1.221	0.073	0.021	0.000	F23	6.059***	0.350**	0.305	0.083
F2	3.037**	0.163**	0.113	0.008	F24	10.584***	0.451**	0.405	0.203
F3	6.814***	0.365**	0.318	0.145	F25	4.758***	0.268**	0.220	0.042
F4	5.214***	0.226**	0.181	0.039	F26	9.482***	0.443**	0.401	0.201
F5	7.669***	0.385**	0.346	0.135	F27	15.888***	0.647**	0.613	0.461
F6	0.576	0.044	−0.009	3.782E-6	F28	18.223***	0.668**	0.636	0.513
F7	6.130***	0.322**	0.293	0.102	F29	17.101***	0.656**	0.624	0.493
F8	3.439**	0.230**	0.184	0.031	F30	18.956***	0.690**	0.659	0.525
F9	13.572***	0.575**	0.541	0.358	F31	21.148***	0.686**	0.655	0.509
F10	12.989***	0.588**	0.557	0.381	F32	17.014***	0.638**	0.605	0.425
F11	11.407***	0.528**	0.490	0.289	F33	16.269***	0.648**	0.617	0.466
F12	10.081***	0.500**	0.462	0.248	F34	13.794***	0.622**	0.592	0.429
F13	11.601***	0.502**	0.463	0.272	F35	12.870***	0.522**	0.480	0.284
F14	7.103***	0.340**	0.298	0.116	F36	11.518***	0.579**	0.550	0.337
F15	3.846***	0.205**	0.151	0.005	F37	17.957***	0.641**	0.608	0.428
F16	4.033***	0.204**	0.150	0.005	F38	11.669***	0.511**	0.469	0.284
F17	3.375**	0.195**	0.141	0.005	F39	17.445***	0.642**	0.607	0.434
F18	2.505*	0.120*	0.072	0.000	F40	16.276***	0.616**	0.579	0.376
F19	15.053***	0.635**	0.607	0.443	F41	13.221***	0.573**	0.535	0.353
F20	11.566***	0.530**	0.503	0.310	F42	4.726***	0.247**	0.192	0.061
F21	9.850***	0.503**	0.471	0.284	F43	6.692***	0.332**	0.289	0.097
F22	11.542***	0.573**	0.538	0.345	F44	10.722***	0.480**	0.434	0.214

*在 0.05 水平（双尾）上显著。

**在 0.01 水平（双尾）上显著。

***在 0.000 水平（双尾）上显著。

在高低分组中，F1、F6、F18 的 t 值统计量分别为 1.221、0.576、2.505，绝对值均小于临界值 3，且 F1 和 F6 的显著性概率值 $P>0.05$；在题总相关的检验中，F1、F2、F3、F4、F5、F6、F7、F8、F14、F15、F16、F17、F18、F23、F25、F42、F43 的相关系数均小于 0.4；更正后项目总数相关系数 F1、F2、F3、F4、F5、F6、F7、F8、F14、F15、F16、F17、F18、F23、F25、F42、F43 均小于 0.4；抽取共同因素值时，F1、F2、F3、F4、F5、F6、F7、F8、F14、F15、F16、F17、F18、F23、F25、F42、F43 的相关系数均小于 0.2（表 5-4）。根据满足其一即可删除的原则，综上删除 F1、F2、F3、F4、F5、F6、F7、F8、F14、F15、F16、F17、F18、F23、F25、F42、F43 共 17 个题项。特别说明，将家庭分量表中的 F1 ~ F7 题项全部剔除，即删除“家庭氛围”维度（表 5-5）。

表 5-5　家庭分量表项目分析删除题项

题号	题项
F1	***我在家经常使用电子设备完成网课学习、做网络作业、查询资料、查看班级消息等操作***
F2	***我在家经常使用电子设备追剧、看新闻、打游戏***
F3	我在家经常使用电子设备看体育比赛
F4	家长会严格控制我电子设备的使用时长
F5	我经常在家做家务
F6	家长经常要求我做家务
F7	我认为应该帮助父母做家务
F8	***家长认为体育锻炼会占用我的学习时间***
F14	家长为了体育升学考试专门给我报体育培训班
F15	***家长害怕我在体育锻炼中意外受伤***
F16	***家长害怕我在体育锻炼中因与同伴发生肢体冲突而受伤***
F17	***家长认为我在剧烈活动后容易感冒生病***
F18	***家长担心我面对体育比赛失败的抗挫能力太差***
F23	***家长经常久坐，很少锻炼***
F25	***家长经常使用电子设备打游戏、追剧***
F42	为了我身体健康，家长经常给我买营养品
F43	家长经常给我报体育培训班或请私教

注：斜体加粗部分为反向题。

（三）学校分量表

根据分量表总分进行高低分组，将总分从高到低排序，分别将得分前27%[445×27%=120（名），总分≥271分]的样本和后27%（第326名到最后一名，总分≤219分）的样本筛选出来。学校分量表项目分析如表5-6所示。

表5-6　学校分量表项目分析

题号	临界比率（t值）	题总相关（r值）	更正后项目总数相关	共同因素	题号	临界比率（t值）	题总相关（r值）	更正后项目总数相关	共同因素
S1	6.167***	0.312***	0.287	0.081	S25	13.934***	0.591***	0.568	0.390
S2	7.755***	0.335***	0.309	0.102	S26	15.616***	0.597***	0.574	0.386
S3	7.308***	0.364***	0.327	0.121	S27	12.844***	0.592***	0.572	0.394
S4	9.719***	0.477***	0.454	0.217	S28	12.188***	0.588***	0.570	0.375
S5	−2.244*	−0.097*	-0.134	0.017	S29	12.978***	0.556***	0.532	0.330
S6	11.702***	0.510***	0.483	0.232	S30	−5.473***	−0.264***	−0.297	0.099
S7	8.631***	0.371***	0.336	0.118	S31	11.088***	0.503***	0.478	0.262
S8	7.521***	0.333***	0.296	0.095	S32	10.618***	0.532***	0.509	0.296
S9	10.654***	0.475***	0.443	0.217	S33	4.410***	0.246***	0.214	0.056
S10	16.417***	0.615***	0.590	0.365	S34	7.943***	0.452***	0.425	0.209
S11	4.789***	0.240***	0.205	0.043	S35	16.046***	0.632***	0.611	0.414
S12	2.337*	0.147**	0.115	0.014	S36	16.145***	0.633***	0.611	0.416
S13	2.482*	0.169***	0.136	0.019	S37	18.422***	0.685***	0.667	0.501
S14	10.332***	0.442***	0.412	0.203	S38	−2.431*	−0.118*	−0.156	0.030
S15	12.318***	0.529***	0.506	0.292	S39	7.643***	0.374***	0.342	0.132
S16	9.648***	0.503***	0.480	0.285	S40	8.432***	0.440***	0.409	0.178
S17	13.670***	0.586***	0.566	0.380	S41	7.694***	0.423***	0.394	0.157
S18	11.382***	0.564***	0.546	0.347	S42	7.063***	0.399***	0.371	0.148
S19	10.856***	0.603***	0.588	0.411	S43	10.222***	0.458***	0.432	0.197
S20	9.838***	0.444***	0.409	0.199	S44	11.789***	0.487***	0.459	0.228
S21	13.725***	0.628***	0.611	0.423	S45	12.715***	0.525***	0.502	0.266
S22	18.994***	0.661***	0.640	0.460	S46	13.832***	0.559***	0.533	0.296
S23	10.384***	0.423***	0.393	0.185	S47	12.885***	0.515***	0.490	0.256
S24	12.083***	0.513***	0.489	0.265	S48	9.727***	0.422***	0.389	0.166

续表

题号	临界比率（t 值）	题总相关（r 值）	更正后项目总数相关	共同因素	题号	临界比率（t 值）	题总相关（r 值）	更正后项目总数相关	共同因素
S49	11.950***	0.498***	0.472	0.234	S57	12.288***	0.572***	0.550	0.330
S50	10.151***	0.458***	0.429	0.202	S58	14.374***	0.640***	0.622	0.421
S51	12.109***	0.529***	0.504	0.282	S59	12.492***	0.597***	0.577	0.369
S52	16.257***	0.570***	0.544	0.328	S60	15.990***	0.637***	0.616	0.418
S53	12.225***	0.502***	0.472	0.246	S61	13.254***	0.598***	0.576	0.363
S54	13.491***	0.589***	0.563	0.343	S62	11.622***	0.544***	0.519	0.304
S55	13.246***	0.573***	0.547	0.321	S63	12.290***	0.503***	0.471	0.241
S56	7.321***	0.439***	0.417	0.192	S64	7.532***	0.399***	0.366	0.153

*在 0.05 水平（双尾）上显著。

**在 0.01 水平（双尾）上显著。

***在 0.000 水平（双尾）上显著。

在高低分组中，临界比值全部显著，显著性概率值 $P<0.05$，S5、S12、S13、S38 的 t 值统计量分别为−2.244、2.337、2.482、−2.431，绝对值均小于临界值 3；在题总相关的检验中，S1、S2、S3、S5、S7、S8、S11、S12、S13、S30、S33、S38、S39、S42、S64 的相关系数均小于 0.4；更正后项目总数相关系数 S1、S2、S3、S5、S7、S8、S11、S12、S13、S23、S30、S33、S38、S39、S41、S42、S48、S64 均小于 0.4；抽取共同因素值时，S1、S2、S3、S5、S7、S8、S11、S12、S13、S20、S23、S30、S33、S38、S39、S40、S41、S42、S43、S48、S56、S64 相关系数均小于 0.2（表 5-6）。根据满足其一即可删除的原则，综上删除 S1、S2、S3、S5、S7、S8、S11、S12、S13、S20、S23、S30、S33、S38、S39、S40、S41、S42、S43、S48、S56、S64 共 22 个题项（表 5-7）。

表 5-7　学校分量表项目分析删除题项

题号	题项
S1	学校有足够的场地（馆）供同学们进行体育锻炼
S2	学校有田径场、篮球场或乒乓球场等 3 种以上场地类型
S3	雨雪沙尘天气，我可以选择室内场地参加体育活动
S5	***我经常需要自带体育器材到学校***

续表

题号	题项
S7	我在学校可以借用体育器材进行课外活动
S8	周末或假期，我可以免费或支付低费用使用学校场地（馆）
S11	一个学年中，我的体育老师基本不变
S12	***我的体育教师是外聘代课老师***
S13	***我的体育课是其他任课教师兼上的***
S20	体育教师经常运用电子教学设备帮助我们理解和掌握运动技术
S23	体育教师会带校队训练
S30	***体育课内容就是升学考试内容***
S33	每节体育课大部分时间我都感觉呼吸心跳明显加快、出汗较多
S38	每节体育课，我们仅学习或练习一个技术动作
S39	我的平时测试成绩会作为体育课的平时成绩
S40	我所在的学习小组表现会作为体育课的平时成绩
S41	我的本学期进步幅度会作为体育课的平时成绩
S42	运动技能的展示是我期末考试的一部分
S43	体能（速度、耐力、柔韧）测试是我期末考试的一部分
S48	班主任经常要求我们放学后进行体育练习
S56	学校每天有计划地组织大课间活动
S64	我们班体育成绩好的同学更受欢迎

注：斜体加粗部分为反向题。

（四）社区分量表

根据分量表总分进行高低分组，将总分从高到低排序，分别将得分前 27%[445×27%=120（名），总分≥172 分，由于有多名被试获得 172 分，最终高分组取前 121 名]的样本和后 27%（第 326 名，总分≤130 分，由于有多名被试获得 130 分，最终低分组取第 325 名到最后一名）的样本筛选出来。社区分量表项目分析如表 5-8 所示。

表 5-8　社区分量表项目分析

题号	临界比率（t 值）	题总相关（r 值）	更正后项目总数相关	共同因素	题号	临界比率（t 值）	题总相关（r 值）	更正后项目总数相关	共同因素
C1	8.650***	0.467***	0.440	0.209	C2	13.073***	0.562***	0.531	0.312

续表

题号	临界比率（t 值）	题总相关（r 值）	更正后项目总数相关	共同因素	题号	临界比率（t 值）	题总相关（r 值）	更正后项目总数相关	共同因素
C3	13.302***	0.557***	0.527	0.304	C24	12.121***	0.517***	0.484	0.257
C4	11.613***	0.577***	0.553	0.327	C25	14.282***	0.519***	0.487	0.258
C5	13.909***	0.611***	0.585	0.377	C26	12.807***	0.530***	0.498	0.282
C6	17.631***	0.662***	0.639	0.443	C27	12.114***	0.543***	0.515	0.284
C7	10.135***	0.542***	0.518	0.290	C28	13.588***	0.563***	0.534	0.306
C8	10.456***	0.543***	0.516	0.290	C29	14.765***	0.610***	0.583	0.367
C9	15.915***	0.650***	0.627	0.441	C30	15.050***	0.615***	0.590	0.373
C10	15.511***	0.660***	0.638	0.455	C31	8.727***	0.433***	0.401	0.174
C11	14.253***	0.616***	0.590	0.399	C32	11.078***	0.544***	0.519	0.290
C12	17.850***	0.677***	0.654	0.482	C33	11.616***	0.529***	0.503	0.274
C13	18.260***	0.680***	0.658	0.485	C34	11.634***	0.548***	0.521	0.298
C14	14.772***	0.617***	0.590	0.390	C35	12.842***	0.582***	0.555	0.330
C15	14.383***	0.605***	0.580	0.385	C36	13.637***	0.581***	0.554	0.327
C16	14.969***	0.636***	0.610	0.428	C37	6.036***	0.320***	0.282	0.084
C17	20.584***	0.716***	0.696	0.536	C38	9.659***	0.479***	0.448	0.209
C18	17.690***	0.671***	0.647	0.466	C39	8.220***	0.419***	0.386	0.158
C19	17.409***	0.669***	0.646	0.466	C40	9.812***	0.520***	0.492	0.257
C20	17.304***	0.689***	0.667	0.496	C41	12.041***	0.585***	0.560	0.336
C21	15.732***	0.625***	0.598	0.399	C42	17.287***	0.657***	0.632	0.432
C22	18.319***	0.691***	0.669	0.496	C43	13.032***	0.613***	0.589	0.370
C23	5.311***	0.267***	0.229	0.060	C44	13.462***	0.556***	0.528	0.301

***在 0.000 水平（双尾）上显著。

在高低分组中，临界比值全部显著，显著性概率值 $P≈0.000<0.05$，t 值统计量的绝对值全部大于临界值 3，未删除题项；在题总相关的检验中，C23、C37 的相关系数均小于 0.4；更正后项目总数相关系数 C23、C37、C39 均小于 0.4；抽取共同因素值时，C23、C31、C37、C39 的相关系数均小于 0.2（表 5-8）。根据满足其一即可删除的原则，综上删除 C23、C31、C37、C39 共 4 个题项（表 5-9）。

表 5-9　社区分量表项目分析删除题项

题号	题项
C23	我居住的小区经常有人跳广场舞
C31	我家附近的空气污染（如雾霾、沙尘暴）很少，方便我在户外锻炼
C37	我家距离学校不远，方便步行或骑行前往
C39	我家到学校的交通路况（如车流量、塞车）方便步行或骑行

二、量表的探索性因素分析

经过上述 3 步筛选，初始量表在区分度检验环节共剩余 130 题。样本一包含样本 445 个，样本量大约为题项最多的学校分量表的 7 倍，大于 5 倍的标准。采用探索性因素分析进行 Bartlett 球型检验，根据“家校社三不脱离模型”的扎根理论及探索性因素分析的陡坡图，采用主成分分析法（Principal Component Analysis，PCA）和固定因子抽取的方式，运用最大方差法进行旋转，提取共同因素。筛选标准如下：①删除各维度中因素载荷系数小于 0.4 的题项，因为因素载荷系数小于 0.4 表示该题项与共同因素的相关性低；②对同一维度下的题目数量小于 3 不能构成一个维度的题项，予以删除。

（一）个人分量表

对 21 个题项进行 Bartlett 球型检验，结果显示，调查问卷的 KMO（Kaiser-Meyer-Olkin，取样适切性系数）值为 0.904，卡方值（χ^2）为 4143.534，自由度（df）为 210，P<0. 000。KMO 值大于 0.9，且检验结果显著（P<0. 000），适合做因素分析。

经过两轮探索性因素分析，从个人分量表中提取 3 个因素，删除 P23（我从小就喜欢体育）和 P21（通过后天系统训练，我的运动技能进步了）2 个题项，剩余 19 个题项，累计解释总变异量的 52.449%，分析结果如表 5-10 所示。

表 5-10　儿童青少年身体活动影响因素个人分量表的探索性因素分析结果

维度	剩余题项	Ⅰ个体认知	Ⅱ习惯技能	Ⅲ情感体验
Ⅰ个体认知	P7	0.813		

续表

维度	剩余题项	Ⅰ个体认知	Ⅱ习惯技能	Ⅲ情感体验
Ⅰ个体认知	P6	0.813		
	P5	0.783		
	P8	0.630		
	P12	0.547		
	P10	0.506		
	P13	0.416		
Ⅱ习惯技能	P16		0.864	
	P17		0.848	
	P14		0.607	
	P15		0.596	
	P19		0.481	
	P20		0.463	
	P22		0.453	
Ⅲ情感体验	P27			0.765
	P26			0.754
	P28			0.716
	P25			0.522
	P24			0.415
特征值		6.844	1.743	1.378
累积贡献率（%）		36.019	45.195	52.449

（二）家庭分量表

对 27 个题项进行 Bartlett 球型检验，结果显示，调查问卷的 KMO 值为 0.929，卡方值（χ^2）为 5573.186，自由度（df）为 351，$P<0.000$，KMO 值大于 0.9，且检验结果显著（$P<0.000$），适合做因素分析。

经过 4 轮探索性因素分析，从家庭分量表中提取 5 个因素，删除 F38（家长经常在旁边看我进行体育锻炼，给我当观众）、F39（家长经常和我一起观看体育比赛）、F20（家长要求我在体育运动中团结同学、尊重对手和裁判）、F21（家长引导我在体育运动中遵守体育规则）4 个题项，剩余 23 个题项，累计解释总变异量的 60.125%，分析结果如表 5-11 所示。

表 5-11　儿童青少年身体活动影响因素家庭分量表的探索性因素分析结果

维度	剩余题项	Ⅰ信息支持	Ⅱ家长体育认知	Ⅲ陪伴支持	Ⅳ榜样支持	Ⅴ资金支持
Ⅰ信息支持	F31	0.737				
	F32	0.712				
	F28	0.658				
	F27	0.645				
	F30	0.596				
	F29	0.545				
Ⅱ家长体育认知	F12		0.784			
	F10		0.704			
	F11		0.693			
	F9		0.659			
	F19		0.588			
	F13		0.454			
Ⅲ陪伴支持	F34			0.703		
	F35			0.667		
	F33			0.658		
	F36			0.629		
Ⅳ榜样支持	F26				0.689	
	F37				0.581	
	F24				0.555	
	F22				0.516	
Ⅴ资金支持	F40					0.716
	F41					0.662
	F44					0.648
特征值		8.738	1.621	1.338	1.118	1.014
累积贡献率（%）		37.993	45.043	50.858	55.717	60.125

（三）学校分量表

对 42 个题项进行 Bartlett 球型检验，结果显示，调查问卷的 KMO 值为 0.937，卡方值（χ^2）为 9230.591，自由度（df）为 861，P<0.000，KMO 值大于 0.9，且

检验结果显著（$P<0.000$），适合做因素分析。

经过11轮探索性因素分析，从学校分量表中提取4个因素，删除S58（学校体育传统特色项目开展良好）、S45（班主任经常鼓励我们锻炼身体）、S57（学校定期组织多个校队课余训练）、S61（我的很多同学经常参加课外体育活动）、S44（我的体育课不会被挤占）、S19（我的体育教师技术动作示范规范，做到精讲多练）、S24（体育教师会指导体育社团活动）、S37（体育教师给我们安排的课堂内容能够得到有序、高效率的完成）、S59（学校有丰富多彩的体育社团活动）、S28（在体育课上我学会了坚持不懈，团结协作，尊重同伴、对手和裁判）、S29（在室内体育课上，教师经常教我们体育理论、卫生保健、疾病预防或运动损伤知识）11个题项，剩余31个题项，累计解释总变异量的49.537%，分析结果如表5-12所示。

表5-12　儿童青少年身体活动影响因素学校分量表的探索性因素分析结果

维度	剩余题项	Ⅰ师资配备	Ⅱ体育氛围	Ⅲ硬件设施	Ⅳ体育课程
Ⅰ师资配备	S16	0.778			
	S17	0.756			
	S25	0.753			
	S26	0.676			
	S14	0.650			
	S15	0.648			
	S27	0.631			
	S18	0.588			
	S22	0.550			
	S21	0.540			
Ⅱ体育氛围	S52		0.714		
	S55		0.641		
	S51		0.627		
	S53		0.613		
	S50		0.610		
	S54		0.594		

续表

维度	剩余题项	Ⅰ师资配备	Ⅱ体育氛围	Ⅲ硬件设施	Ⅳ体育课程
Ⅱ体育氛围	S46		0.580		
	S47		0.525		
	S60		0.514		
	S49		0.508		
	S63		0.486		
	S62		0.480		
Ⅲ硬件设施	S9			0.741	
	S10			0.741	
	S4			0.697	
	S6			0.514	
Ⅳ体育课程	S31				0.631
	S32				0.624
	S34				0.595
	S36				0.443
	S35				0.429
特征值		10.091	2.562	1.532	1.170
累积贡献率（%）		32.553	40.818	45.761	49.537

（四）社区分量表

对 40 个题项进行 Bartlett 球型检验，结果显示，调查问卷的 KMO 值为 0.935，卡方值（χ^2）为 10705.371，自由度（df）为 780，P<0.000，KMO 值大于 0.9，且检验结果显著（P<0. 000），适合做因素分析。

经过 5 轮探索性因素分析，从社区分量表中提取 4 个因素，删除 C42（从我居住的小区去专门的体育场馆很方便）、C30[气候（气温、光照、雨水）宜人，促使我户外锻炼]、C44（我家附近有多家社区门诊）、C41（从我居住的小区步行去公共广场、公园、商场或服务设施很方便）、C26（空闲时间我经常和朋友一起参加体育培训班）5 个题项，剩余 35 个题项，累计解释总变异量的 55.154%，分析结果如表 5-13 所示。

表 5-13　儿童青少年身体活动影响因素社区分量表的探索性因素分析结果

维度	剩余题项	Ⅰ社区体育氛围	Ⅱ建成环境	Ⅲ社区场地设施	Ⅳ伙伴情谊
Ⅰ社区体育氛围	C19	0.775			
	C20	0.771			
	C17	0.763			
	C16	0.759			
	C15	0.727			
	C22	0.722			
	C11	0.711			
	C12	0.710			
	C10	0.692			
	C13	0.668			
	C18	0.667			
	C9	0.637			
	C21	0.598			
	C14	0.548			
Ⅱ建成环境	C34		0.752		
	C33		0.748		
	C35		0.682		
	C36		0.679		
	C32		0.633		
	C40		0.547		
	C43		0.520		
	C29		0.498		
	C38		0.415		
Ⅲ社区场地设施	C4			0.756	
	C7			0.715	
	C1			0.636	
	C2			0.633	
	C8			0.622	
	C5			0.611	
	C6			0.611	

续表

维度	剩余题项	Ⅰ社区体育氛围	Ⅱ建成环境	Ⅲ社区场地设施	Ⅳ伙伴情谊
Ⅲ社区场地设施	C3			0.595	
Ⅳ伙伴情谊	C28				0.775
	C27				0.770
	C25				0.625
	C24				0.475
特征值		12.835	3.008	1.981	1.479
累积贡献率（%）		36.671	45.267	50.927	55.154

三、量表的验证性因素分析

本书利用 AMOS 21.0 软件分别对 4 个测量模型进行验证性因素分析，根据常用模型拟合程度标准[χ^2/df<5、GFI（拟合优度指数）>0.90、AGFI（调整的拟合优度指数）>0.80、CFI（比较拟合指数）>0.90、RMSEA（近似误差均方根）<0.08（<0.05 为效果优良）、RMR<0.05]，检验模型的拟合程度。参考 Anderson 和 Gerbing[193]、Gefen[194, 195]，以及 Hinkin[196]的建议，遵循 SEM（Structural Equation Modeling，结构方程模型）的规定并结合修正指数（Modification Index，MI）做进一步验证。

（一）个人分量表

对个人分量表进行修订，删除 P17（我会提前安排好每周体育锻炼的次数）、P6（我认为身体活动能够缓解心理压力）、P28（当我运动成绩提高时，我感到喜悦和振奋）、P19（我有很高的运动技能天赋）、P26（我很享受在竞技比赛中战胜对手所获得的满足感和自豪感）5 个题项，剩余 14 个题项。修订后的个人 3 因素测量模型拟合程度为 χ^2/df=3.122、GFI=0.929、AGFI=0.899、CFI=0.921、RMSEA=0.069、SRMR（Standardized Residual Mean Root，标准化均方根误差）=0.0475，模型拟合程度良好，可以接受。

（二）家庭分量表

对家庭分量表进行修订，删除 F32（家长经常和我讨论某些体育明星的技战术）、F9（家长认为体育锻炼会提高我的学习效率）2 个题项，剩余 21 个题项。修订后的家庭 5 因素测量模型拟合程度为 χ^2/df=2.550、GFI=0.912、AGFI=0.886、CFI=0.922、RMSEA=0.059、SRMR=0.0518，模型拟合程度良好，可以接受。

（三）学校分量表

对学校分量表进行修订，删除 S26（我和体育教师关系十分融洽）、S47（班主任非常重视运动会或者其他体育比赛成绩）、S6（我在学校能选择不同类型的体育器材）、S16（体育教师会平等对待每个学生）、S50（运动成绩突出可以帮助我在期末评优评先）5 个题项，剩余 26 个题项。修订后的学校 4 因素测量模型拟合程度为 χ^2/df=2.440、GFI=0.887、AGFI=0.865、CFI=0.906、RMSEA=0.057、SRMR=0.0522，模型拟合程度良好，可以接受。

（四）社区分量表

对社区分量表进行修订，删除 C13（我家附近有很多青少年素质拓展训练的组织机构）、C16（我居住的小区经常开展一些体育休闲活动）、C9（我家附近有很多职业体育教练）、C11（我居住的小区有群众性体育赛事的组织管理者）、C21（我居住的小区经常为居民提供体检和健康咨询服务）、C36[我居住的小区有交通减速措施（设备和规章制度），如环形交通和减速带，使我放心户外锻炼]、C8（我居住的小区的公共体育健身器材或路径很适合我）、C18（我家附近的体育培训机构经常会开设一些体验宣传课程）、C6[公益性免费或低收费的健身中心或场地（馆）会得到定期检修、翻新、维护]9 个题项，剩余 26 个题项。修订后的社区 4 因素测量模型拟合程度为 χ^2/df=2.791、GFI=0.870、AGFI=0.844、CFI=0.897、RMSEA=0.064、SRMR=0.0612，模型拟合程度良好，可以接受。

此外，作者利用 CFA 做 Harman 单因素检验，对比测量模型和单因素模型，结果发现个人单因素模型（χ^2/df=5.130、GFI=0.876、AGFI=0.831、CFI=0.840、RMSEA=0.097、SRMR=0.0633）、家庭单因素模型（χ^2/df=5.446，GFI=0.794，AGFI=0.748，CFI=0.764，RMSEA=0.100，SRMR=0.0696）、学校单因素模型（χ^2/df=5.233，GFI=0.726，AGFI=0.678，CFI=0.719，RMSEA=0.098，SRMR=0.0791）、社区单因素模型（χ^2/df=6.752，GFI=0.641，AGFI=0.579，CFI=0.662，RMSEA=0.114，

SRMR=0.0953）的拟合程度均明显不如 4 个多因素测量模型。

四、量表的内部一致性信度分析

利用 Cronbach's Alpha 系数分析来评价各分量表的内部一致性。4 个分量表的 16 个维度的 Cronbach's α系数在 0.614 ~ 0.894，其中“情感体验”“榜样支持”“资金支持”“学校硬件设施”的内部一致性α系数在 0.6 ~ 0.7，略低，尚可接受，其余维度的内部一致性α系数均大于 0.70，这说明调查问卷具有良好的内部一致性信度（表 5-14）。

表 5-14　儿童青少年身体活动影响因素量表内部一致性信度系数一览表

	维度	题目数量	α系数		维度	题目数量	α系数
个人	个体认知	6	0.800	学校	学校硬件设施	3	0.670
	习惯技能	5	0.785		体育师资配备	8	0.871
	情感体验	3	0.628		体育与健康课程	5	0.775
家庭	家长体育认知	5	0.727		学校体育氛围	10	0.857
	榜样支持	4	0.614	社区	社区场地设施	6	0.803
	信息支持	5	0.878		社区体育氛围	8	0.894
	情感支持	4	0.799		伙伴情谊	4	0.737
	资金支持	3	0.656		建成环境	8	0.859

综上所述，最终的《儿童青少年身体活动影响因素量表》由 4 个分量表、16 个维度、87 个题项组成的多维结构量表（正式量表见附录二）。

第六章

儿童青少年身体活动水平和影响因素的测量流程及实证分析

在第四章、第五章中完成了《儿童青少年身体活动影响因素量表》的研制，为展开小样本数据统计与分析奠定了方法论支撑。在本章中同时运用《儿童青少年身体活动影响因素量表》和三轴加速度计 ActiGraph GT3X+，配合访谈回忆录展开儿童青少年身体活动水平、影响因素的数据测量与加工工作，形成包含 43 个有效样本、16 个影响因素、12 个身体活动水平的小样本横截面数据。本章基于该截面数据，从人口统计学变量角度出发展开描述性分析，以性别、年级、身体质量指数、是否为独生子女、是否近视、父母身体形态（父母身体质量指数）、父母受教育程度为分组变量，考察 43 个有效儿童青少年样本的身体活动水平及其影响因素分布特征。

第一节　身体活动水平及其影响因素的测量流程说明

根据第三章中研究环节设计的基本方案，作者开始进行身体活动水平和影响因素的测量工作，分别在“1．测试对象选择与筛选”“2．身体活动水平、影响因素、身体形态数据测量加工”“3．数据标准阐述与控制”中执行方案设计（图 6-1），保证采集数据的可靠性、实效性。

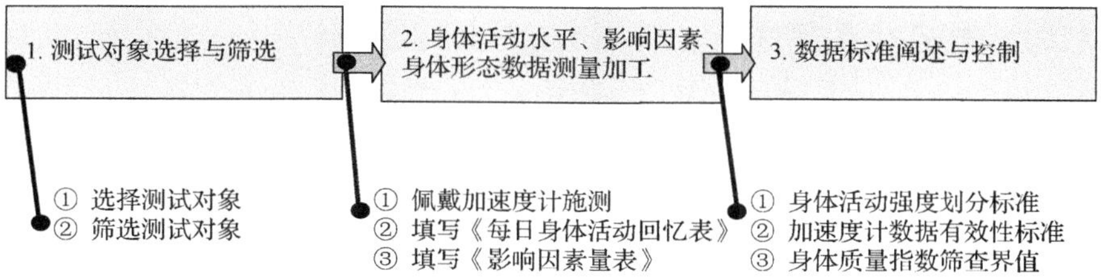

图 6-1　研究设计方案施测流程图

一、测试对象选择与筛选

（一）测试对象选择

针对样本量的选择问题，有学者提出在社会科学研究领域的因果关系调查和实验研究中，各组人数不少于 30 人[197, 198]。Borg 和 Gall 提出样本量受多种因素影响，其中比较重要的是测量工具的信度（可靠性）、实验设计时预期被试中途突出概率、是否需要细分多个群组进行比较等[199]。本书第六章、第七章与整体研究一致，不以学段、年级等作为主要区分手段，而是将儿童青少年看作一个整体来探讨儿童青少年身体活动水平的影响因素及其影响。本章中应用的《儿童青少年身体活动影响因素量表》经过扎根理论三级编码及严格的信效度检验，保证了测量工具的信度。三轴加速度计 ActiGraph GT3X+是一种客观测量设备，不存在信效度检验的问题，且被试是在校学生，缺失率相对较低。因此，本书摒弃了多数研究中以大样本搭配多个调查问卷发放的形式，选择小样本深度加工的研究思路，探讨儿童青少年身体活动水平的影响因素。

作者选择广东某九年一贯制学校，随机抽取了 57 个样本。其中，男生 30 人，女生 27 人，涵盖 2 ~ 8 年级，测试时间为 2019 年 9 月。作者在获得校方同意后，按照自愿参加原则，在测试前向被试发放《研究对象及监护人知情同意书》，详细介绍研究目的及意义、测试项目、测试流程、可能带来的危害及不便。只有签署知情同意书的学生和家长才可被纳入研究范围，在研究过程中被试如有不适，则可随时无条件退出。

（二）测试对象筛选

要求被试能够进行正常活动、发育健全、身体健康且无明显生理缺陷、没有参与过系统的运动训练、能够正确理解测试要求并配合完成测试。凡有下列情况之一者，不能参加本研究：①心、肺、肾、肝等主要脏器有严重疾病（如心脏病、高血压病、肝炎、肾炎、肺结核、哮喘、慢性支气管炎、贫血病等），医生认为不宜参加运动者；②身体发育异常者（如侏儒症、巨人症患者等）；③身体残缺畸形者；④急性病患者，或在两周内有高烧、腹泻等急、慢性病症状者。

二、身体活动水平、影响因素、身体形态数据测量加工

（一）加速度计佩戴与施测

本书采用三轴加速度计 ActiGraph GT3X+，测量被试每日的身体活动情况。将加速度计数据初始化后发放给被试，由研究人员现场指导，利用一个弹性绑带将加速度计佩戴在右髋部[200]（图 6-2）。由于设备不防水，需要在洗澡、游泳等活动及睡眠时摘除加速度计。要求被试连续佩戴 7 天（包括 5 个上学日和 2 个休息日），正常进行学校活动和日常生活[201]。设备从发放后的第一天 0:00 开始记录数据，并于第七天 24:00 停止记录，在第八天由研究人员统一收回，完整记录 7 天的测试数据。发放设备后，在上学日每天安排研究人员到测试学校现场，在休息日联系测试学校教师（如班主任、体育教师）或者被试监护人，对佩戴加速度计情况进行监督，保证被试每天按时佩戴加速度计。

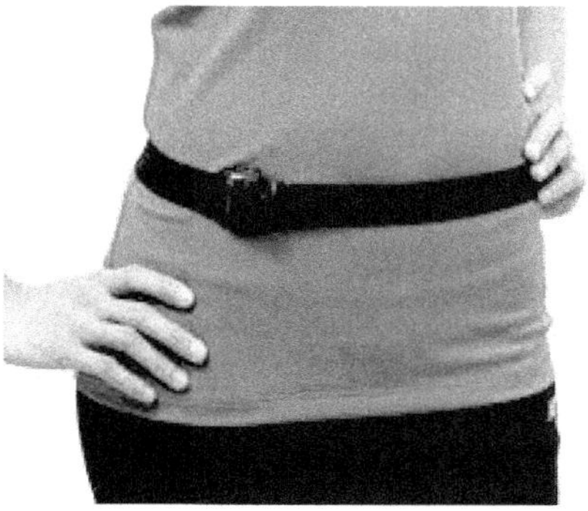

图 6-2　加速度计佩戴示意图

（二）回忆录填写

通过《每日身体活动回忆表》记录被试每天佩戴加速度计的时间和活动类型，作为加速度计采集数据的校对和补充依据。在正式施测之前对被试进行培训，详细讲解如何填写该表，并通过体育教师和班主任将示例表发给家长，这样既方便父母和被试共同回忆家庭和社区的身体活动时间，也方便低年级的被试由父母代填。上学日每天采集 3 次，请被试回忆过去 3 ~ 4h 的活动内容，一般为午饭后、放学前、睡前 3 个时间点；休息日采用电话、微信的方式督促被试和家长填写该表。

（三）量表填写

在一周身体活动量测试前一天发放《儿童青少年身体活动影响因素量表》，研究人员对题目进行逐个讲解，指导被试在教室内填写完毕后统一收回。共计发放调查问卷 57 份，回收 57 份，回收率为 100%，没有无效调查问卷，有效率为 100%。

（四）身体形态指标测量

后期研究需要利用儿童青少年及其父母 BMI 值作为分组变量控制变量分别进行描述性分析和多元回归分析。由式（6-1）可知，计算 BMI 值需要获得身高、体重数据。对儿童青少年被试的身体、体重进行现场测量，要求被试以最少着装、赤足、背向立柱呈立正姿势站在身高体重计的底板中央，上肢自然下垂，两眼平视前方，足跟并拢，足尖分开呈 60°，保持身体平稳。身高和体重的测量分别精确到 0.01m 和 0.1kg；对于被试父母身体、体重的数据，可由本人在调查问卷上自行填报。最后，通过公式计算儿童青少年及其父母的 BMI 值。公式如下。

$$\text{BMI}=\text{体重（kg）/身高的平方（m}^2\text{）} \tag{6-1}$$

三、数据标准阐述与控制

对于身体活动水平、影响因素测量所得数据，需要根据研究需要进行筛选加工。研究中主要涉及以下几个方面的数据标准。

（一）身体活动强度的划分标准

ActiGraph GT3X+设备的采样率为 100Hz，使用配套软件 ActiLife（v6.13.3）进行数据导出和处理。对于一周的原始数据，使用 10s 的单位间隔进行采样，非佩戴时间的参考标准是在至少连续 60 分钟间隔时间内垂直轴为 0 counts/min，最多允许有 2min 的活动时间（不高于 100 counts/min）。本书采用 Evenson 等[179]提出的阈值标准界定活动强度（表 6-1）。

表 6-1　Evenson 阈值标准界定活动强度

Type	Cut Point Values	
	Min	Max
久坐行为	0	100
低强度身体活动	101	2295
中等强度身体活动	2296	4011
高强度身体活动	4012	+∞
中高强度身体活动	2296	+∞

注：“+∞”表示正无穷。

2017 年发布的《中国儿童青少年身体活动指南》[202]中表明，身体活动强度通常以代谢当量（Metabolic equivalent，MET）为基本测量单位。1 MET 为安静坐位休息时的能量消耗率，约定值为每千克体重每分钟消耗 3.5mL 氧气。低强度身体活动指引起呼吸频率及心率稍有增加、让人感觉轻松的身体活动，强度为 1.5 ~ 2.9 MET。例如，在平坦的地面缓慢地步行、站立时轻度的身体活动（如整理床铺、洗碗）、演奏乐器等。中等强度身体活动指需要适度的体力消耗、呼吸比平时较急促、心率较快、微出汗、仍然可以轻松说话的身体活动，强度为 3 ~ 5.9 MET，如以正常的速度骑自行车、快步走、滑冰等。高强度身体活动指需要较多的体力消耗，呼吸比平时明显急促，呼吸深度大幅增加，心率大幅增加，出汗，停止运动、调整呼吸后才能说话的身体活动，强度≥6 MET，如搬运重物、快速跑步、激烈打球、踢球或快速骑自行车等（表 6-2）[203]。本书以《中国儿童青少年身体活动指南》的标准来划分中高强度身体活动，同时按照世界卫生组织推荐的儿童青少年每日最低 60min 中高强度身体活动标准[204]，利用加速度计测量中高强度身体活动时间，确定被试是否达到中高强度身体活动推荐量。

表 6-2　常见儿童青少年不同身体活动与相应的代谢当量[205]

MET	身体活动内容	MET	身体活动内容
1.1 ~ 1.8	坐着时安静地玩游戏、看电视、做作业	2.8 ~ 6.7	做柔软健身操、体操
1.6 ~ 2.0	站立时的身体活动	3.0 ~ 5.5	跳舞、爬楼梯
2.0 ~ 3.0	提轻物体	3.6 ~ 7.8	操作自行车、滑板车
1.9 ~ 4.2	家务活动	3.4 ~ 8.9	参加体育运动（乒乓球、足球、篮球等）
1.8 ~ 4.8	玩需要全身活动的电子游戏	4.9 ~ 8.6	参加活跃的游戏（跳绳、捉人游戏等）
2.5 ~ 5.3	步行速度为 0.8 ~ 6.4km/h	4.7 ~ 11.6	跑步速度为 4.8 ~ 12.9km/h

（二）加速度计数据有效性标准

在有效日要求被试每天佩戴设备不少于 10h（≥10h）[206]，否则视为无效数据;一个有效的样本数据应至少包括 3 个有效上学日和 1 个有效休息日的数据[207]。根据 Rowe 等[208]提出的原则，每日步行数小于 1000 步或大于 30000 步的数据被视为异常数据，不计入统计分析数据。通过将每日平均值（min/d）乘以 7 来计算每周平均值。从 57 个被试数据中筛选出 43 个有效样本数据。对有效样本按自然天数（周一至周日）和场域（家庭、学校、社区）计算久坐、低强度身体活动、中等强度身体活动、高强度身体活动，以及中高强度身体活动的持续时间。

（三）BMI 筛查界值

作者根据 BMI 值标准对被试及其父母的身体形态进行划分。根据国家卫生和计划生育委员会 2014 年 6 月发布的《学龄儿童青少年营养不良筛查》[209]和 9 月发布的《儿童青少年发育水平的综合评价》[210, 211]，将 7 ~ 18 岁儿童青少年身体形态按照 BMI 值划分为中重度消瘦、轻度消瘦、正常、超重、肥胖 5 个类别（表 6-3）。

表 6-3　7 ~ 18 岁儿童青少年身体形态 BMI 筛查界值范围

年龄（岁）	中重度消瘦（最大值）		轻度消瘦（闭区间）		超重（最小值）		肥胖（最小值）	
	男生	女生	男生	女生	男生	女生	男生	女生
7	13.5	13.0	13.6 ~ 13.9	13.1 ~ 13.4	17.4	17.2	19.2	18.9
8	13.6	13.1	13.7 ~ 14.0	13.2 ~ 13.6	18.1	18.1	20.3	19.9

续表

年龄（岁）	中重度消瘦（最大值）		轻度消瘦（闭区间）		超重（最小值）		肥胖（最小值）	
	男生	女生	男生	女生	男生	女生	男生	女生
9	13.7	13.2	13.8～14.1	13.3～13.8	18.9	19.0	21.4	21.0
10	13.9	13.3	14.0～14.4	13.4～14.0	19.6	20.0	22.5	22.1
11	14.2	13.7	14.3～14.9	13.8～14.3	20.3	21.1	23.6	23.3
12	14.4	14.1	14.5～15.4	14.2～14.7	21.0	21.9	24.7	24.5
13	14.8	14.6	14.9～15.9	14.7～15.3	21.9	22.6	25.7	25.6
14	15.3	15.3	15.4～16.4	15.4～16.0	22.6	23.0	26.4	26.3
15	15.8	16.0	15.9～16.9	16.1～16.6	23.1	23.4	26.9	26.9
16	16.2	16.4	16.3～17.3	16.5～17.0	23.5	23.7	27.4	27.4
17	16.6	16.6	16.7～17.7	16.7～17.2	23.8	23.8	27.8	27.7
18	16.8	16.7	16.9～17.9	16.8～17.3	24.0	24.0	28.0	28.0

对于被试父母的BMI值，可根据其自报的身高和体重计算而得，根据中华人民共和国卫生部疾病控制司2006年发布的《中国成人超重和肥胖症预防控制指南》[212]，将我国成年人身体形态按照BMI值划分为体重过低、体重正常、超重、肥胖4个类别（表6-4）。

表6-4　我国成年人身体形态BMI筛查界值范围

分类	体重指数BMI
体重过低	<18.5
体重正常	18.5～23.9
超重	24.0～27.9
肥胖	≥28

第二节　身体活动影响因素在人口统计学变量上的统计分析

一、儿童青少年的基本情况

人口统计学分析是数理分析的基础，主要包括对某类型人群的性别、年龄、职业等基本信息的统计研究[213]。本书对43个有效样本的人口统计学变量、个人和家庭情况进行了梳理，具体包括性别、年龄（周岁，以户口本出生日期和身体活动测试的时间对比为准）、身高、体重、BMI、身体形态、是否为独生子女、是否近视、父母的身体形态和受教育程度（普通高等教育指全日制专科及以上学历），如表6-5所示。

表6-5　研究对象基本信息

		全部（N=43） Mean±SD 或 N	男生（N=23） Mean±SD 或 N	女生（N=20） Mean±SD 或 N
年龄（岁）		9.81±1.83	9.61±1.73	10.05±1.96
身高（m）		1.42±0.14	1.41±.135	1.43±0.16
体重（kg）		34.88±12.68	34.43±13.41	35.40±12.12
BMI（kg/m^2）		16.73±3.26	16.78±3.74	16.67±2.70
身体形态	中重度/轻度消瘦	6（13.95%）	5（21.74%）	1（5.00%）
	正常	33（76.74%）	15（65.22%）	18（90.00%）
	超重/肥胖	4（9.30%）	3（13.04%）	1（5.00%）
是否独生子女	是	5（11.63%）	3（13.04%）	2（10.00%）
是否近视	是	16（37.21%）	6（26.09%）	10（50.00%）
父亲身体形态	体重过低	0	0	0
	体重正常	16（37.21%）	7（30.43%）	9（45.00%）
	超重/肥胖	23（53.49%）	14（60.87%）	9（45.00%）
	拒绝回答	4（9.30%）	2（8.70%）	2（10.00%）
父亲受教育程度	受过普通高等教育	22（51.16%）	11（47.83%）	11（55.00%）
母亲身体形态	体重过低	7（16.28%）	3（13.04%）	4（20.00%）
	体重正常	28（65.12%）	15（65.22%）	13（65.00%）
	超重/肥胖	4（9.30%）	3（13.04%）	1（5.00%）
	拒绝回答	4（9.30%）	2（8.70%）	2（10.00%）
母亲受教育程度	受过普通高等教育	24（55.81%）	13（56.52%）	11（55.00%）

在43个有效样本中，有男生23人、女生20人。人数最多的是3年级学生（10人），人数最少的是8年级学生（3人），其余5个年级的学生人数在5～

7 人（图 6-3）。由于入学时间的差异，学生年龄的分布与年级不完全一致，7～13 岁学生分别有 6 人、7 人、4 人、9 人、9 人、5 人、3 人。

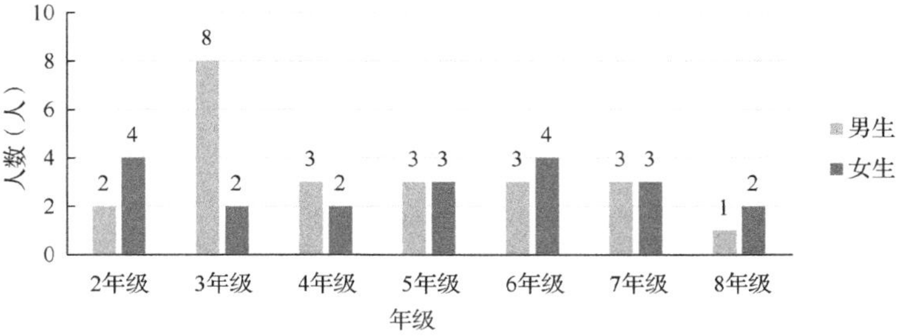

图 6-3　有效样本年级分布图

在身体形态方面，中重度消瘦 4 人（小学男生 3 人、小学女生 1 人），轻度消瘦 2 人（小学男生 2 人），超重 1 人（小学男生 1 人），肥胖 3 人（小学、初中男生各 1 人，初中女生 1 人）（表 6-5）。数据结果显示，在小学生群体里，身体偏瘦男生占比为 83%；而在两个学段学生中，身体偏胖男生占比为 75%，这与生长发育规律、活动量、饮食习惯、性别特点等关系密切，也符合我国儿童青少年身体发育的实际情况。

二、儿童青少年身体活动影响因素在性别上的差异分析

以性别为分组变量，以 Shapiro-Wilk 检验、峰度偏度系数法对数据进行正态性检验，其中个人因素、个体认知、情感体验、体育师资配备、建成环境维度数据呈偏态分布，通过秩分的正态得分转化法转化后呈正态分布，对身体活动 4 个分量表、16 个维度进行独立样本 t 检验。研究表明，女生在情感支持、资金支持、学校硬件设施、学校体育氛围、社区场地设施、建成环境维度的分值高于男生，在其余 10 个维度的分值低于男生。不同性别在 16 个维度上均不存在显著性差异，如表 6-6 所示。

表 6-6　基于性别分组的儿童青少年身体活动影响因素分析结果（M±SD）

		全部（N=43）	男（N=23）	女（N=20）	t
个人因素		3.78±0.78	3.87±0.92	3.68±0.60	0.81
	个体认知	3.90±0.85	3.95±0.99	3.85±0.68	0.38

续表

		全部（N=43）	男（N=23）	女（N=20）	t
个人因素	习惯技能	3.67±0.88	3.77±0.92	3.55±0.84	0.83
	情感体验	3.71±1.10	3.86±1.30	3.55±0.83	0.93
家庭因素		3.42±0.92	3.53±0.94	3.30±0.91	0.80
	家长体育认知	3.47±1.03	3.72±1.02	3.18±0.99	1.76
	榜样支持	3.58±1.04	3.80±1.08	3.33±0.94	1.54
	信息支持	3.15±1.38	3.35±1.46	2.93±1.29	0.99
	情感支持	3.63±0.89	3.50±0.90	3.78±0.87	−1.01
	资金支持	3.34±1.24	3.20±1.35	3.50±1.13	−0.78
学校因素		3.61±0.56	3.65±0.59	3.57±0.53	0.49
	学校硬件设施	3.33±1.06	3.29±1.07	3.37±1.07	−0.23
	体育师资配备	3.84±0.87	3.99±0.71	3.67±1.02	1.23
	体育与健康课程	3.67±0.83	3.76±0.66	3.57±1.00	0.73
	学校体育氛围	3.49±0.79	3.44±0.90	3.55±0.67	−0.45
社区因素		3.24±0.85	3.26±0.89	3.22±0.81	0.13
	社区场地设施	3.23±0.87	3.18±0.89	3.29±0.85	0.41
	社区体育氛围	2.65±1.11	2.69±1.20	2.61±1.03	0.23
	伙伴情谊	3.63±1.02	3.85±1.02	3.38±0.99	1.54
	建成环境	3.62±1.04	3.55±1.06	3.70±1.03	−0.47

注：M 表示平均数；SD 表示标准差。

从分值来看，个人因素均值为 3.78±0.78，其 3 个维度的得分为 3.67～3.90，趋近于 4（比较符合）；家庭因素均值为 3.42±0.92，其 5 个维度的得分为 3.15～3.63，趋近于 3（不太确定）；学校因素均值为 3.61±0.56，其 4 个维度的得分为 3.33～3.84，趋近于 4（比较符合）；社区因素均值为 3.24±0.85，其 4 个维度得分为 2.65～3.63，趋近于 3（不太确定）。需要注意的是，社区体育氛围维度的均值为 2.65±1.11，未达到中间值 3，属于负向倾向，这表明此因素整体水平较差，未达到儿童青少年的预期；女生信息支持维度的得分为 2.93±1.29，未到达中间值 3，属于负向倾向，这表明家长为女生提供的体育锻炼经验、常识、技术指导和处理运动损伤的方法等知识有限。从标准差来看，在体育师资配备、体育与健康课程两个维度，女生的标准差均大于男生的标准差，在其余 14 个维度女生的标准差小于或等于男生的标准差，这表明女生对身体活动影响因素的理解更趋于一致，浮动较小。

三、儿童青少年身体活动影响因素在年级上的差异分析

以年级为分组变量分析数据发现不符合正态分布，采用非参数检验中的多独立样本 Kruskal-Wallis *H* 检验分析身体活动 4 个分量表、16 个维度在年级上的差异性。结果显示，除个体认知、情感支持、体育与健康课程、建成环境维度外，3～4 年级学生中位数分值最高。学校体育氛围维度在年级之间具有显著性差异（$P<0.05$）。通过 Kruskal-Walls 单因素 ANOVA 成对比较后可得，2 年级与 6 年级、4 年级与 6 年级、5 年级与 6 年级三组被试之间经 Bonferroni 校正后的调整显著性具有统计学意义，如表 6-7 所示。

表 6-7　基于年级分组的儿童青少年身体活动影响因素分析结果（中位数）

		全部（*N*=43）	2 年级（*N*=6）	3 年级（*N*=10）	4 年级（*N*=5）	5 年级（*N*=6）	6 年级（*N*=7）	7 年级（*N*=6）	8 年级（*N*=3）	Kruskal-Wallis H
个人因素		3.86	3.75	4.25	4.14	3.75	3.64	3.57	4.07	7.68
	个体认知	4.00	3.75	4.42	4.00	3.92	4.17	4.00	4.67	4.86
	习惯技能	3.60	3.70	4.00	4.60	3.40	3.60	3.50	3.60	7.85
	情感体验	3.67	3.67	4.67	4.67	4.00	3.00	3.50	4.33	8.08
家庭因素		3.48	3.38	4.17	4.05	2.62	3.33	3.29	3.57	5.61
	家长体育认知	3.60	2.50	4.20	4.00	3.30	4.00	3.10	4.20	7.34
	榜样支持	3.75	3.63	4.50	4.25	3.13	3.75	3.75	4.00	6.14
	信息支持	3.40	3.20	4.50	4.20	2.00	1.40	3.40	3.40	6.50
	情感支持	3.75	4.00	3.50	3.50	2.50	4.25	3.25	4.00	8.65
	资金支持	3.67	3.33	4.00	4.33	3.17	3.33	2.83	3.67	2.89
学校因素		3.65	3.83	3.54	4.15	3.35	3.04	3.83	3.96	11.43
	学校硬件设施	3.33	3.00	2.67	4.00	3.17	3.00	3.83	3.67	5.62
	体育师资配备	4.00	4.00	4.38	4.50	3.25	3.38	3.81	4.50	10.62

续表

		全部（N=43）	2 年级（N=6）	3 年级（N=10）	4 年级（N=5）	5 年级（N=6）	6 年级（N=7）	7 年级（N=6）	8 年级（N=3）	Kruskal-Wallis H
学校因素	体育与健康课程	3.80	3.80	3.40	4.00	3.40	3.60	3.90	4.20	2.60
	学校体育氛围	3.50	3.90	2.90	4.10	4.05	2.70	3.75	3.40	19.51**
		3.31	3.00	3.33	4.12	3.15	3.04	2.96	3.42	4.88
社区因素	社区场地设施	3.33	3.17	3.50	4.00	2.83	3.17	3.00	3.50	2.98
	社区体育氛围	2.63	2.75	2.56	4.25	2.25	2.00	2.19	2.75	9.19
	伙伴情谊	3.75	3.75	4.00	4.50	3.38	3.50	3.63	3.50	4.86
	建成环境	3.75	3.44	3.38	3.75	4.38	4.13	3.63	3.88	1.41

**在 0.01 水平（双尾）上显著。

从分值来看，个人因素中位数为 3.86，其 3 个维度的得分为 3.60 ~ 4.00，趋近于 4（比较符合）；家庭因素中位数为 3.48，其 5 个维度的得分为 3.40 ~ 3.75，趋近于 3（不太确定）；学校因素中位数为 3.65，其 4 个维度的得分为 3.33 ~ 4.00，趋近于 4（比较符合）；社区因素中位数为 3.31，其 4 个维度的得分为 2.63 ~ 3.75，趋近于 3（不太确定）。需要注意的是，社区体育氛围维度中位数为 2.63，未达到中间值 3，且除 4 年级学生外，其余各年级学生的中位数均不足 3，属于负向倾向，这表明社区体育氛围整体水平较差，未达到儿童青少年预期。

四、儿童青少年身体活动影响因素在身体形态上的差异分析

按照被试的 BMI 值进行身体形态的划分，把被试分为偏瘦组（中重度消瘦、轻度消瘦）、正常组和偏胖组（超重、肥胖）。以身体形态为分组变量考察数据发现不符合正态分布，采用非参数检验中的多独立样本 Kruskal-Wallis H 检验分析身体活动 4 个分量表、16 个维度在身体形态上的差异性。

结果显示，情感支持和资金支持维度在身体形态之间具有显著性差异（P<0.05）。通过 Kruskal-Wallis 单因素 ANOVA 成对比较后可得，情感支持维度上的偏瘦组和偏胖组、资金支持维度上的正常组和偏胖组被试之间经 Bonferroni 校

正后的调整显著性具有统计学意义，如表 6-8 所示。

表 6-8　基于身体形态分组的儿童青少年身体活动影响因素分析结果（中位数）

		全部（*N*=43）	偏瘦（*N*=6）	正常（*N*=33）	偏胖（*N*=4）	Kruskal-Wallis H
个人因素		3.86	3.93	4.00	3.21	2.89
	个体认知	4.00	4.25	4.00	4.08	0.47
	习惯技能	3.60	3.80	3.80	2.90	4.09
	情感体验	3.67	3.67	4.00	2.33	5.00
家庭因素		3.48	3.69	3.57	2.45	4.58
	家长体育认知	3.60	4.20	3.80	3.10	2.16
	榜样支持	3.75	4.13	4.00	3.50	3.18
	信息支持	3.40	3.50	3.40	2.00	3.26
	情感支持	3.75	4.13	3.75	2.00	6.65*
	资金支持	3.67	3.33	4.00	1.00	7.10*
学校因素		3.65	3.62	3.65	3.69	0.52
	学校硬件设施	3.33	3.67	3.33	4.17	0.70
	体育师资配备	4.00	4.19	4.00	3.56	1.92
	体育与健康课程	3.80	3.90	3.80	3.90	0.18
	学校体育氛围	3.50	2.85	3.70	3.20	2.33
社区因素		3.31	3.06	3.42	2.58	2.86
	社区场地设施	3.33	3.58	3.33	2.67	3.89
	社区体育氛围	2.63	2.31	2.75	2.00	2.25
	伙伴情谊	3.75	3.25	4.00	2.63	3.87
	建成环境	3.75	3.56	3.88	3.63	0.80

*在 0.05 水平（双尾）上显著。

从组别来看，偏胖组被试在个人因素（习惯技能、情感体验维度）、家庭因素（信息支持、情感支持、资金支持维度）、社区因素（社区场地设施、社区体育氛围、伙伴情谊维度）方面的中位数均未达到中间值 3，属于负向倾向，其中以家庭因素最为明显，信息支持和情感支持中位数为 2，而资金支持中位数仅为 1，这表明个人因素、家庭因素、社区因素负向影响了偏胖组被试，并且以家庭影响程度最高。从整体来看，社区体育氛围维度的中位数为 2.63，且 3 个身体形态组被试的中位数区间为 2.00 ~ 2.75，均未达到中间值 3，属于负向倾向，这表明社区体育氛围整体水平较差，未达到儿童青少年预期。

五、儿童青少年身体活动影响因素在个人和家庭情况上的差异分析

以是否为独生子女为分组变量考察数据发现不符合正态分布，采用非参数检验中的两独立样本比较的 Mann-Whitney *U* 检验分析身体活动 4 个分量表、16 个维度在是否为独生子女上的差异性。结果显示，是否为独生子女在 16 个维度上均不存在显著性差异，如表 6-9 所示。

表 6-9　基于是否为独生子女、是否近视分组的儿童青少年身体活动影响因素分析结果

		是否为独生子女（中位数）			是否近视（*M*±SD）		
		是（*N*=5）	否（*N*=38）	Mann-Whitney U	是（*N*=16）	否（*N*=27）	*t*
个人因素		3.43	3.89	88.50	3.76±0.60	3.79±0.88	−0.13
	个体认知	3.67	4.00	77.00	4.13±0.46	3.77±1.00	1.58
	习惯技能	3.80	3.60	86.50	3.45±0.95	3.80±0.83	−1.27
	情感体验	3.67	3.83	91.00	3.54±1.09	3.81±1.12	−0.78
家庭因素		3.38	3.52	82.00	3.33±0.84	3.47±0.98	−0.49
	家长体育认知	3.40	3.70	78.00	3.46±0.98	3.47±1.08	−0.04
	榜样支持	3.00	4.00	58.50	3.55±0.84	3.60±1.15	−0.17
	信息支持	3.40	3.40	87.50	2.90±1.28	3.30±1.44	−0.92
	情感支持	3.50	3.75	87.00	3.61±0.89	3.64±0.90	−0.10
	资金支持	2.67	3.67	83.50	3.17±1.16	3.44±1.30	−0.70
学校因素		3.62	3.65	88.50	3.56±0.62	3.65±0.53	−0.47
	学校硬件设施	3.67	3.33	80.50	3.46±1.00	3.25±1.10	0.63
	体育师资配备	4.00	3.94	93.50	3.55±0.94	4.02±0.79	−1.76
	体育与健康课程	3.40	3.80	80.00	3.55±0.98	3.74±0.74	−0.72
	学校体育氛围	3.40	3.65	90.00	3.61±0.80	3.42±0.80	0.77
社区因素		3.54	3.23	86.00	3.09±0.86	3.33±0.84	−0.91
	社区场地设施	3.17	3.33	83.00	3.24±0.90	3.23±0.86	0.04

续表

		是否为独生子女（中位数）			是否近视（M±SD）		
		是（N=5）	否（N=38）	Mann-Whitney U	是（N=16）	否（N=27）	t
社区因素	社区体育氛围	2.50	2.63	90.50	2.42±1.05	2.79±1.14	−1.06
	伙伴情谊	3.50	3.75	82.00	3.34±0.86	3.80±1.09	−1.42
	建成环境	4.50	3.75	78.50	3.51±0.99	3.69±1.08	−0.54

独生子女在资金支持、社区体育氛围维度的中位数分别为 2.67、2.50，非独生子女在社区体育氛围维度的中位数为 2.63，两者的中位数均小于中间值 3，属于负向倾向，这表明社区体育氛围整体情况不容乐观，未达到儿童青少年预期。

以是否近视为分组变量，以 Shapiro-Wilk 检验和峰度偏度系数法对数据进行正态性检验，其中个人因素、个体认知、学校因素、体育师资配备、建成环境数据呈偏态分布，通过秩分的正态得分转化法转化后数据呈正态分布，对身体活动 4 个分量表、16 个维度进行独立样本 t 检验。研究表明，近视的学生在个体认知、学校硬件设施、学校体育氛围、社区场地设施维度的得分高于不近视的学生，近视的学生在其余 12 个维度的得分低于不近视的学生。是否近视在 16 个维度上均不存在显著性差异，如表 6-9 所示。

从得分来看，近视学生与非近视学生的社区体育氛围维度均值分别为 2.42±1.05 和 2.79±1.14，未达到中间值 3，属于负向倾向，这表明社区体育氛围整体未达到儿童青少年预期；近视学生信息支持维度的均值为 2.90±1.28，未达到中间值 3，属于负向倾向，这表明近视学生对于家庭的信息支持的评价较低。从标准差来看，在习惯技能、学校因素、体育师资配备、体育与健康课程、社区因素、社区场地设施 6 个维度，近视学生的标准差均大于非近视学生，近视学生在其余 10 个维度的标准差小于或等于非近视学生，这表明近视学生整体对身体活动影响因素的理解更趋于一致，浮动较小。

六、儿童青少年身体活动影响因素在父母身体形态和受教育程度上的差异分析

按照成人 BMI 值将被试父母的身体形态划分为体重过低、体重正常和偏胖

（超重、肥胖）3 组，每组被试父母分别有 4 人拒绝回答（随机分布，并非完全来自同一家庭的 4 对父母），有效样本为 39 个，且父亲样本中无体重过低者，因此仅有正常和偏胖（超重、肥胖）两组。

以被试父亲的身体形态为分组变量，以 Shapiro-Wilk 检验和峰度偏度系数法对数据进行正态性检验，其中个人因素、个体认知、家庭因素、资金支持、体育师资配备、体育与健康课程数据呈偏态分布，通过秩分的正态得分转化法转化后数据呈正态分布，对身体活动 4 个分量表、16 个维度进行独立样本 t 检验。研究表明，父亲体重正常的学生在个人因素（3 个维度）、家庭因素（5 个维度）、社区因素（4 个维度）及学校因素中的体育与健康课程维度的得分都高于父亲超重/肥胖的学生。在资金支持维度上，父亲体重正常组被试和父亲偏胖组被试具有显著性差异，如表 6-10 所示。

表 6-10　基于父母身体形态分组的儿童青少年身体活动影响因素分析结果

		父亲（M±SD）			母亲（中位数）			
		体重正常（N=16）	超重/肥胖（N=23）	t	体重过低（N=7）	体重正常（N=28）	超重/肥胖（N=4）	Kruskal-Wallis H
个人因素		3.89±0.72	3.71±0.86	0.71	4.21	3.86	3.61	2.94
	个体认知	4.01±0.77	3.83±0.97	0.61	4.50	4.00	4.00	5.39
	习惯技能	3.75±0.74	3.59±0.99	0.54	3.80	3.80	3.40	1.23
	情感体验	3.90±1.18	3.65±1.10	0.66	4.33	3.67	3.33	2.94
家庭因素		3.63±0.86	3.31±0.93	1.09	4.00	3.48	2.90	3.03
	家长体育认知	3.76±0.90	3.34±1.11	1.27	4.20	3.90	3.20	1.85
	榜样支持	3.61±0.99	3.59±1.07	0.07	4.25	3.88	3.00	4.28
	信息支持	3.21±1.41	3.20±1.34	0.03	3.60	3.20	3.10	2.79
	情感支持	3.81±0.93	3.48±0.82	1.19	4.00	3.75	2.88	2.61
	资金支持	3.90±1.16	2.96±1.17	2.48*	3.67	3.83	3.00	0.22
学校因素		3.47±0.65	3.72±0.44	−1.44	3.62	3.71	3.48	1.14
	学校硬件设施	3.08±1.08	3.49±1.03	−1.20	3.33	3.67	3.33	0.39
	体育师资配备	3.73±1.03	4.00±0.57	−1.07	4.38	4.00	3.50	4.22
	体育与健康课程	3.75±0.96	3.69±0.69	0.24	3.80	3.80	3.60	0.37
	学校体育氛围	3.25±0.86	3.59±0.72	−1.34	3.40	3.60	3.35	0.82

续表

		父亲（M±SD）			母亲（中位数）			
		体重正常（N=16）	超重/肥胖（N=23）	t	体重过低（N=7）	体重正常（N=28）	超重/肥胖（N=4）	Kruskal-Wallis H
		3.54±0.68	3.08±0.81	1.87	3.42	3.33	3.38	0.03
社区因素	社区场地设施	3.55±0.65	3.06±0.87	1.92	3.67	3.08	2.67	3.64
	社区体育氛围	2.95±1.04	2.51±1.05	1.32	2.63	2.63	3.25	0.42
	伙伴情谊	3.69±1.24	3.59±0.86	0.28	3.75	4.00	2.88	1.25
	建成环境	3.98±0.72	3.40±1.07	1.90	3.88	3.75	4.44	1.05

*在 0.05 水平（双尾）上显著。

以母亲的身体形态为分组变量考察数据发现不符合正态分布，采用非参数检验中的多独立样本 Kruskal-Wallis H 检验分析身体活动 4 个分量表、16 个维度在身体形态方面的差异性。结果显示，母亲的身体形态在 16 个维度上均不存在显著性差异，如表 6-10 所示。从得分来看，母亲体重过低的学生在个人因素和家庭因素各维度的得分最高（资金支持维度除外），而学校因素和社区因素各维度的最高得分主要分布在母亲体重过低组和母亲体重正常组，分布无明显趋势。母亲偏胖的学生的家庭因素（情感支持维度）、社区因素（伙伴情谊维度）中位数均未达到中间值 3，属于负向倾向，且均包括总体评价，这表明母亲偏胖会负向影响学生的家庭和社区场域。相反，在社区体育氛围维度方面，母亲体重过低和母亲体重正常的组的中位数都为 2.63，母亲偏胖组的中位数为 3.25，与我们普遍认知的结论呈现相反的事态。

本书以是否具有全日制专科及以上毕业证和学位证来区分被试父母是否受过高等教育，被试父母中有 3 人拒绝回答此问题（随机分布，并非完全来自同一家庭），获得有效样本 40 个。分别以父亲和母亲是否受过高等教育为分组变量，以 Shapiro-Wilk 检验和峰度偏度系数法对数据进行正态性检验，其中个体认知、习惯技能（父亲）、情感体验（母亲）、体育师资配备、建成环境（母亲）维度的数据呈偏态分布，通过秩分的正态得分转化法转化后数据呈正态分布，以父母是否受过高等教育分别对身体活动 4 个分量表、16 个维度进行独立样本 t 检验。

父亲受过高等教育组的被试在个人因素（3 个维度）、家庭因素（5 个维度）、学校因素（3 个维度）、社区因素（3 个维度）的得分均高于父亲未受过高等教育组的被试。父亲是否受过高等教育在 16 个维度上均不存在显著性差异，如表 6-11 所示。从得分来看，父亲受过高等教育组被试在除学校体育氛围、伙伴情谊维度以外的 14 个维度的得分均高于父亲未受过高等教育组被试，这表明父亲的受教育程度对孩子能产生积极的影响。但在社区体育氛围维度方面，两组被试的分值分别为 2.77±1.09、2.42±1.09，均未达到中间值 3，属于负向倾向，这表明这个因素整体上与父亲的受教育程度关系不大，未达到儿童青少年预期。从标准差来看，在社区场地设施、伙伴情谊维度，父亲受过高等教育组被试的标准差大于父亲未受高等教育组被试的标准差，在其余 14 个维度父亲受过高等教育组被试的标准差均小于父亲未受过高等教育组被试的标准差，这表明父亲受过高等教育组的被试对身体活动影响因素的理解更趋于一致，浮动较小。

表 6-11　基于父母受教育程度分组的儿童青少年身体活动影响因素分析结果（*M*±SD）

		父亲			母亲		
		是（*N*=22）	否（*N*=18）	*t*	是（*N*=24）	否（*N*=16）	*t*
个人因素		3.78±0.64	3.68±0.95	0.41	3.69±0.88	3.88±0.66	−0.70
	个体认知	3.93±0.70	3.81±1.05	0.42	3.75±1.04	4.11±0.48	−1.49
	习惯技能	3.65±0.66	3.56±1.11	0.30	3.68±0.78	3.64±1.07	0.13
	情感体验	3.71±1.04	3.61±1.23	0.28	3.61±1.18	3.79±1.09	−0.49
家庭因素		3.42±0.84	3.30±1.04	0.41	3.45±0.92	3.36±0.96	0.29
	家长体育认知	3.50±1.05	3.41±1.06	0.27	3.49±1.07	3.54±0.99	−0.14
	榜样支持	3.64±0.98	3.38±1.12	0.79	3.52±1.14	3.55±0.93	−0.08
	信息支持	3.11±1.32	3.01±1.48	0.22	3.17±1.37	3.11±1.45	0.12
	情感支持	3.57±0.81	3.63±1.02	−0.20	3.69±0.73	3.48±1.09	0.71
	资金支持	3.38±1.25	3.13±1.28	0.62	3.47±1.25	3.13±1.32	0.84
学校因素		3.60±0.52	3.58±0.63	0.09	3.59±0.58	3.66±0.54	−0.34
	学校硬件设施	3.38±0.94	3.24±1.23	0.40	3.28±1.04	3.50±1.17	−0.63
	体育师资配备	3.82±0.88	3.76±0.90	0.24	3.96±0.90	3.70±0.88	0.91
	体育与健康课程	3.75±0.71	3.56±1.00	0.71	3.74±0.68	3.59±1.01	0.54
	学校体育氛围	3.40±0.72	3.56±0.91	−0.59	3.33±0.82	3.71±0.74	−1.50
社区因素		3.31±0.79	3.07±0.90	0.90	3.28±0.78	3.16±0.90	0.43
	社区场地设施	3.20±0.93	3.19±0.81	0.04	3.29±0.69	3.17±1.02	0.46

续表

		父亲			母亲		
		是（N=22）	否（N=18）	t	是（N=24）	否（N=16）	t
社区因素	社区体育氛围	2.77±1.09	2.42±1.09	1.01	2.69±1.06	2.52±1.14	0.49
	伙伴情谊	3.53±1.06	3.61±1.03	−0.23	3.68±1.01	3.63±1.00	0.16
	建成环境	3.79±0.85	3.36±1.24	1.29	3.63±0.98	3.58±1.17	0.14

母亲受过高等教育组被试的个人因素（习惯技能维度）、家庭因素（信息支持、情感支持、资金支持维度）、学校因素（体育师资配备、体育与健康课程维度）、社区因素（社区场地设施、社区体育氛围、伙伴情谊、建成环境维度）的得分均高于母亲未受过高等教育组被试。母亲是否受过高等教育在16个维度上均不存在显著性差异，如表6-11所示。从得分来看，在社区体育氛围维度两组被试的分值分别为2.69±1.06、2.52±1.14，均未达到中间值3，属于负向倾向，这与父亲是否受过高等教育的分组趋势一致。这表明这个因素整体上与父母的受教育程度关系不大，未达到儿童青少年预期。从标准差来看，母亲受过高等教育组被试基本满足分值高的维度标准差低的总体走向，反之亦然。

第三节　身体活动水平在人口统计学变量上的统计分析

一、儿童青少年身体活动的基本情况

对一周的原始数据使用10s的单位间隔采样后，以分钟为单位划分每个有效日（上学日或休息日每天佩戴设备不少于10h）被试的睡眠时间、久坐时间、低强度身体活动时间、中强度身体活动时间、高强度身体活动时间、中高强度身体活动时间。将3个或3个以上的有效上学日数据取平均值，得出上学日不同强度身体活动时间；将1个或2个有效休息日数据取平均值，得出休息日不同强度身体活动时间。

根据教育部印发的《中小学健康教育指导纲要》[214]及教育部等九部门联合印发的《中小学生减负措施》(减负三十条)[215]的规定，小学生每天睡眠时间为10h，初中生每天睡眠时间为9h，高中生每天睡眠时间为8h。本书中43个被试在上学日均能达到合理睡眠时间，在休息日有11名被试未达到合理睡眠时间，其中2年级2人（女生）、3年级5人（男生）、4年级1人（男生）、5年级2人（1名男生、1名女生）、6年级1人(女生)。睡眠不足的时间跨度较大，分布在404.03～599.08min，也就是说睡眠时间最少的被试周末仅有6.7h左右的睡眠时间。

儿童青少年群体的久坐情况十分严重，且随着年级增长，久坐时间越来越长。被试上学日平均久坐时间随年级逐步加长，在初中阶段涨幅明显，具体如下：2年级(525.44min)、3年级(531.13min)、4年级(565.56min)、5年级(598.94min)、6年级（587.02min）、7年级（678.54min）、8年级（699.89min）。小学生的久坐时间为8.76～9.98h，而初中生久坐时间平均值高达11.43h。中低年级学生休息日比上学日久坐时间更长，且久坐时间随年级增长而逐步加长，在初中阶段休息日与上学日久坐时间基本持平，具体如下：2年级(563.31min)、3年级(569.12min)、4年级(607.92min)、5年级(577.68min)、6年级(587.00min)、7年级(608.89min)、8年级（711.73min）。小学生的久坐时间为9.39～10.13h，而初中生久坐时间平均值高达10.83h。

按照世界卫生组织推荐的儿童青少年每日最低60min中高强度身体活动时间的标准[180]，43个被试在上学日均达到标准。在休息日期间，有12名被试未达到推荐量，其中3年级1人（女生）、4年级1人（男生）、5年级2人（女生）、6年级2人（女生）、7年级4人（1名男生、3名女生）、8年级2人（1名男生、1名女生）。从结果看出，被试在上学期间的身体活动量能够得到保障。学校主要以室外体育课、课间操、跑操的形式促进学生锻炼。周末在家时，每个被试的实际情况差异很大，能否保持运动与自身兴趣爱好、父母监督或参与、课业量等因素密切相关。在每日中高强度活动量不足的12名被试中，女生占9人，占比高达75%，且年龄越大，占比越高，性别特点十分突出。这与女生偏爱久坐类活动关系很大，在初中阶段表现尤为明显。

二、儿童青少年身体活动水平在性别上的差异分析

以性别为分组变量，以 Shapiro-Wilk 检验和峰度偏度系数法对上学日身体活动数据进行正态性检验，其中上学日睡眠时间维度数据呈偏态分布，通过秩分的正态得分转化法转化后数据呈正态分布，对上学日不同强度身体活动持续时间进行独立样本 t 检验。结果表明，性别在久坐时间、低强度身体活动时间、中强度身体活动时间、高强度身体活动时间方面均存在显著性差异，女生的久坐时间[（610.26±71.94）min]明显高于男生[（563.49±60.15）min]，而其低、中、高强度身体活动时间远低于男生；睡眠时间男女生基本一致，如表 6-12 所示。

表 6-12　基于性别分组的上学日儿童青少年不同强度身体活动时间分析结果（*M*±SD）

单位：min

项目	睡眠	久坐	低强度身体运动	中强度身体运动	高强度身体运动
男（*N*=23）	615.42±27.07	563.49±60.15	136.48±23.10	97.05±18.54	27.56±8.92
女（*N*=20）	613.52±33.87	610.26±71.94	116.80±21.65	80.87±17.64	18.55±7.56
全部（*N*=43）	614.54±30.06	585.24±69.24	127.32±24.29	89.53±19.69	23.37±9.39
t	0.21	−2.32*	2.87**	2.92**	3.55**

*在 0.05 水平（双尾）上显著。

**在 0.01 水平（双尾）上显著。

从时间来看，被试的睡眠时间每天能达到 10h，由于初中生有效样本较少，所得结果可能比实际情况偏高。被试上学日的久坐时间主要由室内课堂教学时间和家庭作业时间组成，女生每天久坐时间大于 10h，男生每天久坐时间在 9h 23min 左右。中高强度身体活动主要发生在体育课、跑操（初中）、课余体育锻炼和广播体操等活动中。

以性别为分组变量，以 Shapiro-Wilk 检验和峰度偏度系数法对休息日身体活动数据进行正态性检验，其中休息日久坐时间和休息日高强度身体活动时间维度数据呈偏态分布，通过对数变换转化后呈正态分布，对休息日不同强度身体活动量持续时间进行独立样本 t 检验。结果表明，性别在低强度身体活动时间、中强度身体活动时间、高强度身体活动时间方面均存在显著性差异，且女生的均值明

显低于男生，睡眠时间男女生基本一致，但女生的久坐时间[（612.46±55.24）min]明显高于男生[（570.22±108.28）min]，如表 6-13 所示。

表 6-13　基于性别分组的休息日儿童青少年不同强度身体活动时间分析结果（*M*±SD）

单位：min

项目	睡眠	久坐	低强度	中强度	高强度
男（*N*=23）	620.06±78.42	570.22±108.28	141.93±36.89	89.83±36.54	17.96±13.91
女（*N*=20）	638.12±53.50	612.46±55.24	115.70±29.06	65.18±30.67	8.54±7.24
全部（*N*=43）	628.46±67.82	589.87±89.31	129.73±35.64	78.36±35.77	13.58±12.15
t	−0.87	−1.57	2.56*	2.38*	2.84**

*在 0.05 水平（双尾）上显著。

**在 0.01 水平（双尾）上显著。

从时间来看，学生的睡眠时间每天能达到 10h。休息日的久坐时间主要由上文化课或兴趣补习班、上网课、手工制作、做家庭作业的时间组成，女生每天的久坐时间大于 10 小时，男生每天的久坐时间在 9.5h 左右。被试中高强度身体活动主要发生在参加体育培训班、上一对一私教课、游乐场游玩（如蹦床游戏）、骑单车、参加群体球类运动等活动中。对比表 6-12 和表 6-13 可得，对于中高强度身体活动而言，男生和女生的上学日活动时间均高于休息日，这说明学生在校期间的活动量更有保证。

三、儿童青少年身体活动水平在年级上的差异分析

以年级为分组变量考察数据发现不符合正态分布，采用非参数检验中的多独立样本 Kruskal-Wallis *H* 检验分析上学日不同强度身体活动量持续时间。结果显示，被试上学日随年级增长睡眠时间和中强度身体活动时间呈递减趋势，久坐时间呈递增趋势，低强度身体活动和高强度身体活动时间变化规律不明显。上学日学生不同身体活动持续时间在年级之间具有显著性差异（$P<0.05$）。通过 Kruskal-Wallis 单因素 ANOVA 成对比较后可得，2 年级和 7 年级、2 年级和 8 年级、3 年级和 7 年级、3 年级和 8 年级学生在睡眠时间、久坐时间、中强度身体活动时间维度，3 年级和 7 年级学生在低强度身体活动时间维度经 Bonferroni 校正后的调整显著性具有统计学意义，而高强度身体活动时间维度经 Bonferroni 校正

后不存在显著性，如表 6-14 所示。

表 6-14 基于年级分组的上学日儿童青少年不同强度身体活动时间分析结果（中位数）

单位：min

项目	睡眠	久坐	低强度身体活动	中强度身体活动	高强度身体活动
2 年级（*N*=6）	659.72	514.28	130.55	109.55	25.58
3 年级（*N*=10）	627.98	534.20	147.60	102.98	30.87
4 年级（*N*=5）	616.70	582.20	131.20	85.10	24.80
5 年级（*N*=6）	620.50	588.60	123.00	83.72	17.90
6 年级（*N*=7）	622.63	585.53	135.60	79.03	21.33
7 年级（*N*=6）	570.78	671.17	106.32	70.53	17.22
8 年级（*N*=3）	547.30	698.13	84.93	67.60	11.50
全部（*N*=43）	621.93	579.10	123.80	88.20	22.77
Kruskal-Wallis *H*	27.57***	28.84***	13.97*	25.22***	15.30*

*在 0.05 水平（双尾）上显著。

***在 0.000 水平（双尾）上显著。

以年级为分组变量考察数据发现不符合正态分布，采用非参数检验中的多独立样本 Kruskal-Wallis *H* 检验分析休息日不同强度身体活动持续时间。结果显示，休息日初中生每天的久坐时间大于 10h，7 年级学生每天中高强度身体活动时间不足 60min，8 年级学生每天中高强度身体活动时间不足 30min。休息日低、中、高强度身体活动持续时间在年级之间具有显著性差异（$P<0.05$）。通过 Kruskal-Wallis 单因素 ANOVA 成对比较后可得，3 年级和 7 年级学生在低强度身体活动时间维度经 Bonferroni 校正后的调整显著性具有统计学意义，而在中高强度身体活动时间维度在 Bonferroni 校正后不存在显著性，如表 6-15 所示。

表 6-15 基于年级分组的休息日儿童青少年不同强度身体活动时间分析结果（中位数）

单位：min

项目	睡眠	久坐	低强度身体活动	中强度身体活动	高强度身体活动
2 年级（*N*=6）	630.04	540.79	137.25	107.25	15.00
3 年级（*N*=10）	595.83	578.75	158.42	99.88	13.58

续表

项目	睡眠	久坐	低强度身体活动	中强度身体活动	高强度身体活动
4 年级（N=5）	660.33	560.17	117.00	62.83	11.33
5 年级（N=6）	648.83	585.92	128.92	78.33	6.38
6 年级（N=7）	646.92	599.50	120.33	82.58	10.17
7 年级（N=6）	658.67	619.17	97.38	48.79	5.71
8 年级（N=3）	625.17	654.83	95.00	25.83	3.17
全部（N=43）	640.17	589.33	131.17	81.25	10.17
Kruskal-Wallis H	8.24	4.22	13.61*	17.24**	14.25*

*在 0.05 水平（双尾）上显著。

**在 0.01 水平（双尾）上显著。

四、儿童青少年身体活动水平在身体形态上的差异分析

按照被试的 BMI 值进行身体形态的划分，把被试分为偏瘦组（中重度消瘦、轻度消瘦）、正常组和偏胖组（超重、肥胖）。以身体形态为分组变量考察数据发现不符合正态分布，采用非参数检验中的多独立样本 Kruskal-Wallis H 检验分析上学日和休息日 5 种不同强度身体活动时间在身体形态上的差异性。结果显示，5 种不同强度身体活动时间在身体形态上不存在显著性差异，这说明依靠身体形态无法明显区分不同强度身体活动时间，如表 6-16 和表 6-17 所示。

表 6-16 基于身体形态分组的上学日儿童青少年不同强度身体活动时间分析结果（中位数）

单位：min

项目	睡眠	久坐	低强度身体活动	中强度身体活动	高强度身体活动
偏瘦（N=6）	629.23	570.07	133.40	89.20	23.40
正常（N=33）	619.67	579.73	123.80	90.90	23.03
偏胖（N=4）	602.87	619.13	119.05	79.93	19.05
全部（N=43）	621.93	579.10	123.80	88.20	22.77
Kruskal-Wallis H	2.80	1.31	0.15	0.98	1.57

表 6-17　基于身体形态分组的休息日儿童青少年不同强度身体活动时间分析结果（中位数）

单位：min

项目	睡眠	久坐	低强度身体活动	中强度身体活动	高强度身体活动
偏瘦（N=6）	638.17	544.71	137.25	74.63	13.58
正常（N=33）	625.17	595.25	131.17	82.58	7.92
偏胖（N=4）	648.58	572.04	124.33	85.17	10.88
全部（N=43）	640.17	589.33	131.17	81.25	10.17
Kruskal-Wallis H	0.94	1.39	0.01	0.37	1.11

从偏瘦组、正常组到偏胖组的被试上学日的睡眠时间、低强度身体活动时间和高强度身体活动时间呈递减趋势，久坐时间呈递增趋势（偏胖组高达 10.3h/d）。在中强度身体活动时间方面，偏瘦组和正常组基本一致，偏胖组要低一些。休息日各组不同强度身体活动时间差距不大。

五、儿童青少年身体活动水平在个人和家庭情况上的差异分析

以是否为独生子女为分组变量考察数据发现不符合正态分布，采用非参数检验中的两独立样本比较的 Mann-Whitney U 检验分别分析上学日和休息日不同强度身体活动持续时间在是否为独生子女上的差异性。结果显示，被试上学日和休息日不同身体活动量持续时间在是否为独生子女上均不存在显著性差异，如表 6-18 和表 6-19 所示。

以是否近视为分组变量，运用 Shapiro-Wilk 检验和峰度偏度系数法检验不同强度身体活动时间数据的正态性，上学日各维度数据呈正态分布，休息日睡眠时间、久坐时间、中强度身体活动时间、高强度身体活动时间维度的数据呈偏态分布，通过秩分的正态得分转化法转化后数据呈正态分布，分别对上学日、休息日不同强度身体活动时间进行独立样本 t 检验。

研究表明，是否近视在上学日 5 个维度和休息日除久坐时间外的 4 个维度上都具有统计学意义。相比近视学生，在上学日和休息日非近视学生久坐时间更短，低、中、高强度身体活动时间更长，但睡眠时间则相反，如表 6-18 和表 6-19 所示。

表 6-18　基于是否为独生子女、是否近视分组的上学日儿童青少年不同强度身体活动时间分析结果（中位数）

单位：min

项目		睡眠	久坐	低强度身体活动	中强度身体活动	高强度身体活动
是否为独生子女	是（N=5）	608.60	557.73	114.80	99.93	27.70
	否（N=38）	622.28	579.42	128.18	86.65	22.52
Mann-Whitney U		84.00	94.00	67.00	78.00	73.00
是否近视（M±SD）	是（N=16）	593.59±30.06	640.84±55.61	111.94±19.86	74.89±13.52	18.73±8.17
	否（N=27）	626.95±22.55	552.29±54.12	136.44±22.22	98.20±17.63	26.12±9.11
t		−3.85**	5.13**	−3.63**	−4.55***	−2.67*

*在 0.05 水平（双尾）上显著。

**在 0.01 水平（双尾）上显著。

***在 0.000 水平（双尾）上显著。

表 6-19　基于是否为独生子女、是否近视分组的休息日儿童青少年不同强度身体活动时间分析结果（中位数）

单位：min

项目		睡眠	久坐	低强度身体活动	中强度身体活动	高强度身体活动
是否为独生子女	是（N=5）	614.75	628.83	120.50	93.58	11.92
	否（N=38）	644.75	586.25	132.50	75.88	10.08
Mann-Whitney U		58.00	93.00	94.00	60.00	75.00
是否近视（M±SD）	是（N=16）	670.18±45.37	603.10±68.95	107.19±26.01	51.48±24.13	8.05±7.95
	否（N=27）	603.74±67.36	582.03±99.85	143.09±34.11	94.29±31.99	16.86±13.12
t		3.50**	0.74	−3.63**	−4.62***	−2.74**

**在 0.0 水平（双尾）上显著。

***在 0.000 水平（双尾）上显著。

六、儿童青少年身体活动水平在父母身体形态和受教育程度上的差异分析

以父亲的身体形态为分组变量，以 Shapiro-Wilk 检验和峰度偏度系数法对数据进行正态性检验，发现上学日不同强度身体活动时间数据呈正态分布，休息日久坐时间、高强度身体活动时间数据经过对数变换后呈正态分布，分别采用独立

样本进行 t 检验。

结果显示，被试上学日 5 个维度的时间基本持平，父亲超重/肥胖的被试休息日久坐时间和低强度身体活动时间更长，而中高强度身体活动时间和睡眠时间相对较短。被试上学日和休息日不同身体活动时间在父亲身体形态上均不存在显著性差异，如表 6-20 和表 6-21 所示。

以母亲的身体形态为分组变量考察数据发现不符合正态分布，采用非参数检验中的多独立样本 Kruskal-Wallis H 检验分别分析上学日和休息日不同强度身体活动时间在母亲身体形态上的差异性。结果显示，被试上学日和休息日不同身体活动时间在母亲身体形态上均不存在显著性差异，如表 6-20 和表 6-21 所示。

表 6-20　基于父母身体形态分组的上学日儿童青少年不同强度身体活动时间分析结果（中位数）

单位：min

项目		睡眠	久坐	低强度身体活动	中强度身体活动	高强度身体活动
父亲	体重正常（N=16）	614.82±27.03	586.50±68.45	127.31±25.46	88.01±18.46	23.35±9.44
	超重/肥胖（N=23）	610.87±32.97	590.00±72.10	126.48±24.76	89.19±21.11	23.46±9.21
	t	0.40	−0.15	0.10	−0.18	−0.04
母亲	体重过低（N=7）	629.40	501.93	151.27	106.47	23.03
	体重正常（N=28）	618.18	580.65	123.42	86.65	24.78
	超重/肥胖（N=4）	615.27	579.37	118.50	87.15	18.93
	Kruskal-Wallis H	1.00	1.40	2.33	0.35	0.19

表 6-21　基于父母身体形态分组的休息日儿童青少年不同强度身体活动时间分析结果（中位数）

单位：min

项目		睡眠	久坐	低强度身体活动	中强度身体活动	高强度身体活动
父亲	体重正常（N=16）	634.44±56.73	580.86±78.92	126.70±34.14	83.94±37.04	14.06±10.95
	超重/肥胖（N=23）	621.18±80.27	600.10±100.45	131.63±39.47	74.24±36.10	12.85±13.06

续表

项目		睡眠	久坐	低强度身体活动	中强度身体活动	高强度身体活动
父亲	t	0.57	−0.64	−0.41	0.82	0.30
母亲	体重过低（N=7）	616.75	544.33	153.50	109.58	11.17
	体重正常（N=28）	646.13	586.25	124.33	81.92	11.33
	超重/肥胖（N=4）	598.13	581.13	154.67	108.42	8.04
	Kruskal-Wallis H	3.10	0.02	3.08	3.08	0.38

以父母是否受过高等教育为分组变量，以 Shapiro-Wilk 检验和峰度偏度系数法对数据进行正态性检验，其中上学日睡眠时间、上学日中强度身体活动时间、休息日睡眠时间、休息日久坐时间、休息日高强度身体活动时间呈偏态分布，通过秩分的正态得分转化法转化后数据呈正态分布，采用独立样本进行 t 检验。

结果显示，被试上学日和休息日不同身体活动时间在父母是否受过高等教育上均不存在显著性差异，如表 6-22 和表 6-23 所示。父亲受过高等教育的被试在上学日和休息日都获得较少的高强度身体活动时间，其睡眠时间，久坐时间，低、中强度身体活动时间基本一致；母亲受过高等教育的被试在上学日能够获得较多的低、中强度身体活动时间，较少的久坐时间，其高强度身体活动时间基本一致；在休息日能够获得较多的低、中强度身体活动时间，较少的睡眠时间，久坐时间、高强度身体活动时间基本一致。

表 6-22　基于父母是否受过高等教育分组的上学日儿童青少年不同强度身体活动时间分析结果（中位数）　单位：min

项目		睡眠	久坐	低强度身体活动	中强度身体活动	高强度身体活动
父亲	是（N=22）	611.77±37.39	592.66±77.87	125.40±26.43	88.32±18.51	21.85±8.88
	否（N=18）	614.32±18.38	587.41±58.00	124.97±20.35	88.44±21.88	24.86±10.21
	t	−0.28	0.24	0.06	−0.02	−1.00
母亲	是（N=24）	612.51±34.49	582.36±76.21	129.84±26.90	91.42±18.88	23.87±9.57
	否（N=16）	612.66±23.10	600.12±59.61	119.26±18.93	84.51±21.76	23.44±9.99
	t	−0.02	−0.79	1.36	1.07	0.14

表 6-23　基于父母是否受过高等教育分组的休息日儿童青少年不同强度身体活动时间分析结果（中位数）

单位：min

项目		睡眠	久坐	低强度身体活动	中强度身体活动	高强度身体活动
父亲	是（N=22）	627.35±53.39	593.57±73.50	126.78±33.47	80.72±36.77	11.58±11.70
	否（N=18）	632.19±85.73	591.11±112.84	127.73±34.87	73.34±37.27	15.63±13.33
	t	−0.22	0.08	−0.09	0.63	−1.02
母亲	是（N=24）	622.26±52.99	587.01±72.41	133.53±37.45	83.53±33.31	13.66±12.21
	否（N=16）	646.94±82.58	587.36±117.51	121.56±35.26	69.59±40.61	14.55±13.21
	t	−1.15	−0.01	1.01	1.19	−0.22

第四节　结果与讨论

一、影响因素显著性差异结果分析

本章揭示了不同分组变量之间的影响因素差异性结果，结论如表 6-24 所示。具体如下：①高年级学生与低年级学生之间在学校体育氛围维度上存在显著性差异，其中年级越高，则学校体育氛围相对越弱；②偏胖组与偏瘦组之间在情感支持维度上存在显著性差异，其中偏瘦组获得较高的情感支持，而偏胖组获得较少的情感支持；③正常组与偏胖组之间在资金支持维度上存在显著性差异，其中正常组获得的资金支持程度较高，而偏胖组获得的资金支持程度较低；④父亲体重正常组与父亲偏胖组之间在资金支持维度上存在显著性差异，其中父亲体重正常组获得的资金支持程度更高。

表 6-24　影响因素显著性差异结果分析一览表

	被试组别	具有显著性差异的关键性影响因素
1	高年级组与低年级组	学校体育氛围
2	偏胖组与偏瘦组	情感支持
3	正常组与偏胖组	资金支持
4	父亲体重正常组与父亲偏胖组	资金支持

（一）高年级组与低年级组之间存在学校体育氛围差异

研究结论显示，在 2 年级与 6 年级、4 年级与 6 年级、5 年级与 6 年级 3 组之间进行 Bonferroni 校正后的学校体育氛围维度调整显著性具有统计学意义（图 6-4）。其中，2 年级均值为 3.90，4 年级均值为 4.10，5 年级均值为 4.05，6 年级均值为 2.70，总体样本均值为 3.50。这表明低年级学生感知到的学校体育氛围较好，而高年级学生感知到的学校体育氛围较差。这说明随着年级递增，学生学习压力会因临近小升初而变得越来越大，家长、学校领导、班主任的基本教学观念和重心逐渐从学生全面发展向以学业为重转化，从而使学校氛围逐步向学业主导转变，相应的学生感知到的学校体育氛围变得较差。

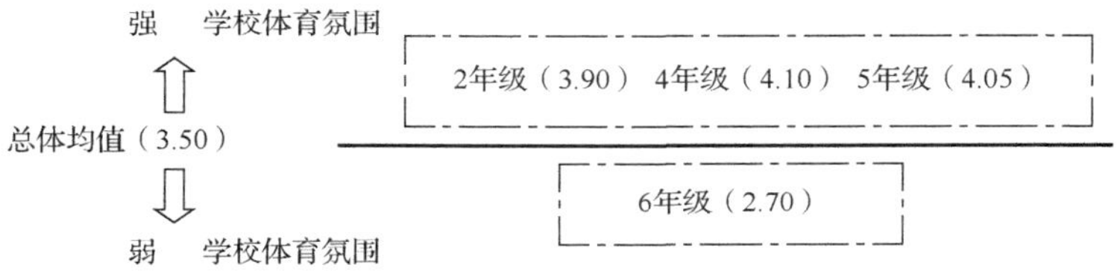

图 6-4　高年级组和低年级组学校体育氛围差异性分析结果示意图

（二）偏胖组与偏瘦组之间存在情感支持差异

研究结论显示，在偏胖组与偏瘦组之间进行 Bonferroni 校正后的情感支持维度调整显著性具有统计学意义（图 6-5）。其中，偏瘦组均值为 4.13，偏胖组均值为 2.00，整体均值为 3.75，这表明偏瘦组被试往往会感受到较高水平的情感支持。基于扎根理论，情感支持是指父母能够在儿童青少年体育锻炼、运动竞赛过程中给予更多鼓励与陪伴，在情感层面激励子女参加身体活动或者体育锻炼。从这一点可看出，让儿童青少年更好地感受到父母对其体育锻炼、身体活动的情感支持，是促进其身体活动发展的关键性影响因素。

图 6-5　偏胖组与偏瘦组情感支持差异性分析结果示意图

（三）正常组与偏胖组之间存在资金支持差异

研究结论显示，在正常组与偏胖组之间进行 Bonferroni 校正后的“资金支持”维度调整显著性具有统计学意义（图 6-6），其中正常组均值为 4.00，偏胖组均值为 1.00，整体均值为 3.67，这表明正常组被试在参与体育锻炼过程中，从父母方面得到相对较高水平的经济支持；而偏胖组被试在参与体育锻炼过程中，从父母方面得到相对较低水平的经济支持。资金支持是提高儿童青少年身体活动水平、促进体育锻炼的重要外部因素。父母通过运动鞋服、体育用品、体育兴趣班或体育比赛等方式将金钱用于子女运动方面，激发孩子的运动兴趣，提高其中高强度身体活动时间和频率，使其维持正常的身体形态。

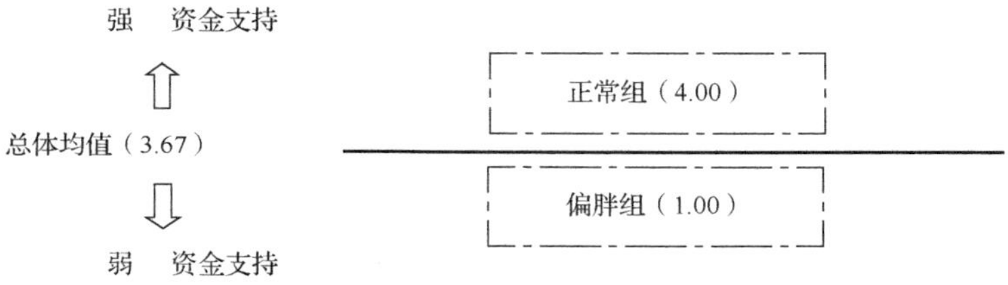

图 6-6　正常组与偏胖组资金支持差异性分析结果示意图

（四）父亲体重正常组与父亲偏胖组之间存在资金支持差异

研究结论显示，在父亲体重正常组与父亲偏胖组之间进行 Bonferroni 校正后的资金支持维度调整显著性具有统计学意义（图 6-7），其中父亲体重正常组的均值为 3.90±1.16，父亲偏胖组的均值为 2.96±1.17，这表明父亲对于自我身体管理的意识显著影响了其对子女经济支持的力度。能够维持自身健康身材的父亲对子女的身体健康持开放、科学的态度，愿意为子女参加体育锻炼提供更多的财物；而偏胖组被试的父亲在该方面意识薄弱，相对不愿意为子女体育锻炼提供更多的财物。

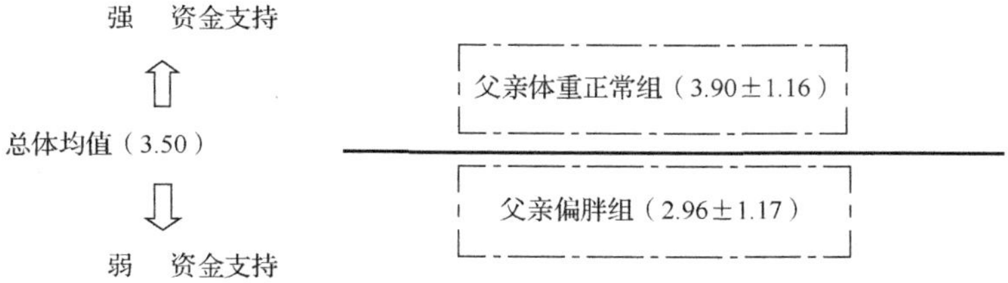

图 6-7　父亲体重正常组与父亲偏胖组资金支持差异性分析结果示意图

二、“身体活动水平”显著性差异结果分析

本章揭示出不同分组变量之间的身体活动时间差异性结果，结论如表 6-25 所示。

具体如下：①男生和女生在上学日的久坐、低强度身体活动、中强度身体活动和高强度身体活动时间上存在显著性差异；②男生和女生在休息日的低强度身体活动、中强度身体活动和高强度身体活动时间上存在显著性差异，但是久坐时间不具有显著性差异；③低年级组和高年级组在上学日的睡眠、久坐、低强度身体活动、中强度身体活动时间上存在显著性差异，高年级组久坐时间较长，睡眠、低强度身体活动、中强度身体活动时间较短；④低年级组和高年级组在休息日的低强度身体活动时间上存在显著性差异，低年级组时间较长；⑤近视组、非近视组在上学日的睡眠、久坐、低强度身体活动、中强度身体活动和高强度身体活动时间上存在显著性差异，非近视组的睡眠、低强度身体活动、中强度身体活动和高强度身体活动时间较长，久坐时间较短；⑥近视组、非近视组在休息日的睡眠、低强度身体活动、中强度身体活动和高强度身体活动时间上存在显著性差异，非近视组低强度身体活动、中强度身体活动和高强度身体活动时间较长，睡眠、久坐时间较短。

表 6-25 身体活动时间显著性差异结果分析一览表

	被试组别	时间	具有显著性差异的身体活动时间
1	男生与女生	上学日	久坐、低强度身体活动、中强度身体活动、高强度身体活动
2	男生与女生	休息日	低强度身体活动、中强度身体活动、高强度身体活动
3	低年级与高年级	上学日	睡眠、久坐、低强度身体活动、中强度身体活动
4	低年级与高年级	休息日	低强度身体活动
5	近视与非近视	上学日	睡眠、久坐、低强度身体活动、中强度身体活动、高强度身体活动
6	近视与非近视	休息日	睡眠、低强度身体活动、中强度身体活动、高强度身体活动

（一）男生组与女生组在上学日的身体活动水平差异

研究结论显示，上学日男生和女生在久坐、低强度身体活动、中强度身体活动和高强度身体活动 4 个身体活动时间指标上存在显著性差异，其中男生组久坐时间偏短，而低强度身体活动、中强度身体活动和高强度身体活动时间明显偏长（图 6-8）。这表明男生的性别特征在上学日中发挥显著作用，男生因活泼好动而表现出了更少的久坐行为，在低、中、高强度身体活动时间上具有明显优势。

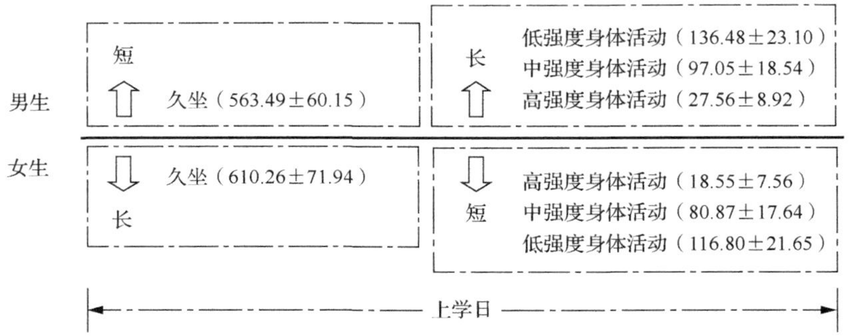

图 6-8　男生组与女生组在上学日的身体活动水平差异性分析结果示意图

（二）男生组与女生组在休息日的身体活动水平差异

研究结论显示，休息日男生和女生在低强度身体活动、中强度身体活动和高强度身体活动 3 个身体活动时间指标上存在显著性差异，其中男生这 3 个指标的身体活动时间明显偏长（图 6-9）。这表明男生的性别特征在休息日中发挥了显著作用。男生天性好动，因此在低、中、高强度身体活动时间上具有明显优势。但是相比上学日，男生和女生休息日睡眠和久坐时间都较长，且中高强度身体活动时间明显缩短。因此，可以看出虽然男生组与女生组之间依旧有差异，但离开学校环境，儿童青少年的中高强度身体活动都有不同程度的下降，这表明家庭和社区环境的合力干预并未正向影响儿童青少年身体活动水平。

（三）高年级组与低年级组在上学日的身体活动水平差异

研究结论显示，2 年级和 7 年级、2 年级和 8 年级、3 年级和 8 年级学生在睡眠、久坐、中强度身体活动时间维度上，3 年级和 7 年级学生在睡眠、久坐、低强度身体活动、中强度身体活动时间维度上进行 Bonferroni 校正后的调整显著性具有统计学意义（图 6-10）。上学日随着年级增高，学生久坐时间越来越长，而中强度身体活动时间越来越短，呈现反向变化趋势，但高强度身体活动时间无明显增长或缩短迹象。

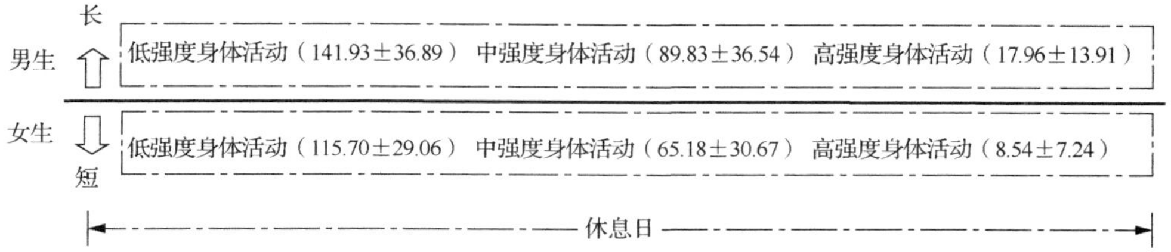

图 6-9　男生组与女生组在休息日的身体活动水平差异性分析结果示意图

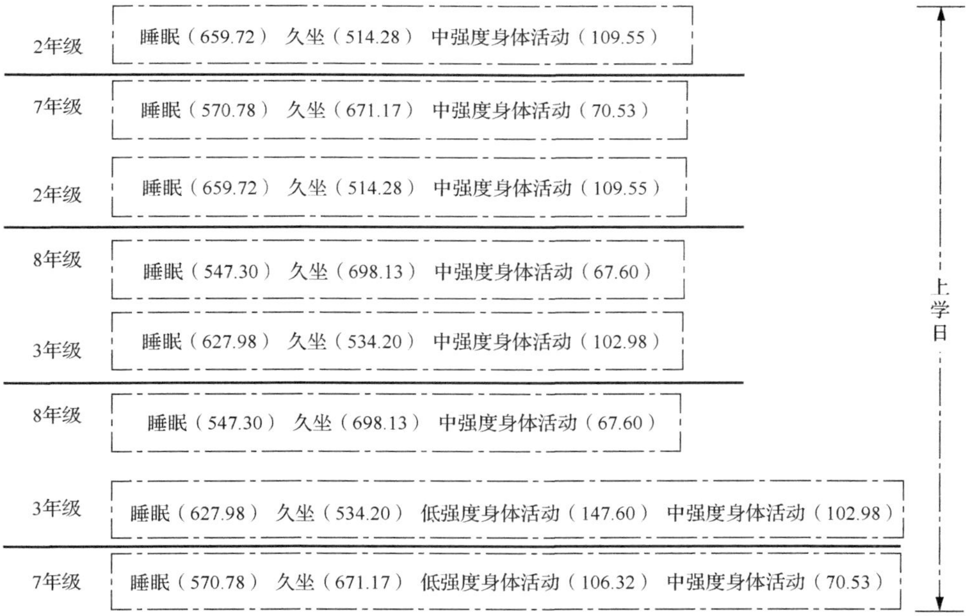

图 6-10　高年级组与低年级组在上学日的身体活动水平差异性分析结果示意图

（四）高年级组与低年级组在休息日的身体活动水平差异

研究结论显示，休息日 3 年级与 7 年级学生在低强度身体活动时间维度上进行 Bonferroni 校正后的调整显著性具有统计学意义，这表明无论是上学日还是休息日，低强度身体活动时间总体上都表现为随着年级的增长而大幅度下降的趋势。

相比上学日，7 年级学生久坐时间大幅缩短、睡眠时间大幅延长，3 年级学生身体活动时间变动趋势则正好相反，这与学段特点和年龄阶段密切相关，但两个年级的被试在休息日的中强度身体活动时间、高强度身体活动时间缩短明显，这表明家庭和社区场域合力干预无法形成积极引导，主要还是依靠校内活动来影响儿童青少年身体活动水平（图 6-11）。另外，高强度身体活动时间总体上不存在显著性差异，这说明无论是低年级被试还是高年级被试，在休息日均不会产生大量高强度身体活动。

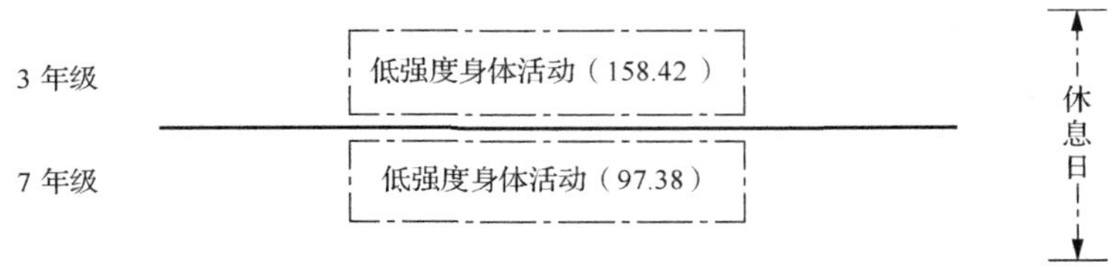

图 6-11　高年级组与低年级组在休息日的身体活动水平差异性分析结果示意图

（五）近视组与非近视组在上学日的身体活动水平差异

研究结论显示，上学日近视组与非近视组在睡眠、久坐、低强度身体活动、中强度身体活动、高强度身体活动时间维度上进行 Bonferroni 校正后的调整显著性差异具有统计学意义（图 6-12）。其中，非近视组被试普遍获得较多的身体活动时间和更为充足的睡眠时间，且久坐时间远少于近视组被试（均值相差约 85 分钟），这表明在上学日视力水平与身体活动时间和频率可能存在某种内部联系。

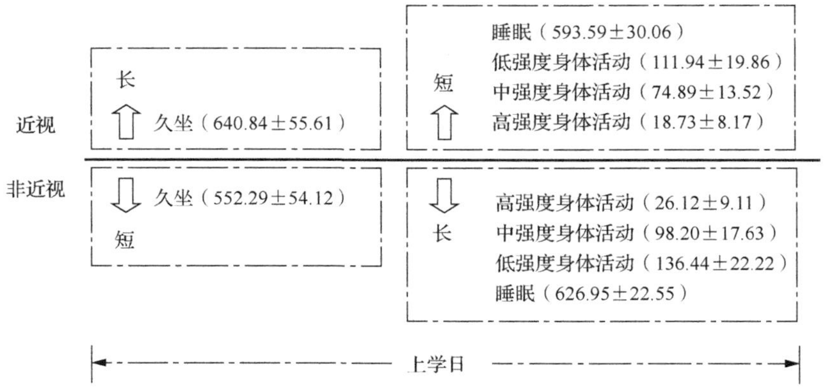

图 6-12　近视组与非近视组在上学日的身体活动水平差异性分析结果示意图

（六）近视组与非近视组在休息日的身体活动水平差异

研究结论显示，休息日近视组与非近视组在睡眠、低强度身体活动、中强度身体活动、高强度身体活动时间维度上进行 Bonferroni 校正后的调整显著性差异具有统计学意义（图 6-13）。非近视组被试普遍获得较多的身体活动时间，但睡眠时间远少于近视组被试（均值相差约 66min），这表明在休息日视力水平与身体活动时间和频率可能存在某种内部联系。与上学日相比，休息日被试的低、中、高强度身体活动时间都有所减少，这说明学校环境是目前儿童青少年身体健康最有力的保障。

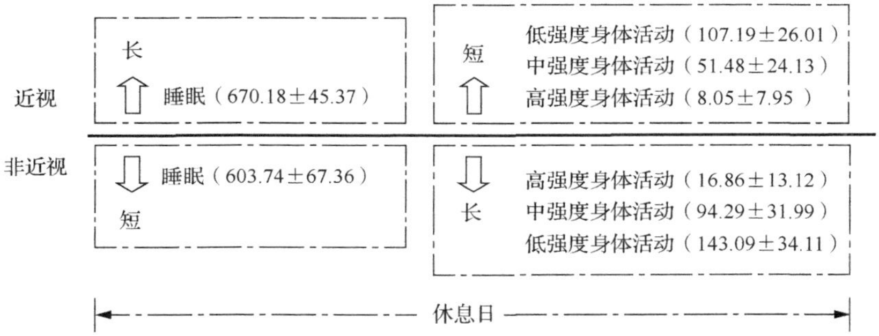

图 6-13　近视组与非近视组在休息日的身体活动水平差异性分析结果示意图

第七章

儿童青少年身体活动水平影响因素的多元回归分析

在第六章中完成了儿童青少年身体活动水平和影响因素的数据测量与加工，形成了包含 43 个被试、16 个影响因素和 7 个次维、低维中高强度身体活动的小样本横截面数据。在本章中将依靠小样本数据，在保留高稳健关键性影响因素的前提下，采用多元回归的量化研究方法，基于“探索+检验”的量化验证思路，找到关键性影响因素与不同时空场域中高强度身体活动（7 个次维、低维中高强度身体活动）的多元回归关系，深层次揭露家庭、学校、社区场域下促进儿童青少年身体活动发展的内在机制与规律。小样本数理统计的缺点是相比大样本，对小样本数据进行多元回归分析，可能造成“家校社三不脱离模型”中包含的一些临界影响因素无法被纳入多元回归方程，只能够体现高稳健的关键性影响因素，缩小了理论解释宽度；优点是小样本数据能够配合回忆录进行中高强度身体活动数据的深度加工，有利于深刻揭示身体活动潜在影响机制与规律，加深理论研究深度。权衡利弊后，作者确定小样本被试规模，完成数据采集与加工，并在第七章中依托小样本截面数据展开多元回归分析。

第一节　多元回归分析的逻辑设计与方法选择

本章中的量化分析转变传统的“假设+验证”量化研究思路，选择“探索+检验”的量化验证思路。换而言之，以往研究更多是基于文献和理论推演提出关系假设，并利用相关量表加以验证，而作者根据文献理论提出了“家校社三不脱离模型”的设想，并基于扎根理论系统梳理访谈文本，凝练影响因素，基于现实构建“家校社三不脱离模型”。从本质上讲，我们无法预知模型中包含的各类影响因素是如何影响中高强度身体活动的，因此，需要循序渐进地从数据中构建“关键性影响因素”与“次维、低维中高强度身体活动”的关系，初步找到家庭、学校、社区场域下儿童青少年身体活动发展的内在机制与规律。

一、多元回归分析的自变量、因变量、控制变量选择

（一）自变量、因变量、控制变量的筛选与处理

基于小样本数据，作者试图在上学日家庭、上学日学校、上学日社区、休息日家庭和休息日社区 5 个时空场域内探究深层次的身体活动作用机制。为此，作者以 16 个影响因素为自变量，以 7 个次维、低维中高强度身体活动为因变量（5 类低维中高强度身体活动是重点）。另外，充分结合访谈记录，考量不同时空场域的现实特点，形成 5 组基本的控制变量。在变量处理上，以性别、是否为独生子女、是否近视、父亲受教育程度、母亲受教育程度为二分类变量，以年级为多分类变量，以其余自变量为连续变量。将年级划分为 2～3 年级、4～6 年级、7～8 年级 3 个组，以 2～3 年级组为参照组对其余两组做虚拟变量处理，并将其作为控制变量使用。

（二）控制变量的筛选依据

（1）上学日家庭场域控制变量。通过与被试进行访谈得知，在上学日家庭场域中，被试的生活起居主要由母亲负责，因此选择儿童青少年自身（年级、性别、BMI）和母亲的基本情况（母亲 BMI、母亲受教育程度）5 个人口统计学变量作为控制变量。

（2）上学日学校场域控制变量。在上学日学校场域中，被试由学校统一管理，家长无法直接影响被试，但可以通过认知和观念影响被试在校的行为表现。通过与教师进行访谈得知，被试父母的认知水平主要受到教育水平的限制，因此选择儿童青少年自身（年级、性别、BMI）和父母教育水平（父亲受教育程度、母亲

受教育程度）5 个人口统计学变量作为控制变量。

（3）上学日社区场域控制变量。在上学日社区场域中，被试在上学日参加社会活动所产生的身体活动，与家长无关且无直接证据表明其社会活动受到家长的影响，因此仅选择儿童青少年自身（年级、性别、BMI）3 个人口统计学变量作为控制变量。

（4）休息日家庭场域控制变量。通过与被试进行访谈得知，在休息日家庭场域中，父母均参与被试的生活起居，因此选择儿童青少年自身（年级、性别、BMI）和父母的基本情况（母亲 BMI、母亲受教育程度、父亲 BMI、父亲受教育程度）7 个人口统计学变量作为控制变量。

（5）休息日社区场域控制变量。在休息日社区场域中，被试在休息日参加社会活动所产生的身体活动，与家长无关且无直接证据表明其社会活动受到家长的影响，因此仅选择儿童青少年自身（年级、性别、BMI）3 个人口统计学变量作为控制变量。

二、多元回归分析的数据检验与处理

（一）自变量共线性检验

多重共线性是指线性回归模型中的两个或多个解释变量之间存在高度相关性，从而导致模型估计失真或出现较大偏差[216]。对于解释变量（自变量）的共线性检验问题，一般采用方差膨胀因素（Variance Inflation Factor，VIF）或容忍值（Tolerance，TOL）来评估。当 VIF>10 或 TOL<0.1 时，表示自变量之间存在共线性组合，严重威胁参数估计的稳定性，需要将其剔除[217]。

（二）残差独立性检验

残差独立性是指不同自变量产生的误差项之间相互独立、无相关关系，即无自我相关，此外要求误差项应与自变量相互独立，否则会降低统计检验的能力，拒绝回归方程[218]。残差独立性检验采用德宾-沃森（Durbin-Watson，D-W）检验，D-W 检验统计量取值范围为 0～4，如果统计量值在 2 附近，则表明残差服从正态分布，相关系数趋于 0，基本不存在自相关关系；如果统计量值趋近于 0，则表明残差存在正自相关性；如果统计量值趋近于 4，则表明残差存在负自相关性[219]。残差自相关性主要发生在纵贯研究或序列分析中，对横截面数据影响相对较小[220]。

三、多元回归分析的变量选择模式

前期数据检验完成后，作者选择采用阶层回归分析法，逐层代入相关影响因素，重点关注 5 个低维中高强度身体活动的时空场域，构建 5 个基本的多元回归方程。影响因素代入方式是：选择不同时空场域的中高强度身体活动作为因变量，将自变量分为两个阶段，先将筛选后的人口统计学变量作为第一个区组，以强迫进入法进行回归分析，计算回归系数；再将筛选后的影响因素作为第二个区组投入回归模型，计算各自变量预测力和回归方程，完成线性回归分析。

第二节　中高强度身体活动影响因素的多元回归分析

一、上学日中高强度身体活动影响因素的多元回归分析

将儿童青少年的年级、性别、BMI、是否为独生子女、是否近视和母亲 BMI、母亲受教育程度、父亲受教育程度及 16 个影响因素同时作为自变量带入回归方程（表 7-1）。

表 7-1　上学日中高强度身体活动时间多元线性回归模型自变量共线性检验（Step 1）

项目	自变量	允差	VIF	项目	自变量	允差	VIF
D_1	虚拟变量 1：4～6 年级	0.111	9.011	D_9	是否为独生子女	0.339	2.950
D_2	虚拟变量 2：7～8 年级	0.136	7.354	D_{10}	是否近视	0.201	4.982
D_3	性别	0.350	2.861	X_1	个体认知	0.047	21.456
D_4	BMI	0.173	5.781	X_2	习惯技能	0.106	9.442
D_5	母亲受教育程度	0.100	9.992	X_3	情感体验	0.041	24.452
D_6	母亲 BMI	0.336	2.980	X_4	家长体育认知	0.115	8.694
D_7	父亲受教育程度	0.214	4.662	X_5	榜样支持	0.163	6.146

续表

项目	自变量	允差	VIF	项目	自变量	允差	VIF
X_6	信息支持	0.102	9.795	X_{12}	学校体育氛围	0.213	4.699
X_7	情感支持	0.167	6.005	X_{13}	社区场地设施	0.167	5.972
X_8	资金支持	0.060	16.626	X_{14}	社区体育氛围	0.113	8.872
X_9	学校硬件设施	0.270	3.708	X_{15}	伙伴情谊	0.315	3.171
X_{10}	体育师资配备	0.079	12.734	X_{16}	建成环境	0.120	8.322
X_{11}	体育与健康课程	0.244	4.105				

由表 7-1 可知，个体认知（VIF=21.456）、情感体验（VIF=24.452）、资金支持（VIF=16.626）和体育师资配备（VIF=12.734）的方差膨胀因素都大于 10，存在严重共线性问题。本书中选择剔除情感体验因素后做进一步回归分析。

从删除情感体验因素后的多元线性回归分析的共线性检验可以看出，控制变量和自变量的容忍值均大于 0.1，方差膨胀因素均小于 10，这表明各检验变量之间的共线性问题不明显，可以保留；D-W 值为 2.359，接近 2，这表明回归残差序列无自相关性，满足多元线性回归分析条件（表 7-2）。

表 7-2　上学日中高强度身体活动时间多元线性回归模型自变量共线性检验（Step 2）

项目	自变量	允差	VIF	项目	自变量	允差	VIF
D_1	虚拟变量 1：4～6 年级	0.114	8.735	X_5	榜样支持	0.196	5.094
D_2	虚拟变量 2：7～8 年级	0.137	7.321	X_6	信息支持	0.126	7.957
D_3	性别	0.350	2.860	X_7	情感支持	0.172	5.813
D_4	BMI	0.181	5.539	X_8	资金支持	0.144	6.952
D_5	母亲受教育程度	0.138	7.264	X_9	学校硬件设施	0.417	2.397
D_6	母亲 BMI	0.345	2.899	X_{10}	体育师资配备	0.188	5.306
D_7	父亲受教育程度	0.227	4.415	X_{11}	体育与健康课程	0.277	3.607
D_9	是否为独生子女	0.376	2.663	X_{12}	学校体育氛围	0.240	4.174
D_{10}	是否近视	0.209	4.786	X_{13}	社区场地设施	0.176	5.693
X_1	个体认知	0.151	6.640	X_{14}	社区体育氛围	0.179	5.587
X_2	习惯技能	0.106	9.441	X_{15}	伙伴情谊	0.336	2.974
X_4	家长体育认知	0.126	7.950	X_{16}	建成环境	0.181	5.518

从阶层回归分析方程可知，在阶层一中，年级、性别、母亲 BMI、是否为独生子女是上学日中高强度身体活动时间的主要预测源，以 2～3 年级为参照组，7～8 年级的β值为−0.781（p=0.001），性别的β值为−0.391（p=0.001），母亲 BMI 的β值为−0.277（p=0.037），是否为独生子女的β值为−0.368（p=0.004），由于样本少且自变量多，宜采用调整后的决定系数，调整后 R^2 为 0.671，可以解释 67.1%的方程变异量。在阶层二中，同时考虑人口统计学变量和身体活动影响因素时，年级、性别、学校硬件设施、体育师资配备、伙伴情谊对上学日中高强度身体活动时间存在显著影响，其β值分别为−0.786（p=0.006）、−0.363（p=0.028）、0.304（p=0.041）、−0.489（p=0.029）、0.412（p=0.017），调整后 R^2 为 0.747，可以解释 74.7%的方程变异量。与增加身体活动影响因素变量之前相比较，解释的方程变异量提高了 7.6%并呈高度显著性。这表明回归效果好，儿童青少年身体活动影响因素与上学日中高强度身体活动时间之间存在较强的线性关系（表 7-3）。标准回归方程为

$$\begin{aligned} Y = &-0.309D_1 - 0.786D_2 - 0.363D_3 + 0.104D_4 - 0.323D_5 - 0.213D_6 \\ &+ 0.196D_7 - 0.192D_9 - 0.056D_{10} - 0.294X_1 + 0.305X_2 + 0.108X_4 \\ &- 0.052X_5 + 0.347X_6 - 0.219X_7 - 0.295X_8 + 0.304X_9 - 0.489X_{10} \\ &- 0.127X_{11} + 0.110X_{12} + 0.184X_{13} - 0.339X_{14} + 0.412X_{15} + 0.127X_{16} \end{aligned} \tag{7-1}$$

表 7-3　以上学日中高强度身体活动时间为因变量的多元线性阶层回归分析

项目			阶层一					阶层二				
			非标准化系数		Beta	t	p	非标准化系数		Beta	t	p
			B	标准误				B	标准误			
		（常数）	253.552	42.633		5.947	0.000	245.006	58.613		4.180	0.002
控制变量	D_1	虚拟变量 1	−12.366	8.423	−0.225	−1.468	0.154	−17.020	13.822	−0.309	−1.231	0.244
	D_2	虚拟变量 2	−48.960	12.494	−0.781	−3.919	0.001	−49.278	14.407	−0.786	−3.420	0.006
	D_3	性别	−21.361	5.605	−0.391	−3.811	0.001	−19.820	7.848	−0.363	−2.526	0.028
	D_4	BMI	1.423	1.192	0.180	1.193	0.244	0.821	1.584	0.104	0.519	0.614
	D_5	母亲受教育程度	−4.162	8.079	−0.075	−0.515	0.611	−18.002	12.747	−0.323	−1.412	0.186

续表

项目			阶层一					阶层二				
			非标准化系数		Beta	t	p	非标准化系数		Beta	t	p
			B	标准误				B	标准误			
控制变量	D_6	母亲 BMI	−3.157	1.436	−0.277	−2.199	0.037	−2.427	1.648	−0.213	−1.473	0.169
	D_7	父亲受教育程度	4.717	7.568	0.086	0.623	0.538	10.716	9.749	0.196	1.099	0.295
	D_9	是否为独生子女	−28.872	9.177	−0.368	−3.146	0.004	−15.040	10.879	−0.192	−1.383	0.194
	D_{10}	是否近视	1.111	8.212	0.020	0.135	0.893	−3.136	10.347	−0.056	−0.303	0.767
个人因素	X_1	个体认知						−8.943	6.653	−0.294	−1.344	0.206
	X_2	习惯技能						9.898	8.474	0.305	1.168	0.268
家庭因素	X_4	家长体育认知						2.961	6.574	0.108	0.450	0.661
	X_5	榜样支持						−1.335	4.951	−0.052	−0.270	0.792
	X_6	信息支持						6.927	4.780	0.347	1.449	0.175
	X_7	情感支持						−6.783	6.339	−0.219	−1.070	0.307
	X_8	资金支持						−6.347	4.827	−0.295	−1.315	0.215
学校因素	X_9	学校硬件设施						7.850	3.392	0.304	2.314	0.041
	X_{10}	体育师资配备						−16.616	6.646	−0.489	−2.500	0.029
	X_{11}	体育与健康课程						−4.622	5.852	−0.127	−0.790	0.446
	X_{12}	学校体育氛围						3.734	5.898	0.110	0.633	0.540
社区因素	X_{13}	社区场地设施						6.391	7.030	0.184	0.909	0.383
	X_{14}	社区体育氛围						−8.609	5.095	−0.339	−1.69	0.119
	X_{15}	伙伴情谊						11.529	4.095	0.412	2.815	0.017
	X_{16}	建成环境						3.501	5.493	0.127	0.637	0.537
整体模型		F	8.915（0.000）					5.315（0.003）				

续表

项目		阶层一					阶层二				
		非标准化系数		Beta	t	p	非标准化系数		Beta	t	p
		B	标准误				B	标准误			
整体	adj R^2			0.671					0.747		
模型	Δ adj R^2								0.076		

注：虚拟变量 1：4～6 年级对比 2～3 年级；虚拟变量 2：7～8 年级对比 2～3 年级；性别：男=1，女=2；父母受教育程度：受过高等教育=1，未受过高等教育=2；是否为独生子女：是=1，否=2；是否近视：是=1，否=2。F 值括号内为 p 值；Beta 为标准化后的β系数。

二、休息日中高强度身体活动影响因素的多元回归分析

将儿童青少年的年级、性别、BMI、是否为独生子女、是否近视和母亲受教育程度、父亲 BMI、父亲受教育程度及 16 个影响因素同时作为自变量带入回归方程。由表 7-4 可知，虚拟变量 1（VIF=10.360）、母亲受教育程度（VIF=10.860）、个体认知（VIF=21.185）、情感体验（VIF=32.256）、资金支持（VIF=12.100）、体育师资配备（VIF=12.093）和社区场地设施（VIF=11.807）的方差膨胀因素都大于 10，存在严重共线性问题。本书选择剔除情感体验因素后做进一步回归分析。

表 7-4 休息日中高强度身体活动时间多元线性回归模型自变量共线性检验（Step 1）

自变量		允差	VIF	自变量		允差	VIF
D_1	虚拟变量 1：4～6 年级	0.097	10.360	X_3	情感体验	0.031	32.256
D_2	虚拟变量 2：7～8 年级	0.124	8.088	X_4	家长体育认知	0.125	7.999
D_3	性别	0.308	3.243	X_5	榜样支持	0.119	8.427
D_4	BMI	0.176	5.675	X_6	信息支持	0.105	9.486
D_5	母亲受教育程度	0.092	10.860	X_7	情感支持	0.140	7.152
D_7	父亲受教育程度	0.223	4.483	X_8	资金支持	0.083	12.100
D_8	父亲 BMI	0.148	6.776	X_9	学校硬件设施	0.301	3.322
D_9	是否为独生子女	0.362	2.759	X_{10}	体育师资配备	0.083	12.093
D_{10}	是否近视	0.211	4.745	X_{11}	体育与健康课程	0.180	5.561
X_1	个体认知	0.047	21.185	X_{12}	学校体育氛围	0.202	4.961
X_2	习惯技能	0.110	9.118	X_{13}	社区场地设施	0.085	11.807

续表

	自变量	允差	VIF		自变量	允差	VIF
X_{14}	社区体育氛围	0.108	9.242	X_{16}	建成环境	0.104	9.582
X_{15}	伙伴情谊	0.265	3.779				

注：虚拟变量 1：4 ~ 6 年级对比 2 ~ 3 年级；虚拟变量 2：7 ~ 8 年级对比 2 ~ 3 年级；性别：男=1，女=2；父母受教育程度：受过高等教育=1，未受过高等教育=2；是否为独生子女：是=1，否=2；是否近视：是=1，否=2。F 值括号内为 p 值；Beta 为标准化后的 β 系数。

从删除情感体验因素后多元线性回归分析的共线性检验可以看出，控制变量和自变量的容忍值均大于 0.1，方差膨胀因素均小于 10，这表明各检验变量之间的共线性问题不明显，可以保留；D-W 值为 2.608，接近 2，这表明回归残差序列无自相关性，满足多元线性回归分析的条件（表 7-5）。

表 7-5　休息日中高强度身体活动时间多元线性回归模型自变量共线性检验（Step 2）

	自变量	允差	VIF		自变量	允差	VIF
D_1	虚拟变量 1：4-6 年级	0.115	8.703	X_5	榜样支持	0.185	5.403
D_2	虚拟变量 2：7-8 年级	0.129	7.729	X_6	信息支持	0.125	7.980
D_3	性别	0.311	3.220	X_7	情感支持	0.140	7.138
D_4	BMI	0.186	5.375	X_8	资金支持	0.137	7.299
D_5	母亲受教育程度	0.132	7.568	X_9	学校硬件设施	0.370	2.699
D_7	父亲受教育程度	0.227	4.410	X_{10}	体育师资配备	0.236	4.238
D_8	父亲 BMI	0.238	4.208	X_{11}	体育与健康课程	0.243	4.121
D_9	是否为独生子女	0.368	2.720	X_{12}	学校体育氛围	0.202	4.960
D_{10}	是否近视	0.214	4.671	X_{13}	社区场地设施	0.119	8.389
X_1	个体认知	0.165	6.050	X_{14}	社区体育氛围	0.176	5.668
X_2	习惯技能	0.121	8.252	X_{15}	伙伴情谊	0.366	2.731
X_4	家长体育认知	0.125	7.995	X_{16}	建成环境	0.190	5.277

注：虚拟变量 1：4 ~ 6 年级对比 2 ~ 3 年级；虚拟变量 2：7 ~ 8 年级对比 2 ~ 3 年级；性别：男=1，女=2；父母受教育程度：受过高等教育=1，未受过高等教育=2；是否为独生子女：是=1，否=2；是否近视：是=1，否=2。F 值括号内为 p 值；Beta 为标准化后的 β 系数。

从阶层回归分析方程可知，在阶层一中，年级、性别、BMI、父亲 BMI、是否为独生子女是休息日中高强度身体活动时间的主要预测源，以 2 ~ 3 年级为参照组，4 ~ 6 年级的 β 值为−0.418（p=0.012），7 ~ 8 年级的 β 值为−0.839（p=0.000），性别的β值为−0.246（p=0.019），BMI 的β值为 0.458（p=0.002），父亲 BMI 的β值为−0.256（p=0.032），是否为独生子女的β值为−0.329（p =0.003），调整后 R^2 为 0.696，可以解释 69.6%的方程变异量。在阶层二中，同时考虑人口统计学变量和身体活动影响因素时，年级、BMI、是否为独生子女、家长体育认知、资金支持对休息日中高强度身体活动时间存在显著影响，其β值分别为−0.746（p=0.011）、0.469（p=0.041）、−0.432（p=0.012）、0.564（p=0.044）、−0.625（p=0.023），调整后 R^2 为 0.732，可以解释 73.2%的方程变异量，与增加身体活动影响因素变量之前相比较，解释的方程变异量提高了 3.6%并高度显著。这表明回归分析效果好，儿童青少年身体活动影响因素与休息日中高强度身体活动时间之间存在较强的线性关系（表 7-6）。标准回归方程为

$$\begin{aligned} Y = &-0.205D_1 - 0.746D_2 + 0.009D_3 + 0.469D_4 - 0.168D_5 + 0.008D_7 - 0.369D_8 \\ &- 0.432D_9 + 0.180D_{10} - 0.227X_1 + 0.029X_2 + 0.564X_4 + 0.184X_5 + 0.132X_6 \\ &+ 0.172X_7 - 0.625X_8 + 0.106X_9 - 0.006X_{10} - 0.200X_{11} + 0.337X_{12} - 0.172X_{13} \\ &+ 0.035X_{14} + 0.171X_{15} - 0.082X_{16} \end{aligned} \tag{7-2}$$

表 7-6　以休息日中高强度身体活动时间为因变量的多元线性阶层回归分析

			阶层一					阶层二				
			非标准化系数		Beta	t	p	非标准化系数		Beta	t	p
			B	标准误				B	标准误			
		（常数）	228.229	60.365		3.781	0.001	192.977	89.641		2.153	0.054
控制变量	D_1	虚拟变量 1	−38.516	14.286	−0.418	−2.696	0.012	−18.871	23.803	−0.205	−0.793	0.445
	D_2	虚拟变量 2	−88.093	19.595	−0.839	−4.496	0.000	−78.338	25.540	−0.746	−3.067	0.011
	D_3	性别	−22.396	8.994	−0.246	−2.490	0.019	0.795	14.299	0.009	0.056	0.957
	D_4	BMI	6.122	1.800	0.458	3.401	0.002	6.267	2.712	0.469	2.311	0.041
	D_5	母亲受教育程度	8.115	13.194	0.087	0.615	0.544	−15.659	22.448	−0.168	−0.698	0.500
	D_7	父亲受教育程度	−8.247	11.971	−0.090	−0.689	0.497	0.727	16.812	0.008	0.043	0.966
	D_8	父亲 BMI	−4.478	1.972	−0.256	−2.270	0.032	−6.456	3.137	−0.369	−2.058	0.064

续表

			阶层一					阶层二				
			非标准化系数		Beta	t	p	非标准化系数		Beta	t	p
			B	标准误				B	标准误			
控制变量	D_9	是否为独生子女	-43.186	13.247	-0.329	-3.260	0.003	-56.774	18.972	-0.432	-2.993	0.012
	D_{10}	是否近视	11.885	13.288	0.127	0.894	0.379	16.790	17.636	0.180	0.952	0.362
个人因素	X_1	个体认知						-11.499	10.921	-0.227	-1.053	0.315
	X_2	习惯技能						1.471	12.815	0.029	0.115	0.911
家庭因素	X_4	家长体育认知						25.262	11.079	0.564	2.280	0.044
	X_5	榜样支持						7.997	8.864	0.184	0.902	0.386
	X_6	信息支持						4.496	8.415	0.132	0.534	0.604
	X_7	情感支持						8.955	12.174	0.172	0.736	0.477
	X_8	资金支持						-22.631	8.566	-0.625	-2.642	0.023
学校因素	X_9	学校硬件设施						4.591	6.203	0.106	0.740	0.475
	X_{10}	体育师资配备						-0.345	10.319	-0.006	-0.033	0.974
	X_{11}	体育与健康课程						-11.700	10.396	-0.200	-1.125	0.284
	X_{12}	学校体育氛围						19.202	11.093	0.337	1.731	0.111
社区因素	X_{13}	社区场地设施						-9.996	14.718	-0.172	-0.679	0.511
	X_{14}	社区体育氛围						1.489	8.920	0.035	0.167	0.870
	X_{15}	伙伴情谊						7.841	6.636	0.171	1.182	0.262
	X_{16}	建成环境						-3.770	9.246	-0.082	-0.408	0.691
整体模型		F	9.888（0.000）					4.981（0.004）				
		adj R^2	0.696					0.732				
		Δ adj R^2						0.036				

注：虚拟变量 1：4～6 年级对比 2～3 年级；虚拟变量 2：7～8 年级对比 2～3 年级；性别：男=1，女=2；父母受教育程度：受过高等教育=1，未受过高等教育=2；是否为独生子女：是=1，否=2；是否近视：是=1，否=2。F 值括号内为 p 值；Beta 为标准化后的β系数。

三、上学日家庭中高强度身体活动影响因素的多元回归分析

将儿童青少年的年级、性别、BMI 和母亲的 BMI、受教育程度，以及 16 个影响因素同时作为自变量带入回归方程。由表 7-7 可知，个体认知（VIF=13.075）和情感体验（VIF=14.232）的方差膨胀因素都大于 10，存在严重共线性问题。本书选择剔除个体认知因素后做进一步回归分析。

表 7-7　上学日家庭中高强度身体活动时间多元线性回归模型自变量共线性检验（Step 1）

自变量		允差	VIF	自变量		允差	VIF
D_1	虚拟变量 1：4～6 年级	0.168	5.941	X_6	信息支持	0.128	7.786
D_2	虚拟变量 2：7～8 年级	0.350	2.861	X_7	情感支持	0.222	4.506
D_3	性别	0.362	2.759	X_8	资金支持	0.120	8.331
D_4	BMI	0.311	3.216	X_9	学校硬件设施	0.317	3.159
D_5	母亲受教育程度	0.221	4.534	X_{10}	体育师资配备	0.125	7.982
D_6	母亲 BMI	0.399	2.509	X_{11}	体育与健康课程	0.362	2.766
X_1	个体认知	0.076	13.075	X_{12}	学校体育氛围	0.277	3.606
X_2	习惯技能	0.166	6.037	X_{13}	社区场地设施	0.176	5.675
X_3	情感体验	0.070	14.232	X_{14}	社区体育氛围	0.130	7.673
X_4	家长体育认知	0.132	7.596	X_{15}	伙伴情谊	0.324	3.085
X_5	榜样支持	0.177	5.638	X_{16}	建成环境	0.162	6.170

注：虚拟变量 1：4～6 年级对比 2～3 年级；虚拟变量 2：7～8 年级对比 2～3 年级；性别：男=1，女=2；父母受教育程度：受过高等教育=1，未受过高等教育=2；是否为独生子女：是=1，否=2；是否近视：是=1，否=2。F 值括号内为 p 值；Beta 为标准化后的 β 系数。

从删除个体认知因素后多元线性回归分析的共线性检验可以看出，控制变量和自变量的容忍值均大于 0.1，方差膨胀因素均小于 10，这表明各检验变量之间共线性问题不明显，可以保留；D-W 值为 2.522，接近 2，这表明回归残差序列无自相关性，满足多元线性回归分析的条件（表 7-8）。

表 7-8　上学日家庭中高强度身体活动时间多元线性回归模型自变量共线性检验（Step 2）

自变量		允差	VIF	自变量		允差	VIF
D_1	虚拟变量 1：4～6 年级	0.180	5.550	D_2	虚拟变量 2：7～8 年级	0.350	2.860

续表

	自变量	允差	VIF		自变量	允差	VIF
D_3	性别	0.367	2.722	X_8	资金支持	0.174	5.739
D_4	BMI	0.333	3.001	X_9	学校硬件设施	0.461	2.168
D_5	母亲受教育程度	0.258	3.879	X_{10}	体育师资配备	0.252	3.968
D_6	母亲 BMI	0.399	2.507	X_{11}	体育与健康课程	0.362	2.766
X_2	习惯技能	0.172	5.812	X_{12}	学校体育氛围	0.321	3.113
X_3	情感体验	0.168	5.937	X_{13}	社区场地设施	0.177	5.661
X_4	家长体育认知	0.147	6.799	X_{14}	社区体育氛围	0.202	4.962
X_5	榜样支持	0.278	3.601	X_{15}	伙伴情谊	0.329	3.039
X_6	信息支持	0.158	6.337	X_{16}	建成环境	0.192	5.200
X_7	情感支持	0.233	4.297				

注：虚拟变量 1：4～6 年级对比 2～3 年级；虚拟变量 2：7～8 年级对比 2～3 年级；性别：男=1，女=2；父母受教育程度：受过高等教育=1，未受过高等教育=2；是否为独生子女：是=1，否=2；是否近视：是=1，否=2。F 值括号内为 p 值；Beta 为标准化后的β系数。

从阶层回归分析方程可知，在阶层一中年级是上学日家庭中高强度身体活动时间的主要预测源，以 2～3 年级为参照组，4～6 年级的β值为−0.690（p=0.000），7～8 年级的β值为−0.937（p=0.000），调整后 R^2 值为 0.645，可以解释 64.5%的方程变异量。在阶层二同时考虑人口统计学变量和身体活动影响因素时，年级、学校硬件设施、体育与健康课程、伙伴情谊、建成环境对上学日家庭中高强度身体活动时间存在显著影响，其β值分别为−0.759（p=0.000）、−0.937（p=0.000）、0.380（p=0.002）、−0.337（p=0.011）、0.430（p=0.003）、−0.358（p=0.040），调整后 R^2 为 0.819，可以解释 81.9%的方程变异量。与增加身体活动影响因素变量之前相比较，解释的方程变异量提高了 17.4%并高度显著。这表明回归效果好，儿童青少年身体活动影响因素与上学日家庭中高强度身体活动时间之间存在较强的线性关系（表 7-9）。标准回归方程为

$$\begin{aligned} Y = & -0.759D_1 - 0.937D_2 + 0.026D_3 + 0.149D_4 + 0.089D_5 + 0.067D_6 \\ & + 0.310X_2 - 0.272X_3 + 0.216X_4 + 0.049X_5 + 0.134X_6 - 0.193X_7 \\ & - 0.125X_8 + 0.380X_9 - 0.292X_{10} - 0.337X_{11} - 0.021X_{12} + 0.185X_{13} \\ & - 0.029X_{14} + 0.430X_{15} - 0.358X_{16} \end{aligned} \tag{7-3}$$

表 7-9　以上学日家庭 MVPA 时间为因变量的多元线性阶层回归分析

			阶层一					阶层二				
			非标准化系数		Beta	t	p	非标准化系数		Beta	t	p
			B	标准误				B	标准误			
		（常数）	58.851	14.108		4.171	0.000	46.193	20.810		2.220	0.041
控制变量	D_1	虚拟变量 1	−18.536	3.500	−0.690	−5.297	0.000	−20.383	4.429	−0.759	−4.602	0.000
	D_2	虚拟变量 2	−28.918	4.226	−0.937	−6.843	0.000	−28.927	3.656	−0.937	−7.912	0.000
	D_3	性别	−3.299	2.669	−0.125	−1.236	0.226	0.674	3.050	0.026	0.221	0.828
	D_4	BMI	0.472	0.509	0.120	0.928	0.360	0.583	0.476	0.149	1.226	0.238
	D_5	母亲受教育程度	4.292	3.130	0.158	1.371	0.180	2.409	3.752	0.089	0.642	0.530
	D_6	母亲 BMI	−0.272	0.612	−0.048	−0.444	0.660	0.375	0.622	0.067	0.603	0.555
个人因素	X_2	习惯技能						4.862	2.650	0.310	1.835	0.085
	X_3	情感体验						−3.161	1.979	−0.272	−1.597	0.130
家庭因素	X_4	家长体育认知						2.875	2.429	0.216	1.184	0.254
	X_5	榜样支持						0.629	1.690	0.049	0.372	0.715
	X_6	信息支持						1.301	1.712	0.134	0.759	0.459
	X_7	情感支持						−2.967	2.226	−0.193	−1.333	0.201
	X_8	资金支持						−1.298	1.748	−0.125	−0.743	0.468
学校因素	X_9	学校硬件设施						4.707	1.278	0.380	3.683	0.002
	X_{10}	体育师资配备						−4.783	2.285	−0.292	−2.094	0.053
	X_{11}	体育与健康课程						−6.008	2.074	−0.337	−2.896	0.011
	X_{12}	学校体育氛围						−0.356	2.066	−0.021	−0.172	0.865
社区因素	X_{13}	社区场地设施						3.157	2.848	0.185	1.109	0.284
	X_{14}	社区体育氛围						−0.365	1.955	−0.029	−0.187	0.854
	X_{15}	伙伴情谊						5.943	1.686	0.430	3.524	0.003
	X_{16}	建成环境						−4.880	2.177	−0.358	−2.241	0.040
整体模型		F	12.221（0.000）					8.948（0.000）				
		adj R^2	0.645					0.819				
		Δ adj R^2						0.174				

注：虚拟变量 1：4～6 年级对比 2～3 年级；虚拟变量 2：7～8 年级对比 2～3 年级；性别：男=1，女=2；父母受教育程度：受过高等教育=1，未受过高等教育=2；是否为独生子女：是=1，否=2；是否近视：是=1，否=2。F 值括号内为 p 值；Beta 为标准化后的β系数。

四、上学日学校中高强度身体活动影响因素的多元回归分析

将儿童青少年的年级、性别、BMI 和父母的受教育程度，以及 16 个影响因素同时作为自变量带入回归方程。由表 7-10 可知，个体认知（VIF=13.896）、情感体验（VIF=19.308）和资金支持（VIF=11.944）的方差膨胀因素都大于 10，存在严重共线性问题。本书选择剔除情感体验因素后做进一步回归分析。

表 7-10　上学日学校中高强度身体活动时间多元线性回归模型自变量共线性检验（Step 1）

自变量		允差	VIF	自变量		允差	VIF
D_1	虚拟变量 1：4～6 年级	0.140	7.131	X_6	信息支持	0.118	8.500
D_2	虚拟变量 2：7～8 年级	0.319	3.131	X_7	情感支持	0.187	5.354
D_3	性别	0.498	2.010	X_8	资金支持	0.084	11.944
D_4	BMI	0.246	4.069	X_9	学校硬件设施	0.293	3.408
D_5	母亲受教育程度	0.111	9.017	X_{10}	体育师资配备	0.106	9.429
D_7	父亲受教育程度	0.237	4.227	X_{11}	体育与健康课程	0.293	3.416
X_1	个体认知	0.072	13.896	X_{12}	学校体育氛围	0.252	3.971
X_2	习惯技能	0.162	6.167	X_{13}	社区场地设施	0.176	5.671
X_3	情感体验	0.052	19.308	X_{14}	社区体育氛围	0.126	7.913
X_4	家长体育认知	0.155	6.466	X_{15}	伙伴情谊	0.302	3.308
X_5	榜样支持	0.175	5.701	X_{16}	建成环境	0.134	7.480

注：虚拟变量 1：4～6 年级对比 2～3 年级；虚拟变量 2：7～8 年级对比 2～3 年级；性别：男=1，女=2；父母受教育程度：受过高等教育=1，未受过高等教育=2；是否为独生子女：是=1，否=2；是否近视：是=1，否=2。F 值括号内为 p 值；Beta 为标准化后的 β 系数。

从删除情感体验因素后多元线性回归分析的共线性检验可以看出，控制变量和自变量的容忍值均大于 0.1，方差膨胀因素均小于 10，这表明各检验变量之间共线性问题不明显，可以保留；D-W 值为 2.377，接近 2，这表明回归残差序列无自相关，满足多元线性回归分析的条件（表 7-11）。

表 7-11　上学日学校中高强度身体活动时间多元线性回归模型自变量共线性检验（Step 2）

自变量		允差	VIF	自变量		允差	VIF
D_1	虚拟变量 1：4～6 年级	0.171	5.833	D_2	虚拟变量 2：7～8 年级	0.323	3.096

续表

	自变量	允差	VIF		自变量	允差	VIF
D_3	性别	0.499	2.002	X_8	资金支持	0.160	6.248
D_4	BMI	0.251	3.983	X_9	学校硬件设施	0.464	2.154
D_5	母亲受教育程度	0.147	6.787	X_{10}	体育师资配备	0.229	4.366
D_7	父亲受教育程度	0.252	3.965	X_{11}	体育与健康课程	0.302	3.311
X_1	个体认知	0.197	5.077	X_{12}	学校体育氛围	0.295	3.387
X_2	习惯技能	0.181	5.514	X_{13}	社区场地设施	0.180	5.561
X_4	家长体育认知	0.163	6.135	X_{14}	社区体育氛围	0.195	5.132
X_5	榜样支持	0.222	4.514	X_{15}	伙伴情谊	0.355	2.820
X_6	信息支持	0.138	7.265	X_{16}	建成环境	0.222	4.512
X_7	情感支持	0.204	4.912				

从阶层回归分析方程可知，在阶层一中，年级、性别是上学日学校中高强度身体活动时间的主要预测源，以 2～3 年级为参照组，7～8 年级的β值为−0.560（p=0.002），性别的β值为−0.454（p=0.001），调整后 R^2 值为 0.497，可以解释 49.7%的方程变异量。在阶层二中，同时考虑人口统计学变量和身体活动影响因素时，年级、性别、学校硬件设施、伙伴情谊对上学日学校中高强度身体活动时间存在显著影响，其β值分别为−0.520（p=0.008）、−0.339（p=0.026）、0.378（p=0.018）、0.384（p=0.033），调整后 R^2 值为 0.645，可以解释 64.5%的方程变异量。与增加身体活动影响因素变量之前相比较，解释的方程变异量提高了 14.8%并高度显著。这表明回归效果好，儿童青少年身体活动影响因素与上学日学校中高强度身体活动时间之间存在较强的线性关系（表 7-12）。标准回归方程为

$$\begin{aligned} Y = &-0.264D_1 - 0.520D_2 - 0.339D_3 - 0.037D_4 - 0.409D_5 + 0.282D_7 \\ &-0.192X_1 + 0.344X_2 + 0.152X_4 - 0.172X_5 + 0.320X_6 - 0.208X_7 \\ &-0.322X_8 + 0.378X_9 - 0.276X_{10} - 0.167X_{11} + 0.029X_{12} + 0.142X_{13} \\ &-0.125X_{14} + 0.384X_{15} + 0.069X_{16} \end{aligned} \quad (7\text{-}4)$$

表 7-12　以上学日学校中高强度身体活动时间为因变量的多元线性阶层回归分析

			阶层一					阶层二				
			非标准化系数		Beta	t	p	非标准化系数		Beta	t	p
			B	标准误				B	标准误			
控制变量		（常数）	98.540	14.001		7.038	0.000	81.942	21.813		3.757	0.002
	D_1	虚拟变量 1	−9.921	5.480	−0.292	−1.810	0.080	−8.953	8.040	−0.264	−1.114	0.282
	D_2	虚拟变量 2	−22.240	6.715	−0.560	−3.312	0.002	−20.676	6.851	−0.520	−3.018	0.008
	D_3	性别	−15.365	4.071	−0.454	−3.774	0.001	−11.468	4.691	−0.339	−2.445	0.026
	D_4	BMI	−0.173	0.721	−0.034	−0.240	0.812	−0.185	0.981	−0.037	−0.188	0.853
	D_5	母亲受教育程度	−5.865	5.930	−0.171	−0.989	0.330	−13.976	8.734	−0.409	−1.600	0.129
	D_7	父亲受教育程度	3.966	5.638	0.117	0.703	0.487	9.544	6.601	0.282	1.446	0.168
个人因素	X_1	个体认知						−3.712	4.265	−0.192	−0.870	0.397
	X_2	习惯技能						6.566	4.396	0.344	1.494	0.155
家庭因素	X_4	家长体育认知						2.526	4.022	0.152	0.628	0.539
	X_5	榜样支持						−2.754	3.340	−0.172	−0.824	0.422
	X_6	信息支持						3.935	3.244	0.320	1.213	0.243
	X_7	情感支持						−3.930	4.099	−0.208	−0.959	0.352
	X_8	资金支持						−4.332	3.300	−0.322	−1.313	0.208
学校因素	X_9	学校硬件设施						6.002	2.284	0.378	2.627	0.018
	X_{10}	体育师资配备						−5.305	3.936	−0.276	−1.348	0.197
	X_{11}	体育与健康课程						−3.426	3.659	−0.167	−0.936	0.363
	X_{12}	学校体育氛围						0.607	3.785	0.029	0.160	0.875
社区因素	X_{13}	社区场地设施						2.871	4.676	0.142	0.614	0.548
	X_{14}	社区体育氛围						−1.941	3.443	−0.125	−0.564	0.581

续表

			阶层一					阶层二				
			非标准化系数		Beta	t	p	非标准化系数		Beta	t	p
			B	标准误				B	标准误			
社区因素	X_{15}	伙伴情谊						6.478	2.776	0.384	2.333	0.033
	X_{16}	建成环境						1.105	3.324	0.069	0.332	0.744
整体模型		F	7.087（0.000）					4.196（0.003）				
		adj R^2	0.497					0.645				
		Δ adj R^2						0.148				

注：虚拟变量 1：4～6 年级对比 2～3 年级；虚拟变量 2：7～8 年级对比 2～3 年级；性别：男=1，女=2；父母受教育程度：受过高等教育=1，未受过高等教育=2；是否为独生子女：是=1，否=2；是否近视：是=1，否=2。F 值括号内为 p 值；Beta 为标准化后的 β 系数。

五、上学日社区中高强度身体活动影响因素的多元回归分析

将儿童青少年的年级、性别、BMI，以及 16 个影响因素同时作为自变量带入回归方程。由表 7-13 可知，所有自变量的容忍值均大于 0.1，方差膨胀因素取值范围为 1.862～9.004，均小于 10，这表明各检验变量之间共线性问题不明显，可以保留；D-W 值为 2.575，接近 2，这表明回归残差序列无自相关性，满足多元线性回归分析的条件。

表 7-13 上学日社区中高强度身体活动时间多元线性回归模型自变量共线性检验（Step 1）

自变量		允差	VIF	自变量		允差	VIF
D_1	虚拟变量 1：4～6 年级	0.415	2.410	X_5	榜样支持	0.239	4.176
D_2	虚拟变量 2：7～8 年级	0.366	2.731	X_6	信息支持	0.191	5.226
D_3	性别	0.518	1.929	X_7	情感支持	0.224	4.464
D_4	BMI	0.308	3.252	X_8	资金支持	0.204	4.909
X_1	个体认知	0.120	8.317	X_9	学校硬件设施	0.496	2.015
X_2	习惯技能	0.210	4.763	X_{10}	体育师资配备	0.166	6.006
X_3	情感体验	0.111	9.004	X_{11}	体育与健康课程	0.331	3.020
X_4	家长体育认知	0.200	5.006	X_{12}	学校体育氛围	0.537	1.862

续表

	自变量	允差	VIF		自变量	允差	VIF
X_{13}	社区场地设施	0.166	6.042	X_{15}	伙伴情谊	0.348	2.878
X_{14}	社区体育氛围	0.213	4.686	X_{16}	建成环境	0.235	4.263

注：虚拟变量 1：4～6 年级对比 2～3 年级；虚拟变量 2：7～8 年级对比 2～3 年级；性别：男=1，女=2；父母受教育程度：受过高等教育=1，未受过高等教育=2；是否为独生子女：是=1，否=2；是否近视：是=1，否=2。F 值括号内为 p 值；Beta 为标准化后的β系数。

从阶层回归分析方程可知，通过阶层一中的控制变量无法显著预测上学日社区中高强度身体活动时间，其 p 值均大于 0.05，调整后 R^2 值为 0.018，可以解释 1.8%的方程变异量。在阶层二同时考虑人口统计学变量和身体活动影响因素时，性别、社区场地设施、社区体育氛围、建成环境对上学日社区中高强度身体活动时间存在显著影响，其β值分别为−0.399（p=0.041）、0.713（p=0.040）、−0.923（p=0.004）、0.745（p=0.012），调整后 R^2 值为 0.263，可以解释 26.3%的方程变异量。与增加身体活动影响因素变量之前相比较，解释的方程变异量提高了 24.5%，但不显著。整体回归方程不显著，部分自变量显著，这表明自变量中可能存在不太相关的因素，其回归系数较低。因为需要了解每个自变量对因变量的影响程度，所以未做进一步删除。这表明儿童青少年身体活动影响因素与上学日社区中高强度身体活动时间之间不存在显著的线性关系（表 7-14）。标准回归方程为

$$\begin{aligned} Y = {} & 0.277D_1 + 0.056D_2 - 0.399D_3 + 0.101D_4 - 0.417X_1 - 0.164X_2 \\ & + 0.284X_3 - 0.137X_4 - 0.149X_5 - 0.179X_6 - 0.290X_7 + 0.279X_8 \\ & - 0.340X_9 - 0.123X_{10} + 0.202X_{11} + 0.352X_{12} + 0.713X_{13} - 0.923X_{14} \\ & - 0.197X_{15} + 0.745X_{16} \end{aligned} \tag{7-5}$$

表 7-14　以上学日社区中高强度身体活动时间为因变量的多元线性阶层回归分析

			阶层一					阶层二				
			非标准化系数		Beta	t	p	非标准化系数		Beta	t	p
			B	标准误				B	标准误			
控制		（常数）	−0.716	11.67		−0.061	0.951	14.794	20.404		0.725	0.476
变量	D_1	虚拟变量 1	6.125	4.100	0.269	1.494	0.143	6.307	4.690	0.277	1.345	0.192

续表

			阶层一					阶层二				
			非标准化系数		Beta	t	p	非标准化系数		Beta	t	p
			B	标准误				B	标准误			
控制变量	D_2	虚拟变量 2	3.814	5.788	0.138	0.659	0.514	1.561	6.054	0.056	0.258	0.799
	D_3	性别	−2.714	3.508	−0.120	−0.774	0.444	−8.991	4.150	−0.399	−2.166	0.041
	D_4	BMI	0.524	0.652	0.150	0.803	0.427	0.353	0.834	0.101	0.424	0.676
个人因素	X_1	个体认知						−5.586	5.116	−0.417	−1.092	0.287
	X_2	习惯技能						−2.127	3.743	−0.164	−0.568	0.576
	X_3	情感体验						2.930	4.097	0.284	0.715	0.482
家庭因素	X_4	家长体育认知						−1.514	3.270	−0.137	−0.463	0.648
	X_5	榜样支持						−1.629	2.970	−0.149	−0.549	0.589
	X_6	信息支持						−1.471	2.489	−0.179	−0.591	0.561
	X_7	情感支持						−3.720	3.592	−0.290	−1.036	0.312
	X_8	资金支持						2.554	2.686	0.279	0.951	0.352
学校因素	X_9	学校硬件设施						−3.646	2.019	−0.340	−1.806	0.085
	X_{10}	体育师资配备						−1.605	4.246	−0.123	−0.378	0.709
	X_{11}	体育与健康课程						2.760	3.148	0.202	0.877	0.390
	X_{12}	学校体育氛围						5.045	2.594	0.352	1.945	0.065
社区因素	X_{13}	社区场地设施						9.374	4.283	0.713	2.189	0.040
	X_{14}	社区体育氛围						−9.447	2.936	−0.923	−3.217	0.004
	X_{15}	伙伴情谊						−2.191	2.501	−0.197	−0.876	0.391
	X_{16}	建成环境						8.185	3.004	0.745	2.725	0.012
整体模型		F	1.190（0.331）					1.747（0.103）				
		adj R^2	0.018					0.263				
		Δ adj R^2						0.245				

注：虚拟变量 1：4 ~ 6 年级对比 2 ~ 3 年级；虚拟变量 2：7 ~ 8 年级对比 2 ~ 3 年级；性别：男=1，女=2；父母受教育程度：受过高等教育=1，未受过高等教育=2；是否为独生子女：是=1，否=2；是否近视：是=1，否=2。F 值括号内为 p 值；Beta 为标准化后的β系数。

六、休息日家庭中高强度身体活动影响因素的多元回归分析

将儿童青少年的年级、性别、BMI 和父母的 BMI、受教育程度，以及 16 个

影响因素同时作为自变量带入回归方程。由表 7-15 可知，母亲受教育程度（VIF=11.567）、个体认知（VIF=22.558）、情感体验（VIF=34.087）、家长体育认知（VIF=10.208）、资金支持（VIF=16.443）、体育师资配备（VIF=14.597）和社区场地设施（VIF=12.477）的方差膨胀因素都大于 10，存在严重共线性问题。本书选择剔除情感体验因素后做进一步回归分析。

表 7-15　休息日家庭中高强度身体活动时间多元线性回归模型自变量共线性检验（Step 1）

自变量		允差	VIF	自变量		允差	VIF
D_1	虚拟变量 1：4～6 年级	0.131	7.643	X_5	榜样支持	0.122	8.222
D_2	虚拟变量 2：7～8 年级	0.261	3.831	X_6	信息支持	0.109	9.162
D_3	性别	0.275	3.639	X_7	情感支持	0.151	6.637
D_4	BMI	0.238	4.196	X_8	资金支持	0.061	16.443
D_5	母亲受教育程度	0.086	11.567	X_9	学校硬件设施	0.269	3.715
D_6	母亲 BMI	0.381	2.624	X_{10}	体育师资配备	0.069	14.597
D_7	父亲受教育程度	0.230	4.348	X_{11}	体育与健康课程	0.187	5.347
D_8	父亲 BMI	0.148	6.777	X_{12}	学校体育氛围	0.195	5.120
X_1	个体认知	0.044	22.558	X_{13}	社区场地设施	0.08	12.477
X_2	习惯技能	0.135	7.416	X_{14}	社区体育氛围	0.106	9.466
X_3	情感体验	0.029	34.087	X_{15}	伙伴情谊	0.265	3.773
X_4	家长体育认知	0.098	10.208	X_{16}	建成环境	0.102	9.822

注：虚拟变量 1：4～6 年级对比 2～3 年级；虚拟变量 2：7～8 年级对比 2～3 年级；性别：男=1，女=2；父母受教育程度：受过高等教育=1，未受过高等教育=2；是否为独生子女：是=1，否=2；是否近视：是=1，否=2。F 值括号内为 p 值；Beta 为标准化后的 β 系数。

从删除情感体验因素后多元线性回归分析的共线性检验可以看出，控制变量和自变量的容忍值均大于 0.1，方差膨胀因素均小于 10，这表明各检验变量之间共线性问题不明显，可以保留；D-W 值为 2.265，接近 2，这表明回归残差序列无自相关性，满足多元线性回归分析的条件（表 7-16）。

表 7-16　休息日家庭中高强度身体活动时间多元线性回归模型自变量共线性检验（Step 2）

自变量		允差	VIF	自变量		允差	VIF
D_1	虚拟变量 1：4～6 年级	0.183	5.476	D_2	虚拟变量 2：7～8 年级	0.271	3.689

续表

	自变量	允差	VIF		自变量	允差	VIF
D_3	性别	0.276	3.629	X_7	情感支持	0.153	6.537
D_4	BMI	0.247	4.053	X_8	资金支持	0.109	9.185
D_5	母亲受教育程度	0.146	6.863	X_9	学校硬件设施	0.368	2.715
D_6	母亲 BMI	0.384	2.607	X_{10}	体育师资配备	0.202	4.950
D_7	父亲受教育程度	0.245	4.077	X_{11}	体育与健康课程	0.276	3.618
D_8	父亲 BMI	0.217	4.607	X_{12}	学校体育氛围	0.201	4.975
X_1	个体认知	0.174	5.745	X_{13}	社区场地设施	0.11	9.087
X_2	习惯技能	0.146	6.865	X_{14}	社区体育氛围	0.18	5.544
X_4	家长体育认知	0.100	9.985	X_{15}	伙伴情谊	0.334	2.991
X_5	榜样支持	0.214	4.672	X_{16}	建成环境	0.161	6.206
X_6	信息支持	0.132	7.593				

注：虚拟变量 1：4～6 年级对比 2～3 年级；虚拟变量 2：7～8 年级对比 2～3 年级；性别：男=1，女=2；父母受教育程度：受过高等教育=1，未受过高等教育=2；是否为独生子女：是=1，否=2；是否近视：是=1，否=2。F 值括号内为 p 值；Beta 为标准化后的β系数。

从阶层回归分析方程可知，在阶层一中，年级是休息日家庭中高强度身体活动时间的主要预测源，以 2～3 年级为参照组，4～6 年级的β值为−0.555（p=0.004），7～8 年级的β值为−0.874（p=0.000），调整后 R^2 值为 0.504，可以解释 50.4%的方程变异量。在阶层二中，同时考虑人口统计学变量和身体活动影响因素时，年级、母亲受教育程度、母亲 BMI、父亲 BMI、家长体育认知、资金支持、学校硬件设施、学校体育氛围、伙伴情谊对休息日家庭中高强度身体活动时间存在显著影响，以 2～3 年级为参照组，7～8 年级的β值为−0.613（p=0.004），其余β值依次为−0.647（p=0.016）、0.435（p=0.010）、−0.734（p=0.002）、0.675（p=0.031）、−0.920（p=0.005）、0.658（p=0.001）、0.708（p=0.004）、0.591（p=0.002），调整后 R^2 值为 0.745，可以解释 74.5%的方程变异量。与增加身体活动影响因素变量之前相比较，解释的方程变异量提高了 24.1%并高度显著。这表明回归效果好，儿童青少年身体活动影响因素与休息日家庭中高强度身体活动时间之间存在较强的线性关系（表 7-17）。标准回归方程为

$$
\begin{aligned}
Y = &-0.258D_1 - 0.613D_2 + 0.243D_3 + 0.040D_4 - 0.647D_5 + 0.435D_6 \\
&+ 0.251D_7 - 0.734D_8 - 0.333X_1 + 0.223X_2 + 0.675X_4 + 0.276X_5 \\
&+ 0.414X_6 - 0.125X_7 - 0.920X_8 + 0.658X_9 - 0.291X_{10} - 0.306X_{11} \\
&+ 0.708X_{12} - 0.493X_{13} - 0.192X_{14} + 0.591X_{15} - 0.196X_{16}
\end{aligned} \tag{7-6}
$$

表 7-17　以休息日家庭中高强度身体活动时间为因变量的多元线性阶层回归分析

			阶层一					阶层二				
			非标准化系数		Beta	t	p	非标准化系数		Beta	t	p
			B	标准误				B	标准误			
		（常数）	82.709	60.884		1.358	0.186	131.197	91.453		1.435	0.179
控制变量	D_1	虚拟变量 1	−43.370	13.558	−0.555	−3.199	0.004	−20.173	15.841	−0.258	−1.274	0.229
	D_2	虚拟变量 2	−76.584	15.703	−0.874	−4.877	0.000	−53.734	14.573	−0.613	−3.687	0.004
	D_3	性别	−14.058	9.774	−0.183	−1.438	0.162	18.669	12.680	0.243	1.472	0.169
	D_4	BMI	3.295	1.899	0.297	1.735	0.095	0.440	1.936	0.040	0.227	0.824
	D_5	母亲受教育程度	11.796	13.855	0.149	0.851	0.402	−51.265	17.980	−0.647	−2.851	0.016
	D_6	母亲 BMI	3.551	2.296	0.223	1.546	0.134	6.941	2.230	0.435	3.113	0.010
	D_7	父亲受教育程度	−17.891	13.299	−0.231	−1.345	0.190	19.422	13.530	0.251	1.435	0.179
	D_8	父亲 BMI	−3.164	2.131	−0.218	−1.485	0.150	−10.674	2.700	−0.734	−3.953	0.002
个人因素	X_1	个体认知						−14.091	8.778	−0.333	−1.605	0.137
	X_2	习惯技能						10.072	10.251	0.223	0.983	0.347
家庭因素	X_4	家长体育认知						25.796	10.449	0.675	2.469	0.031
	X_5	榜样支持						10.014	6.779	0.276	1.477	0.168
	X_6	信息支持						11.762	6.782	0.414	1.734	0.111
	X_7	情感支持						−5.441	9.601	−0.125	−0.567	0.582
	X_8	资金支持						−27.688	7.899	−0.920	−3.505	0.005
学校因素	X_9	学校硬件设施						23.649	5.125	0.658	4.615	0.001
	X_{10}	体育师资配备						−13.942	9.224	−0.291	−1.512	0.159
	X_{11}	体育与健康课程						−15.582	8.387	−0.306	−1.858	0.090
	X_{12}	学校体育氛围						33.966	9.258	0.708	3.669	0.004

续表

			阶层一					阶层二				
			非标准化系数		Beta	t	p	非标准化系数		Beta	t	p
			B	标准误				B	标准误			
社区因素	X_{13}	社区场地设施						−23.777	12.596	−0.493	−1.888	0.086
	X_{14}	社区体育氛围						−6.946	7.363	−0.192	−0.943	0.366
	X_{15}	伙伴情谊						23.007	5.828	0.591	3.948	0.002
	X_{16}	建成环境						−7.525	8.297	−0.196	−0.907	0.384
整体模型	F		5.314（0.001）					5.325（0.003）				
	adj R^2		0.504					0.745				
	Δ adj R^2							0.241				

注：虚拟变量 1：4 ~ 6 年级对比 2 ~ 3 年级；虚拟变量 2：7 ~ 8 年级对比 2 ~ 3 年级；性别：男=1，女=2；父母受教育程度：受过高等教育=1，未受过高等教育=2；是否为独生子女：是=1，否=2；是否近视：是=1，否=2。F 值括号内为 p 值；Beta 为标准化后的 β 系数。

七、休息日社区中高强度身体活动影响因素的多元回归分析

将儿童青少年的年级、性别、BMI，以及 16 个影响因素同时作为自变量带入回归方程。由表 7-18 可知，所有自变量的容忍值均大于 0.1，方差膨胀因素取值范围为 1.862 ~ 9.004，均小于 10，这表明各检验变量之间共线性问题不明显，可以保留；D-W 值为 2.314，接近 2，这表明回归残差序列无自相关，满足多元线性回归分析的条件。

表 7-18　休息日社区中高强度身体活动时间多元线性回归模型自变量共线性检验（Step 1）

自变量		允差	VIF	自变量		允差	VIF
D_1	虚拟变量 1：4 ~ 6 年级	0.415	2.410	X_5	榜样支持	0.239	4.176
D_2	虚拟变量 2：7 ~ 8 年级	0.366	2.731	X_6	信息支持	0.191	5.226
D_3	性别	0.518	1.929	X_7	情感支持	0.224	4.464
D_4	BMI	0.308	3.252	X_8	资金支持	0.204	4.909
X_1	个体认知	0.120	8.317	X_9	学校硬件设施	0.496	2.015
X_2	习惯技能	0.210	4.763	X_{10}	体育师资配备	0.166	6.006
X_3	情感体验	0.111	9.004	X_{11}	体育与健康课程	0.331	3.020
X_4	家长体育认知	0.200	5.006	X_{12}	学校体育氛围	0.537	1.862

续表

自变量		允差	VIF	自变量		允差	VIF
X_{13}	社区场地设施	0.166	6.042	X_{15}	伙伴情谊	0.348	2.878
X_{14}	社区体育氛围	0.213	4.686	X_{16}	建成环境	0.235	4.263

注：虚拟变量 1：4～6 年级对比 2～3 年级；虚拟变量 2：7～8 年级对比 2～3 年级；性别：男=1，女=2；父母受教育程度：受过高等教育=1，未受过高等教育=2；是否为独生子女：是=1，否=2；是否近视：是=1，否=2。F 值括号内为 p 值；Beta 为标准化后的 β 系数。

从阶层回归分析方程可知，在阶层一中，控制变量均无法显著预测休息日社区中高强度身体活动时间，其 p 值均大于 0.05，调整后 R^2 值为 0.005，可以解释 0.5%的方程变异量。在阶层二中，同时考虑人口统计学变量和身体活动影响因素时，家长体育认知、情感支持、学校硬件设施对休息日社区中高强度身体活动时间存在显著影响，其 β 值分别为 0.603（p=0.040）、0.552（p=0.046）、−0.497（p=0.010），调整后 R^2 值为 0.357，可以解释 35.7%的方程变异量。与增加身体活动影响因素变量之前相比较，解释的方程变异量提高了 35.2%并高度显著。这表明回归效果好，儿童青少年身体活动影响因素与休息日社区中高强度身体活动时间之间存在较强的线性关系（表 7-19）。标准回归方程为

$$
\begin{aligned}
Y = & -0.237D_1 - 0.326D_2 - 0.030D_3 + 0.452D_4 - 0.252X_1 + 0.101X_2 \\
& + 0.147X_3 + 0.603X_4 - 0.397X_5 + 0.163X_6 + 0.552X_7 - 0.468X_8 \\
& - 0.497X_9 + 0.381X_{10} - 0.006X_{11} - 0.012X_{12} - 0.198X_{13} + 0.075X_{14} \\
& - 0.300X_{15} + 0.190X_{16}
\end{aligned}
\qquad (7\text{-}7)
$$

表 7-19　以休息日社区中高强度身体活动时间为因变量的多元线性阶层回归分析

			阶层一					阶层二				
			非标准化系数		Beta	t	p	非标准化系数		Beta	t	p
			B	标准误				B	标准误			
		（常数）	11.595	28.824		0.402	0.690	−53.389	46.746		−1.142	0.266
控制变量	D_1	虚拟变量 1	−11.788	10.127	−0.211	−1.164	0.252	−13.284	10.745	−0.237	−1.236	0.229
	D_2	虚拟变量 2	−22.464	14.295	−0.331	−1.572	0.124	−22.107	13.869	−0.326	−1.594	0.125
	D_3	性别	−7.600	8.665	−0.137	−0.877	0.386	−1.658	9.508	−0.030	−0.174	0.863
	D_4	BMI	1.928	1.609	0.225	1.198	0.238	3.866	1.910	0.452	2.024	0.055

续表

			阶层一					阶层二				
			非标准化系数		Beta	t	p	非标准化系数		Beta	t	p
			B	标准误				B	标准误			
个人因素	X_1	个体认知						−8.271	11.721	−0.252	−0.706	0.488
	X_2	习惯技能						3.214	8.575	0.101	0.375	0.711
	X_3	情感体验						3.721	9.385	0.147	0.397	0.696
家庭因素	X_4	家长体育认知						16.325	7.492	0.603	2.179	0.040
	X_5	榜样支持						−10.675	6.804	−0.397	−1.569	0.131
	X_6	信息支持						3.277	5.703	0.163	0.575	0.571
	X_7	情感支持						17.385	8.229	0.552	2.113	0.046
	X_8	资金支持						−10.498	6.153	−0.468	−1.706	0.102
学校因素	X_9	学校硬件设施						−13.095	4.625	−0.497	−2.831	0.010
	X_{10}	体育师资配备						12.211	9.728	0.381	1.255	0.223
	X_{11}	体育与健康课程						−0.213	7.211	−0.006	−0.030	0.977
	X_{12}	学校体育氛围						−0.407	5.943	−0.012	−0.068	0.946
社区因素	X_{13}	社区场地设施						−6.373	9.813	−0.198	−0.649	0.523
	X_{14}	社区体育氛围						1.882	6.727	0.075	0.280	0.782
	X_{15}	伙伴情谊						−8.194	5.731	−0.300	−1.430	0.167
	X_{16}	建成环境						5.109	6.882	0.190	0.742	0.466
整体模型		F	1.049（0.395）					2.166（0.041）				
		adj R^2	0.005					0.357				
		Δ adj R^2						0.352				

注：虚拟变量 1：4～6 年级对比 2～3 年级；虚拟变量 2：7～8 年级对比 2～3 年级；性别：男=1，女=2；父母受教育程度：受过高等教育=1，未受过高等教育=2；是否为独生子女：是=1，否=2；是否近视：是=1，否=2。F 值括号内为 p 值；Beta 为标准化后的 β 系数。

第三节　结果与讨论

本章围绕次维身体活动水平（上学日中高强度身体活动和休息日中高强度身

体活动）及低维身体活动水平（上学日家庭中高强度身体活动、上学日学校中高强度身体活动、上学日社区中高强度身体活动、休息日家庭中高强度身体活动、休息日社区中高强度身体活动），展开了影响因素作用机制的多元回归分析。

一、上学日中高强度身体活动的关键性影响因素及其作用机制

上学日中高强度身体活动是指单个学期中周一至周五时间内儿童青少年中高强度身体活动加总时间的单日平均值。由表 7-3 可知，多元回归模型调整后 R^2 值为 0.747，这表明该方程较高程度地拟合了现实状况。从模型中可以看出，学校硬件设施、体育师资配备、伙伴情谊是预测上学日中高强度身体活动的 3 个重要显著性影响因素（图 7-1）。其中，学校硬件设施与伙伴情谊的 Beta 值为正值，而体育师资配备的 Beta 值为负值，这表明学校硬件设施与伙伴情谊是产生上学日中高强度身体活动的重要原因，学校体育设施是上学日学生进行体育锻炼、开展身体活动的重要场合，且学校体育设施越健全越能够吸引学生积极主动地参与体育锻炼；伙伴情谊在学校场域下转变成为学生共同参与体育锻炼、进行身体活动的同学情谊，产生大量琐碎的身体活动。此外，处于义务教育阶段的学生的居住地与学校的距离普遍较近，且存在大量学生居住同一小区或相连社区的现实情况，因此校内同学与校外伙伴的角色转换大概率指向同一批孩子，这也是伙伴情谊在上学日整体发挥作用的一个关键点。

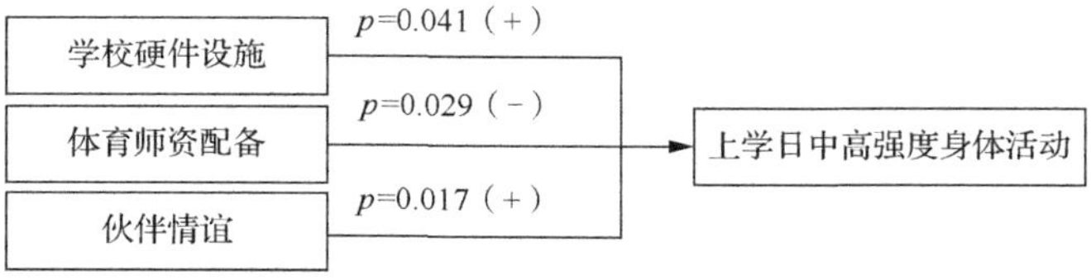

图 7-1　上学日中高强度身体活动影响机制的多元回归示意图

其中，体育师资配备与上学日中高强度身体活动产生了负向关系。作者认为可能存在以下解释空间，即在中考考试制度导向下，体育师资配备存在明显的考试导向转变，师资水平越高越会在体育课堂中施加大量的超负荷运动训练，且学

生年级越高这种关系越明显。这种以考试为导向的教学训练手段，往往能够在短期内提高运动成绩，但是会造成学生在课间或课后放弃更多的自觉性中高强度身体活动，对原本有助推效应的学校体育设施及伙伴情谊都产生了负向作用，对上学日学校其他时间阶段（除体育与健康课程外）的中高强度身体活动，以及上学日家庭中高强度身体活动、上学日社区中高强度身体活动发生了挤占效应。

二、休息日中高强度身体活动的关键性影响因素及其作用机制

休息日中高强度身体活动是指单个学期中周六至周日时间内儿童青少年中高强度身体活动加总时间的单日平均值。由表 7-6 可知，多元回归模型调整后 R^2 值为 0.732，这表明该方程较高程度地拟合了现实状况。从模型中可以看出，家长体育认知、资金支持是能够预测休息日中高强度身体活动的 2 个重要显著性影响因素（图 7-2）。其中，家长体育认知是正向影响因素，而资金支持则是负向影响因素。这表明家长体育认知在学校影响力量相对淡薄的周末时间内（上学日中家庭维度影响因素均未出现，这表明家庭影响力被学校力量所压制，对于子女行为无法产生明显的影响），对培养子女体育兴趣、提高儿童青少年体育锻炼动机有重要的作用。但是，资金支持呈现出负向影响的作用，作者认为可能的解释是：得到资金支持更多的儿童青少年本身往往参与身体活动较少，家长倾向采用报培训班的方式促使其进行身体锻炼或身体活动，因此表现为资金支持程度越高，子女的休息日身体活动水平越低的趋势。

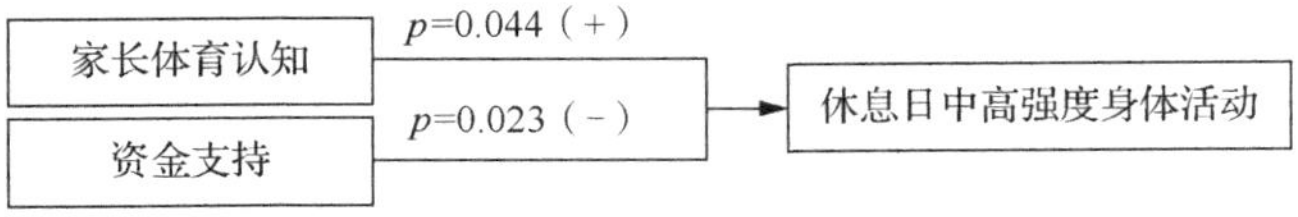

图 7-2　休息日中高强度身体活动影响机制的多元回归示意图

三、上学日学校中高强度身体活动的关键影响因素及其作用机制

上学日学校中高强度身体活动是指单个学期中周一至周五时间内儿童青少年

自早晨进入学校开始，直至下午最后一节课结束离开学校（放学后自由活动的时间不计算在内），产生的中高强度身体活动加总时间的单日平均值。从实际身体活动的发生数据来看，上学日学校中高强度身体活动平均时间为61.79分钟/天，在5个中高强度身体活动类型中占29%，是中高强度身体活动的主要组成部分。

由表7-12可知，多元回归模型调整后R^2值为0.645，这表明该方程较高程度地拟合了现实状况。从模型中可以看出，上学日学校中高强度身体活动受到学校硬件设施和伙伴情谊的影响最为深刻，且两个因素均为正向影响（图7-3）。图7-1中的体育师资配备对于上学日儿童青少年中高强度身体活动的负向影响不再显著，这表明体育师资配备对上学日3个场域综合的儿童青少年中高强度身体活动产生负向影响，而对上学日学校情景下儿童青少年身体活动不产生显著影响。与伙伴情谊密切相关的大课间与小课间的体育游戏、步行、跑步等都是影响上学日学校中高强度身体活动的重要因素。因此，作者认为加强学校体育硬件设施、引导培育学生之间对身体活动的互动参与是促进上学日学校中高强度身体活动发展的关键性影响因素。同时，学校体育教师应当避免体育与健康课程中的教学唯考试论倾向，有效控制课堂教学的强度与密度，在保证基本身体活动水平的前提下，积极引导学生科学地认知体育、形成终身体育习惯、培养体育锻炼兴趣、掌握体育锻炼基本技能，降低过于繁重的课堂教学任务对上学日学校场域下中高强度身体活动的不良影响，将更多训练任务布置于放学之后的上学日家庭和上学日社区场域。

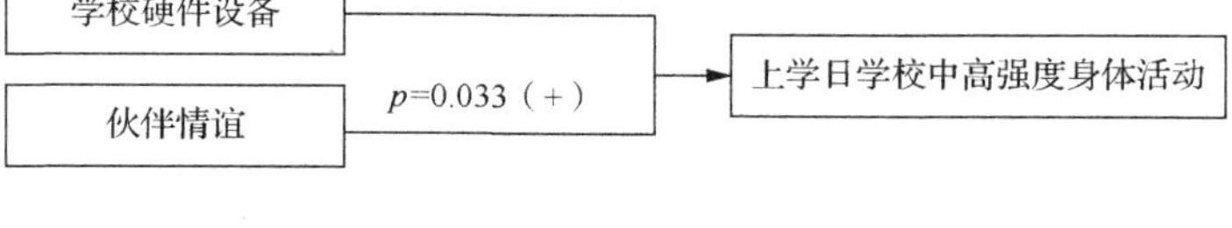

图7-3　上学日学校中高强度身体活动影响机制的多元回归示意图

四、上学日家庭中高强度身体活动的关键性影响因素及其作用机制

上学日家庭中高强度身体活动是指单个学期内周一至周五时间内儿童青少年在父母直接影响、陪同、监督下或者在家庭户内产生的中高强度身体活动加总时

间的单日平均值。从实际身体活动的发生数据来看，上学日家庭中高强度身体活动平均时间为 47.87 分钟/天，在 5 个中高强度身体活动类型中占 23%，仅次于上学日学校中高强度身体活动平均时间。

由表 7-9 可知，多元回归模型调整后 R^2 值为 0.819，这表明该方程较高程度地拟合了现实状况。从模型中可以看出，学校硬件设施、体育与健康课程、伙伴情谊和建成环境是影响上学日家庭中高强度身体活动的关键性影响因素(图 7-4)。其中，学校硬件设施和伙伴情谊依然表现出了高稳健特征，对上学日家庭中高强度身体活动同样具有正向影响，而体育与健康课程与建成环境对上学日家庭中高强度身体活动具有负向影响。

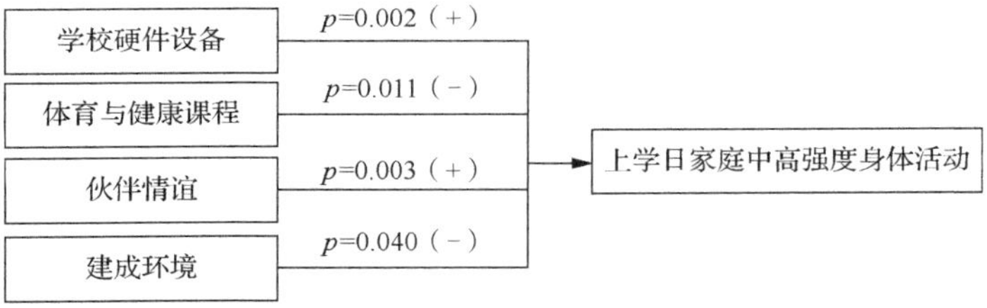

图 7-4 上学日家庭中高强度身体活动影响机制的多元回归示意图

体育与健康课程与上学日家庭中高强度身体活动负向关系的产生和中考导向下的体育课堂教学安排有关。随着学段发展，中考考试的影响越来越明显，体育课程中安排高强度的专项训练也越来越频繁。但是，研究结果显示，课上教学训练效果越明显、强度和密度越突出，越容易导致儿童青少年放学后没有精力和意愿进行身体活动，因此其在父母监督、陪护下的上学日家庭中高强度身体活动减少。建成环境与上学日家庭中高强度身体活动的负向关系体现出了上学日社区对上学日家庭中高强度身体活动的挤占效应。根据第四章中的内容，建成环境包含了儿童青少年居住环境的友好性、健身场地便利性和安全性。因此，理想的建成环境往往会使家长放心让儿童青少年（尤其是高年级的小学生及初中生）放学之后独自开展体育锻炼活动，从而使家长陪同、监督的行为逐步淡化弱化，产生了上学日家庭中高强度身体活动下降、上学日社区中高强度身体活动上升的表象，表现出了典型的负向影响关系。

五、上学日社区中高强度身体活动的关键性影响因素及其作用机制

上学日社区中高强度身体活动是指单个学期内周一至周五时间内儿童青少年上学前和放学后在不受父母直接影响、陪同、监督的情况下，在家庭以外自发、自主产生的中高强度身体活动加总时间的单日平均值。从实际身体活动的发生数据来看，上学日社区中高强度身体活动平均时间为 7.43min/d，在 5 个中高强度身体活动类型中占 4%，是中高强度身体活动中占比最少的部分。换而言之，这部分中高强度身体活动是儿童青少年放学后在不受父母监督、不受学校约束的情况下进行的身体活动，但在现实中因各种原因而被极大限制，因为社会与家庭对儿童青少年独自前往社区进行体育锻炼基本持不鼓励、不支持的中立或消极态度。

由表 7-14 可知，该多元回归模型调整后 R^2 值仅为 0.263，这表明本书涉及的影响因素仅能够部分解释上学日社区中高强度身体活动，仍有部分与社区有关的影响因素未被考虑，需要未来进一步推进研究向纵深发展。从具有显著性的影响因素来看，社区体育设施、社区体育氛围和建成环境是当前研究能够确定的关键性影响因素（图 7-5）。社区体育设施和建成环境是正向影响因素。其中，社区体育设施越健全，越能够吸引儿童青少年前往社区参与体育锻炼；而建成环境越安全便利，则父母越不用担心子女安全，可以减少监督或陪同的时间、降低监督或陪同的频率，让孩子自觉、自发地进行锻炼活动。另外，社区体育氛围对儿童青少年中高强度身体活动表现出负向影响。通过访谈，作者认为社区体育氛围的优劣更多体现在成年人群体的身体活动中，越是良好的体育文化氛围越能吸引更多人的关注，成年人群体是支撑社区体育的重要力量。但成年人的运动激情无疑对儿童青少年群体的体育锻炼活动产生了挤占效应，儿童青少年在缺乏父母支持的情况下，很难在体育氛围良好的社区中获得体育场地和场馆资源。

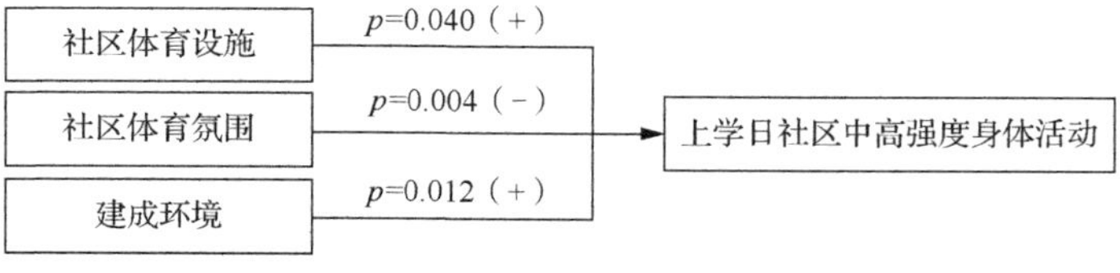

图 7-5　上学日社区中高强度身体活动影响机制的回归示意图

六、休息日家庭中高强度身体活动的关键性影响因素及其作用机制

休息日家庭中高强度身体活动是指单个学期内周六至周日时间内儿童青少年在父母直接影响、陪同、监督下或者在家庭户内产生的中高强度身体活动加总时间的单日平均值。从实际身体活动的发生数据来看，休息日家庭中高强度身体活动平均时间为 70.44min/d，在 5 个中高强度身体活动类型中占 33%，是身体活动最主要的组成部分。例如，母亲陪同子女参加体育培训班、子女与父母一同逛街散步等。

由表 7-17 可知，该多元回归模型调整后 R^2 值为 0.745，这表明该方程较高程度地拟合了现实状况。从模型可以看出，家长体育认知、资金支持、学校硬件设施、学校体育氛围和伙伴情谊 5 个关键性影响因素会对上学日家庭中高强度身体活动产生影响（图 7-6）。其中，家长体育认知、学校硬件设施、学校体育氛围和伙伴情谊是正向影响因素；而资金支持则是负向影响因素。

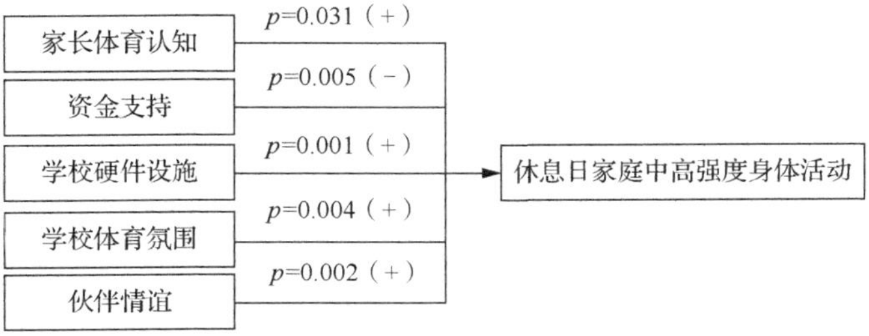

图 7-6　休息日家庭中高强度身体活动影响机制的回归示意图

在家庭因素中，家长体育认知可以体现家长对体育的认识程度，可以促进休息日家庭身体活动，父母体育认知越积极，越能够促进儿童青少年身体活动发展，从而为儿童青少年锻炼提供最根本的意识保障。资金支持与儿童青少年中高强度身体活动呈现出负向影响关系。研究者在前期访谈中发现，对于青少年群体而言，金钱方面的花费多半产生于由他们自己按照喜好独立完成体育用品或者服务的消费的过程中，此类青少年具有独立性强、自发锻炼行为概率高的特点，相对不需要父母的陪伴与监督，这会使部分休息日家庭中高强度身体活动时间下降，从而

产生负向影响关系。

通过访谈发现，中小学阶段的儿童青少年群体在休息日中更倾向于在父母的陪同下回到学校的开放体育场地与同学一起进行课外体育锻炼与培训。社区内部或社区附近的体育场地设施不适合儿童青少年使用或大概率被成年人占用，同时用于儿童青少年专门开展体育竞赛活动的社区体育场地相对很少，且综合性、公立性的体育中心往往距离儿童青少年居住地较远，出行不便。因此，学校因素中的学校硬件设施、学校体育氛围、伙伴情谊不仅会对上学日身体活动产生积极影响，还会对休息日家庭身体活动产生积极影响。

七、休息日社区中高强度身体活动的关键性影响因素及其作用机制

休息日社区中高强度身体活动是指单个学期内周六至周日时间内儿童青少年在不受父母直接影响、陪同、监督的情况下，在家庭以外自发、自主产生的中高强度身体活动加总时间的单日平均值。从实际身体活动的发生数据来看，休息日社区中高强度身体活动总体时间为 23.07min/d，在 5 个中高强度身体活动类型中占 11%，是中高强度身体活动中占比较小的部分。例如，儿童青少年与同伴一同前往小区的广场或者空地进行游戏或锻炼、一起参加体育兴趣班等。

由表 7-19 可知，该多元回归模型调整后 R^2 值仅为 0.357，这表明该方程能够在一定程度上拟合现实状况。从模型中可以看出，家长体育认知、情感支持和学校硬件设施 3 个关键性影响因素会对休息日社区中高强度身体活动产生影响（图 7-7）。其中，家长体育认知和情感支持对休息日社区中高强度身体活动产生了积极的影响。家长对体育的认知能够让儿童青少年在认知层面了解、把握体育锻炼、身体健康的价值与功能；而情感支持则是指父母在子女进行家务劳动、体育锻炼时进行情感、情绪层面的正向激励。学校硬件设施对儿童青少年中高强度身体活动产生了消极的影响，作者认为学校硬件设施越健全，越容易吸引儿童青少年在周中参与体育锻炼，促使学生将闲暇时间安排得更为多元化，使其倾向将运动时间从周末转移到周中，从而减少了休息日社区中高强度身体活动的时间。

综上所述，本章通过小样本横截面数据进行了多元回归分析，从原本质性分

析得出的 16 个影响因素中进一步凝练出 11 个高稳健的关键性影响因素，分别是家庭维度下的家长体育认知、情感支持和资金支持；学校维度下的学校硬件设施、体育与健康课程、体育师资配备、学校体育氛围，以及社区维度下的社区场地设施、社区体育氛围、伙伴情谊和建成环境。另外，影响因素中还包括了年级、性别、BMI、是否为独生子女、母亲受教育程度、母亲 BMI、父亲 BMI 7 个控制变量。儿童青少年身体活动影响因素对中高强度身体活动时间的多元线性回归分析示意图（图 7-8），直观展示了能够显著预测因变量的关键性影响因素。

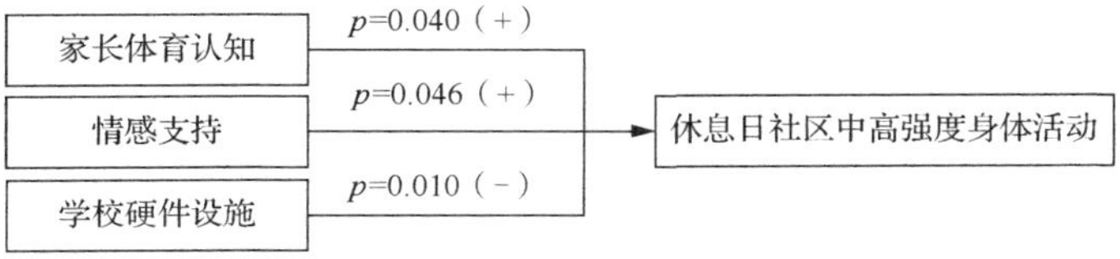

图 7-7　休息日社区中高强度身体活动影响机制的回归示意图

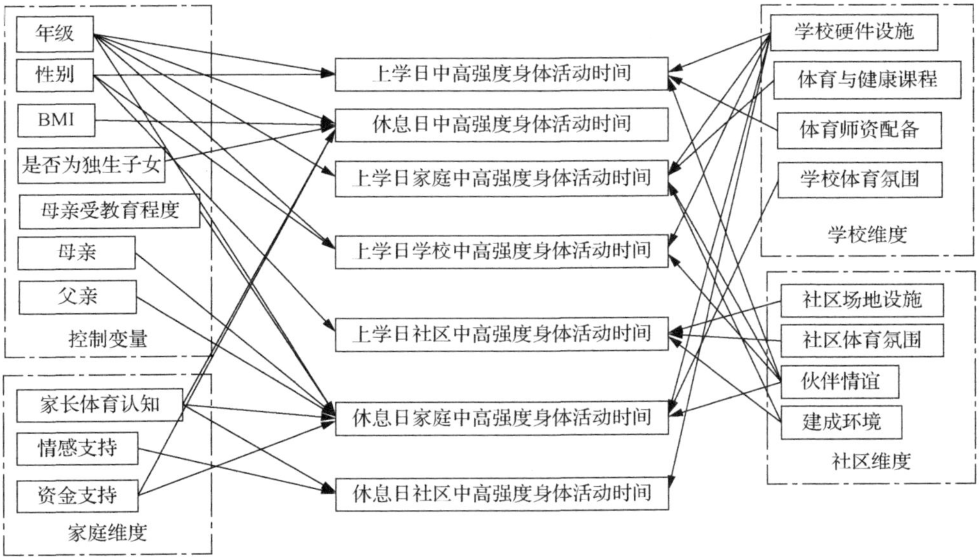

图 7-8　儿童青少年身体活动影响因素对中高强度身体活动时间的多元线性回归分析示意图

这 11 个关键性影响因素分别对应 5 类低维时空场域中高强度身体活动和 2 类次维度中高强度身体活动（上学日中高强度身体活动、休息日中高强度身体活动）。部分影响因素会同时对若干场域产生影响，如家长体育认知、学校硬件设施和伙伴情谊；部分影响因素仅会同时对两个场域加以影响，如资金支持和建成环境；部分影响因素只对一个场域产生影响，如情感支持、体育与健康课程、体育师资配备、学校体育氛围、社区场地设施和社区体育氛围。

第八章

我国儿童青少年身体活动的影响作用机制

作者在第三章中基于场动力理论整合国际文献的复杂理论视角，形成儿童青少年身体活动“家校社三不脱离模型”初步构想，并在第四章中依照设想方向展开扎根理论分析，完成儿童青少年身体活动“家校社三不脱离模型”构建。继而在第五章至第七章中循序渐进，基于“家校社三不脱离模型”开展一系列量化分析与探索，分别在上学日学校、上学日家庭、上学日社区、休息日家庭、休息日社区、上学日和休息日 7 个既相互连接又存在区别的时空场域内找到 11 个关键性影响因素，以及它们各自对不同场域中高强度身体活动的影响关系，形成 7 个多元回归模型。11 个关键性影响因素与 7 个时空场域中高强度身体活动的量化关系就是“家校社三不脱离模型”在量化研究层面的具体体现。基于上述研究，作者试图结合现实访谈素材，从 5 个低维模型中归纳出符合我国国情的影响作用机制，阐释当前我国家庭、学校、社区三大场域内儿童青少年身体活动发生的现实规律与潜在机制，从现实规律和潜在机制中找到未来改善我国儿童青少年身体活动的场域空间、可行时间与关键性影响因素，为相关研究提供指引。

第一节　基于结论的“家校社三不脱离模型”重构与关键性影响因素概述

一、“家校社三不脱离模型”关键性影响因素的修订

“家校社三不脱离模型”是基于场动力理论逻辑起点，通过扎根理论构建的基

本理论模型，其核心内涵是“家庭、学校、社区及个人诸多内外部影响因素会对儿童青少年身体活动产生影响”。但是“家校社三不脱离模型”是通过质性分析所得的结果，主观成分相对较高，且诸多影响因素虽然深受大众认同且易被感知，但是存在误差可能，因此可通过量化检验做进一步论证。例如，通过实证分析发现个人维度下的影响因素与 7 个次维、低维中高强度身体活动均不存在显著性关系，与大众观念存在明显偏差。作者认为这很可能是因为我国中小学生在生活学习过程中被学校、家庭力量影响，自身认知、情感等并不是决定自身行为的关键因素。本书通过量化分析，在质性分析基础上进一步筛选出 11 个高稳健的关键性影响因素。按照“家校社三不脱离模型”的理论初衷，儿童青少年身体活动不能脱离家庭、学校和社区维度而单独存在。结合 11 个关键性影响因素，作者对“家校社三不脱离模型”做了进一步修订，并对第四章中构建的“家校社三不脱离模型”（图 4-3）进行调整，如图 8-1 所示。

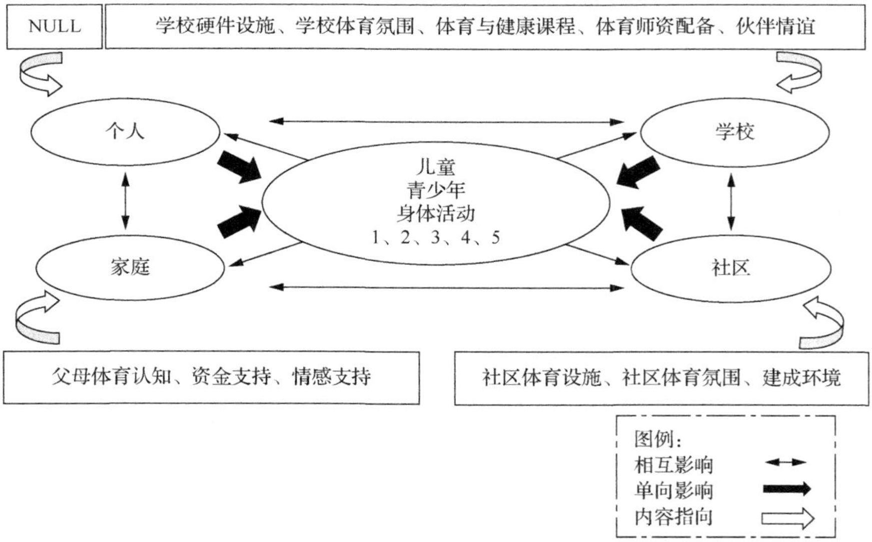

图 8-1　基于多元回归的“家校社三不脱离模型”修订

其中，需要重点说明的是伙伴情谊，在理论设计之初作者根据文献将伙伴情谊归纳到社区维度，但是随着访谈的推进及量化研究的深入，研究发现伙伴情谊在我国儿童青少年群体中集中体现的是同学情谊，并且在各时空场域下均发挥重要作用，因此作者将伙伴情谊归纳调整至学校维度。

二、修订版“家校社三不脱离模型”关键性影响因素的归纳

作者在第三章中基于实证研究需要，提出儿童青少年影响因素与身体活动水平量化关系的初步设想（图 3-7），笼统包含我国儿童青少年身体活动的各类现实规律与潜在机制，只是因缺乏实证论证而无法深刻体现。基于多元回归分析，本章对修订后的“家校社三不脱离模型”进行进一步的影响因素归纳，共产生 22 个关键性影响因素（表 8-1），分布在家庭、学校、社区 3 个基本场域中，其中 12 个因素呈现正向影响、5 个因素呈现负向影响。实际上，从最初模糊化、笼统化的质性分析到相对比较明确的量化研究过程，经历了大量模型调试，但只是将我国儿童青少年身体活动影响机制中的一部分影响因素提炼出来。未来，随着样本量逐步增多，更多关于关键性影响因素与身体活动水平，以及关键性影响因素之间潜在的影响关系将浮出水面，我国儿童青少年身体活动影响机制的理论“黑箱”也将被进一步打开。当前，作者仅能够对 22 个关键性影响因素进行综合比较，结合访谈和调研过程中的现实情况，在当前研究的基础条件下归纳、推测我国儿童青少年身体活动的基本影响机制。

表 8-1　儿童青少年身体活动影响机制中的关键性影响因素

序号	关键性影响因素	不同时空场域的中高强度身体活动行为	场域	方向
1	学校硬件设施	上学日学校中高强度身体活动行为	学校	正向
		上学日家庭中高强度身体活动行为	家庭	正向
		休息日家庭中高强度身体活动行为	家庭	正向
		休息日社区中高强度身体活动行为	社区	负向
		上学日中高强度身体活动行为（不作为重点）	未分	正向
2	伙伴情谊	上学日学校中高强度身体活动行为	学校	正向
		上学日家庭中高强度身体活动行为	家庭	正向
		休息日家庭中高强度身体活动行为	家庭	正向
		上学日中高强度身体活动行为（不作为重点）	未分	正向
3	学校体育氛围	休息日家庭中高强度身体活动行为	家庭	正向

续表

序号	关键性影响因素	不同时空场域的中高强度身体活动行为	场域	方向
4	体育与健康课程	上学日家庭中高强度身体活动行为	家庭	负向
5	体育师资配备	上学日中高强度身体活动行为（不作为重点）	未分	负向
6	家长体育认知	休息日家庭中高强度身体活动行为	家庭	正向
		休息日社区中高强度身体活动行为	社区	正向
		休息日中高强度身体活动行为（不作为重点）	未分	正向
7	资金支持	休息日家庭中高强度身体活动行为	家庭	负向
		休息日中高强度身体活动行为（不作为重点）	未分	负向
8	情感支持	休息日社区中高强度身体活动行为	社区	正向
9	社区体育设施	上学日社区中高强度身体活动行为	社区	正向
10	社区体育氛围	上学日社区中高强度身体活动行为	社区	负向
11	建成环境	上学日家庭中高强度身体活动行为	家庭	负向
		上学日社区中高强度身体活动行为	社区	正向

三、修订版“家校社三不脱离模型”关键性影响因素的角色定位

（一）学校场域下的关键性影响因素对儿童青少年身体活动行为产生主导性作用

学校场域下的 4 个影响因素全部具有显著性，包括学校硬件设施、伙伴情谊（同学情谊）、学校体育氛围、体育与健康课程。其中，学校硬件设施能影响 4 个时空场域，伙伴情谊能影响 3 个时空场域，对儿童青少年家庭和社区中高强度身体活动都具有明显推动效果，发挥着主导性作用。

1. 学校硬件设施是儿童青少年身体活动的核心物质基础

回归分析发现，学校硬件设施在 4 个时空场域中都起到正向影响的显著作用，这说明学校硬件设施是儿童青少年身体活动的重要基础，且不存在上学日和休息日的明显区别。第五次全国体育场地普查数据显示，截至 2003 年 12 月 31 日，全国各级各类学校共有 558044 个体育场地，占全国体育场地总数的 65.5%；第六次全国体育场地普查数据显示，教育系统管理的体育场地面积占到全国体育场地总

面积的 53.01%，而体育系统体育场地面积仅占到全国场地总面积的 4.79%。可见，儿童青少年身体活动更多依赖学校体育场馆的物质基础保障。社区环境中的体育场馆、场地相对学校而言，面临着被成年人抢占的问题。据统计，缺乏场地是 20 岁以上成年人无法进行锻炼的重要因素（国家体育总局[221]），这说明作为相对弱势的儿童青少年群体更加依赖学校硬件设施。

2. 伙伴情谊是儿童青少年身体活动的关键文化资源

很多国际文献均在社区维度中考量伙伴情谊的问题（作者认为国外社区具有高度开放性，学校和社区往往融为一体，同学、邻里伙伴、运动伙伴、兄弟姐妹等概念往往不会区分得过于明显，与我国国情差异很大），因此学者一直将伙伴情谊归类于社区维度。但是，根据多元回归分析结果，作者发现我国儿童青少年群体的伙伴几乎都指向同学，无论是周中还是周末，同学之间的文化凝聚力都始终保持极高的水平，并对儿童青少年的行为产生明显影响。另外，我国儿童青少年很少能够在社区结交陌生朋友，更难有空间与陌生朋友产生稳定的情谊联系。因此，作者根据分析结果进行调整时，将伙伴情谊重新归纳调整至学校维度。

与国内学者研究结果一致，伙伴情谊对于儿童青少年身体活动行为的影响非常显著。高岩和王先亮提出，同伴运动友谊质量是更好地预测儿童青少年运动动机的指标，且能够单独发挥影响作用（独立模式）来预测儿童青少年运动动机[6]。陈福亮等研究认为，友谊质量在成就定向与参与体育锻炼之间具有显著的调节作用，并对参与体育锻炼具有显著的正向预测作用；友谊质量和任务目标定向与参与体育锻炼不存在交互作用[222]。因此，作者认为伙伴情谊是儿童青少年身体活动发生的关键文化资源。

3. 学校体育氛围是全面提升父母体育认知、促进休息日家庭身体活动发展的催化剂

从内涵来看，学校体育氛围是指上学日期间，大课间、小课间、体育与健康课程、学校体育运动会、学校体育兴趣班乃至放学后学校组织的体育游戏活动的文化影响力，包括体育健康文化宣传、校领导和班主任对体育锻炼的支持程度、学生参与踊跃程度等。由表 8-1 可知，学校体育氛围对休息日儿童青少年家庭中

高强度身体活动产生了正向的影响作用，这表明学校体育氛围是全面促进儿童青少年参与运动、激发儿童青少年运动兴趣的重要手段，甚至在一定程度上对休息日儿童青少年身体活动行为产生重要影响。从多元回归模型中，作者推测学校体育氛围是通过影响家长体育认知来间接提高休息日儿童青少年家庭中高强度身体活动水平的。

4. 体育与健康课程是学校体育工作开展的基本要求，是学生身体活动的最低标准

2022年，教育部发布《义务体育与健康课程标准（2022年版）》（以下简称《课标》），对基础教育中各年级的体育与健康课程提出了根本性的要求与规范。实际上，国家已经清晰认识到体育与健康课程是增加学生体育技能、改善学生体育认知的重要手段。但是，在实际中我们发现，越是重视体育的地区，越重视中小学体育，或者越是优秀的中小学体育教师，在开展体育与健康课程时对《课标》提出的课堂运动标准采取“宜超不低”的基本态度，即用最有限的时间、空间让学生们动起来，且这种态度随着学生越来越临近中考而表现得越来越明显。

实际上，体育与健康课程标准很难界定，当下以身体活动量作为中小学体育课程标准的导向，在一定程度上使学生对于体育锻炼产生负面情绪，表现为有体育课的上学日中高强度身体活动水平整体略有下降。其中，以上学日家庭中高强度身体活动水平下降趋势最为显著。这表明上学日体育课程的身体活动量相对过度，导致学生在课间、放学后的身体活动量下降。因此，体育与健康课程与上学日身体活动之间存在负向影响的关系。

（二）家庭场域下的关键性影响因素对儿童青少年身体活动行为产生适时性作用

总体上，家庭因素对于儿童青少年身体活动行为的影响表现出适时性特征，即3个关键性影响因素仅仅在休息日发挥影响作用，而在上学日不发挥影响作用。

1. 家长体育认知是儿童青少年休息日全时段身体活动行为发生的根本致因

家长体育认知在休息日中高强度身体活动、休息日家庭中高强度身体活动和休息日社区中高强度身体活动3个时空场域内均表现出非常显著的影响作用。该

理论观点已经在我国得到学界的普遍认同。例如，王凯珍等对 3 ~ 6 岁幼儿家庭身体活动行为和活动量的影响因素及路径加以研究，其中明确证明了幼儿家长的体育认知对于幼儿身体活动量存在显著的影响作用[223]；另外，也有一批学者从文献综述的研究视角出发，质性验证了家长体育认知是家庭维度的重要影响因素，以及它对于儿童青少年身体活动的重要作用(李彬彬和符明秋[224]；郭戈等 2005[225])。因此，可以看出培养提高家长体育认知是在校外提高儿童青少年身体活动量重要因素，无论是陪同子女开展体育锻炼，还是给予子女更多体育锻炼、身体活动空间，或者是为子女在休息日进行体育锻炼提供资金支持，都离不开家长对体育的正确认知。从体育认知相关理论来看，体育认识需要一个施教影响过程，从知识、观念、体验等角度来改善、增强家长体育认知的方向和水平。

2. 情感支持是儿童青少年休息日社区时段身体活动行为发生的重要致因

本书中的情感支持是指家长对于子女参与体育锻炼过程的一种情绪或情感层面的精神支持，以竞赛成功时鼓励和激励的手段或者竞赛失败时安抚和安慰的手段为基础。根据现有研究结论，情感支持对于休息日儿童青少年社区身体活动行为存在正向影响，这说明父母对于子女体育锻炼、身体活动的情感支持越显著，越倾向于给予子女更多的自由空间，使其自发、自主地开展体育锻炼。我国学者已经证明家庭情感支持或者情感联结对于儿童青少年身体活动产生显著的影响。例如，李凯对我国北京、上海、广州等 6 个城市的 12815 名学生展开问卷调查，构建了儿童青少年身体活动家庭环境指标体系，证明了家庭情感支持对于子女身体活动具有显著的预测作用[226]。但是，总体上对于父母的情感支持是在什么时间范畴、在什么样的社会场域和情境下产生影响的问题，目前国内学者还没有更加深入的研究。作者基于“家校社三不脱离模型”研究发现家庭情感支持对休息日儿童青少年社区中高强度身体活动存在显著性影响，这在以往研究的基础上推进了一步。

3. 资金支持是儿童青少年身体活动由父母陪伴监督转向自由自主参与的重要调节性指标

基于研究结论，作者发现资金支持与休息日家庭中高强度身体活动存在负向影响关系，与第六章中的结论“身体形态正常组感知的资金支持水平显著高于偏胖组感知的资金支持水平”的内在逻辑相反；与国外学者的研究结论“父母经济收入与子女久坐行为呈现负向影响关系”存在逻辑上的矛盾。按照常规逻辑来看，资金支持越高，休息日儿童青少年家庭中高强度身体活动的水平应当越高。为此，作者反复比较国内外文献，结合我国现实访谈材料，给出以下解释。

资金支持与中高强度身体活动水平的正向关系，仅仅是指资金支持较高者身体形态趋于正常（可能由于低强度身体活动更多，或者营养结构更加完善，所以有较好的身体形态）；或者是指资金支持较高者久坐时间缩短（可能久坐减少的时间转化为低强度身体活动时间，而非中高强度身体活动时间）。因此，本书中的多元回归分析结论与描述性分析结论、国际文献研究结论并不存在直接的矛盾关系。

那么，我们可以理解资金支持增加时休息日家庭中高强度身体活动并非直接减少了，可能在时间上依然表现出增多趋势或者仍旧保持不变，但是父母陪同监督的纳入标准消失了，这些多余的休息日家庭中高强度身体活动部分转化为休息日社区中高强度身体活动。因此，本书中的结论显示出资金支持与休息日家庭中高强度身体活动存在负向的影响关系。之所以会有这种负向影响关系，可能是因为子女对父母比较依赖时，其体育相关消费行为直接由父母来完成，子女对资金支持的感知较弱；当父母比较忙，或者鼓励子女采用更加主动、自发的方式参与学校、社区体育活动时，往往会给予他们自主进行体育消费的部分权限，因此在一定程度上自主权较高的子女会感受到更高的资金支持水平，且不再需要父母监督陪同，与同伴一起在休息日进入社区开展体育锻炼活动，这在一定程度上支撑了资金支持与休息日家庭中高强度身体活动的负向关系。

（三）社区场域下的关键性影响因素对儿童青少年身体活动行为产生补充性作用

从研究结果可以看出，社区维度关键性影响因素包括社区体育设施、社区体育氛围和建成环境。其中，社区体育设施、社区体育氛围和建成环境仅对上学日社区中高强度身体活动存在显著性影响，对休息日社区中高强度身体活动不起作用。但是整个上学日社区中高强度身体活动平均时长为 7.43min/d，占总体中高强度身体活动的 4%。作者推测，社区因素只会对儿童青少年身体活动行为产生补充性作用，只有当学校和家长给予学生充分的自由空间时，社区因素才能发挥一定的影响作用。

1. 社区体育设施是学校硬件设施的补充与替代

从多元回归研究结论可以看出，社区体育设施只会对上学日社区产生作用，而在休息日中完全不发生任何作用，相反学校硬件设施在儿童青少年工作学习的4 个基本时空场域中发挥着积极的影响作用。因此，现阶段我国儿童青少年在选择体育场馆设施时，深受学校、家长的影响。出于安全、方便、与同学一起等考量，无论是在上学日还是休息日，儿童青少年都会首选学校体育场馆设施。上学日社区的时间范围更多是在放学后，以及儿童青少年未归家之前，此时父母因上班等因素而未能完全影响子女，同时学校的影响力在放学之后大大减弱，这可能是儿童青少年主动性最强的时间阶段，导致少部分儿童青少年趁回家前往校外社区体育场地开展体育锻炼活动，且社区体育场地的质量越好，越能够吸引儿童青少年前往。但是，现阶段由于家校社的联合管理机制不健全，家长与学校均对儿童青少年在不被监护的情况下外出锻炼保持谨慎态度。对于大部分儿童青少年而言，社区体育设施仅仅是学校体育设施的补充和替代。

2. 社区体育氛围是以成年人体育为主流的文化空间

社区体育氛围是儿童青少年感知到的该区域环境内的体育文化、体育赛事活动的活跃程度。但是，从实际来看，社区体育氛围并不是由儿童青少年群体营造出来的，而是由成年人群体营造出来的。其中，在休息日成年人对社区体育场地、场馆的占据优势更为明显，儿童青少年作为弱势群体，无法在社区的公共体育场地及体育俱乐部大规模占用体育设施资源。因此，社区体育氛围越好，则成年人占用体育设施资源的比重越高，儿童青少年能够到社区开展自发性体育锻炼活动的可能性越小。因此，社区体育氛围对于休息日社区中高强度身体活动存在负向影响。

3. 建成环境是学校和家长给予儿童青少年自主自发锻炼空间的关键

建成环境包括儿童青少年生活居住地周边的环境美化、安全保障、交通便利等，国内大量学者论证了建成环境是预测儿童青少年身体活动行为的重要因素（张莹和翁锡全[227]；陈庆果和温煦[228]；鲁斐栋和谭少华[229]）。作者认为一旦处于较高质量的建成环境中，儿童青少年就会被允许自主通过步行或骑行等方式上下学，或者在放学之后被允许前往社区的体育场馆进行一些体育锻炼活动。因此，在多元回归分析中，建成环境与上学日社区中高强度身体活动存在显著的正向关系，同时与上学日家庭中高强度身体活动存在显著的负向关系，这说明建成环境成为家长在上学日决定是否允许子女自主自发进行身体活动、体育锻炼的关键，建成环境越好越能够将部分上学日家庭中高强度身体活动转化为上学日社区中高强度身体活动。

（四）家校社场域下的个人因素不起主动影响作用

由表 8-1 可知，个人维度的个体认知、习惯技能及情感体验影响因素无法对儿童青少年身体活动产生主动性影响，这说明我国儿童青少年的生活、学习处于学校力量和家庭力量的高度控制下，学校的课程安排、家长的生活照顾几乎都是单方向对儿童青少年行为的控制，导致他们严重缺乏自主活动、自主行为的空间。冯玉娟和毛志雄曾专门论证了高中生身体活动意向与行为的关系，发现模型拟合程度达到标准，但是通过意向无法预测行为，并建议引导儿童青少年的自主性，使其行为意向能够更好地控制行为发生[230]。在一定程度上，他们的观点佐证了修订后的“家校社三不脱离模型”。个人维度影响因素与行为无法贯通的原因在于家庭、学校并未给予儿童青少年充分的空间，导致其无法按照自身认知、情感进行活动锻炼。

第二节　身体活动关键性影响作用机制的概括与释义

本书基于质性、量化研究方法的系统性分析，在家庭、学校、社区 3 个场域下获得 11 个关键性影响因素。但是受限于研究条件，很多关键性影响因素并未被纳入模型中，很多关键性影响因素之间的作用关系也未得到彰显。但是，本书提炼出的 11 个关键性影响因素能够在一定程度上打开我国儿童青少年身体活动关键性影响作用机制的理论“黑箱”。为更好地诠释影响作用机制，作者通过场动力理论的基本逻辑对表 8-1 进行了进一步的归纳，如图 8-2 所示。从场动力理论

（$B = f(P \cdot E)$）来看，个体行为与内外部的影响因素在同一场域中发生交互作用。换而言之，每个场域都拥有属于自身的特定时间和空间范畴，这个场域内同时包含着影响因素和个体行为。其中，场动力理论中的 E 是指家庭、学校、社区的各类外部影响因素，而 P 是指儿童青少年本身个体认知、体验等内部因素。虽然个体因素不能起到决定性的影响作用，但是当外部力量产生效果时，个体维度的一些影响因素会起到一定的交互作用，它们是将这些外部影响转化为行为结果的调节性因素，决定着个体将外部力量转化为行为的程度，因此就有了 $f(X)$，即转化率，并最终体现在儿童青少年身体活动行为之上。因此，根据场动力理论的基本思想，对修订后的“家校社三不脱离模型”中的 11 个关键性影响因素进行了场域划分（图 8-2），箭头线可以理解为具体的场域动力，它们相互交织在一起，在不同的时间和空间范围内发生着改变，并最终影响着儿童青少年身体活动行为的改变。

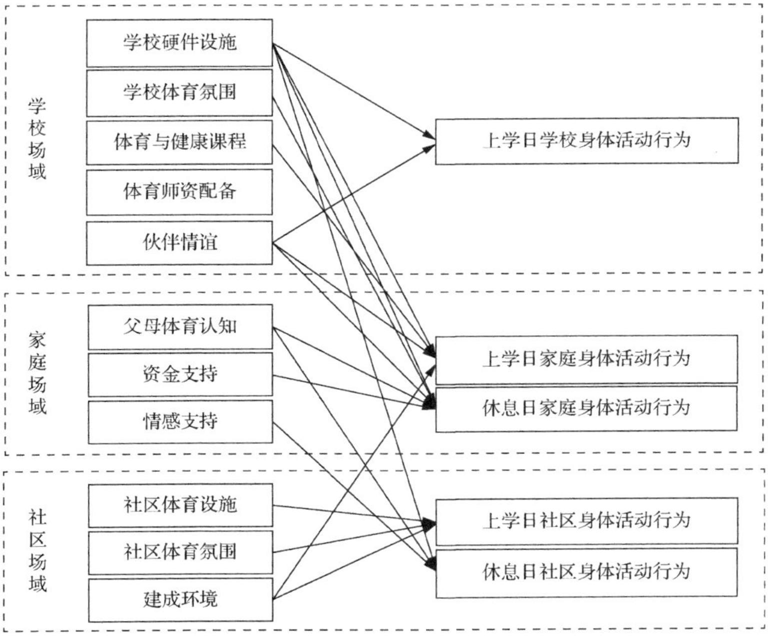

图 8-2　基于场动力理论对身体活动影响作用机制（局部）的总结归纳

如图 8-2 所示，作者根据场动力理论基本内涵，将不同场域下的影响因素与身体活动行为放置在一起。在不同场域中，影响因素既存在对自身所在场域的影响作用，也包含对自身所处场域之外场域的影响作用；这些影响作用造成了不同场域之间身体活动水平此消彼长的效应。作者基于当前已经验证的显著性影响作用，对局部可以明确的儿童青少年身体活动影响作用机制加以概括，包括 4 个基本的局部影响作用机制：一是跨域辐射机制，二是同域促进机制，三是异域影响机制，四是域际消长机制。

一、跨域辐射机制

根据多元回归分析的 5 个基本场域，综合比较 5 个基本多元回归模型，发现学校维度的学校硬件设施和伙伴情谊是影响儿童青少年中高强度身体活动的最为关键性的影响因素，并且同时能够对几个相互平行的时空场域展开辐射式影响（图 8-3）。其中，学校硬件设施是辐射水平最高的关键性影响因素，同时会对上学日学校、上学日家庭、休息日家庭和休息日社区产生影响，这表明在这 4 个时空场域中儿童青少年会倾向回到学校的体育场地展开身体活动（休息日的学校场地被纳入社区大范畴之中）；伙伴情谊辐射水平次之，同时对上学日学校、上学日家庭及休息日家庭 3 个场域儿童青少年中高强度身体活动产生影响。这表明放学后在学校场地中，家长陪护、陪同子女参加课外体育活动的核心在于子女希望与同伴、同学一起参与活动，而家长此时段的陪护行为被伙伴情谊所左右，并非出自自身的认知。另外，休息日家庭场域中的父母在健康的体育认知导向下会有陪同孩子锻炼的倾向，此时学校体育场馆及伙伴情谊起到影响家长决策的重要作用，家长会相对主动地带孩子回到学校与其他学生一起参加体育锻炼活动。

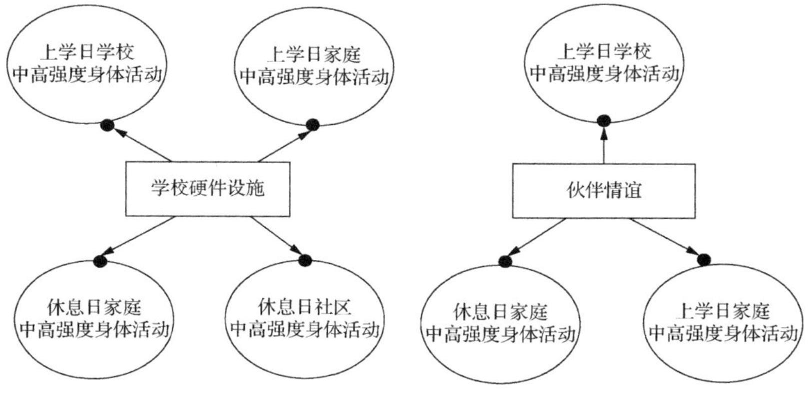

图 8-3　学校硬件设施和伙伴情谊的跨域辐射机制示意图

可以说，基于学校维度的跨域辐射机制是我国儿童青少年身体活动影响作用机制的主机制，不同场域内部及不同场域之间的影响作用机制均是围绕该机制衍生发展出来的。

二、同域促进机制

同域促进机制是指某场域的身体活动行为仅受到本场域影响因素的影响，无论中高强度身体活动输出水平如何，本场域影响因素影响同场域身体活动行为的结构始终保持高度稳定。目前，上学日学校和上学日社区是同域促进机制的典型代表，其中上学日学校是中高强度身体活动最稳定的高输出代表（图 8-4）；而上学日社区则是中高强度身体活动最稳定的低输出代表（图 8-5）。

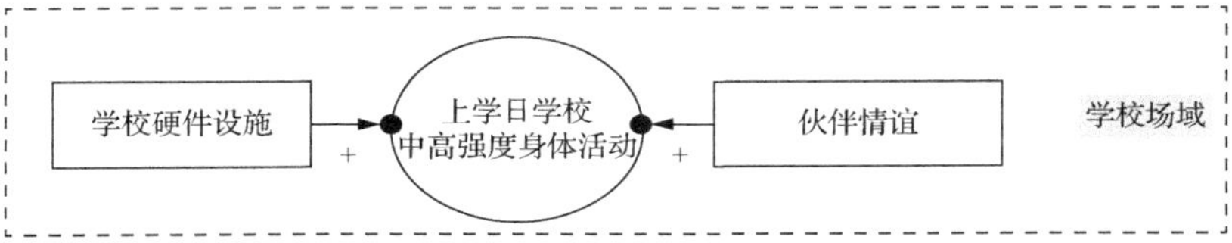

图 8-4　上学日学校中高强度身体活动的同域促进机制示意图

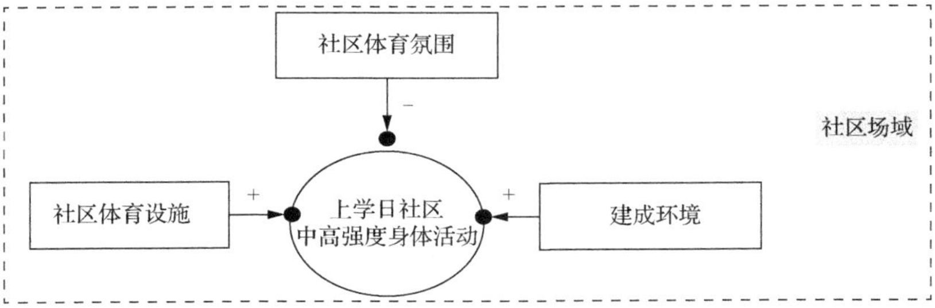

图 8-5　上学日社区中高强度身体活动的同域促进机制示意图

（一）上学日学校中高强度身体活动的同域促进机制

上学日学校中高强度身体活动属于同域促进机制的典型代表，其包括的学校硬件设施和伙伴情谊均来自学校场域。在没有其他场域干预的情况下，本场域影响因素影响同一场域身体活动行为的结构最为稳定。从现实情况中可以看出，学校是目前我国儿童青少年中高强度身体活动输出最为稳定的场域类型。

（二）上学日社区中高强度身体活动的同域促进机制

上学日社区中高强度身体活动属于同域促进机制的另一个极端典型代表，其包括的社区体育设施、社区体育氛围、建成环境均来自社区场域。在没有其他场域干预下，本场域影响因素影响同一场域身体活动行为的结构最为稳定。

三、异域影响机制

在“家校社三不脱离模型”中，异域影响机制是指某个场域内的身体活动行为完全或不完全被其他场域内的影响因素所影响。相对于同域促进机制，异域影响机制由于受到多维度、多方向影响因素的共同作用，中高强度身体活动输出相对不稳定，它是政府、学校、社区及家长重视的影响机制，也是有效提升儿童青少年身体活动的重点领域。

（一）上学日家庭中高强度身体活动的异域影响机制

如图 8-6 所示，上学日家庭中高强度身体活动受到异域影响因素的影响，即上学日家庭儿童青少年所在的家庭场域中并未有任何一个影响因素能够发挥作用，在放学之后依然被学校场域的学校硬件设施、伙伴情谊正向影响，同时被体育与健康课程负向影响；同时，社区场域的建成环境在放学后同样对部分儿童青少年产生吸引作用。家长陪同子女时处于被动状态，起不到决定性作用。受到（完全）异域影响机制影响的场域，需要在自身场域中培养出至少一个关键性影响因素，保证该场域身体活动行为可以稳定输出中高强度身体活动，不会随着外部环境的变化而随意改变。

（二）休息日社区中高强度身体活动的异域影响机制

如图 8-7 所示，休息日社区中高强度身体活动受到异域影响因素的影响，即休息日社区所在的社区场域中并未有任何一个影响因素能够发挥作用。在休息日中，只有当家长体育认知较强，且对子女产生较为积极的情感影响时，子女才会离开家庭前往社区开展体育锻炼。此时，家庭力量取代了学校力量，成为主导子女行为的核心力量，但是家长仍然面临着取舍，是鼓励子女回学校，还是鼓励子女去社区呢？此时，学校力量依然对儿童青少年和家长存在影响力，当学校场地较好时，学校硬件设施就会对家长的决策产生影响，从而吸引儿童青少年在周末选择学校开放的场地进行体育锻炼。当然，由于同样受到异域影响机制影响，休息日社区中高强度身体活动输出也很不稳定。只有当社区场域中产生了关键性影响因素，并与外部影响因素交互时，休息日社区才能稳定输出中高强度身体活动。

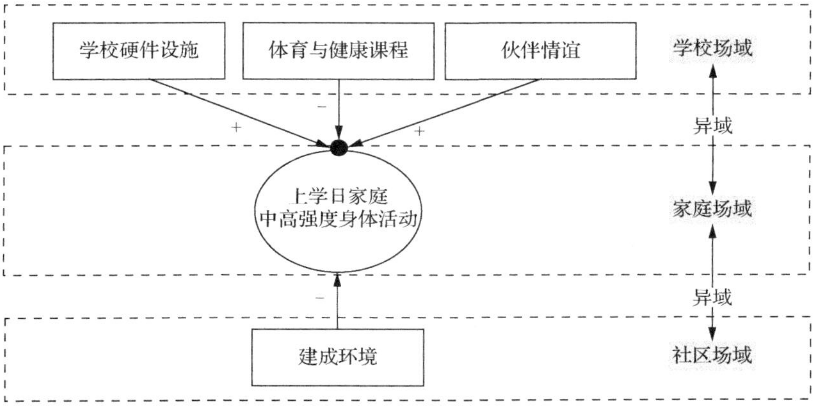

图 8-6　上学日家庭中高强度身体活动的异域影响机制示意图

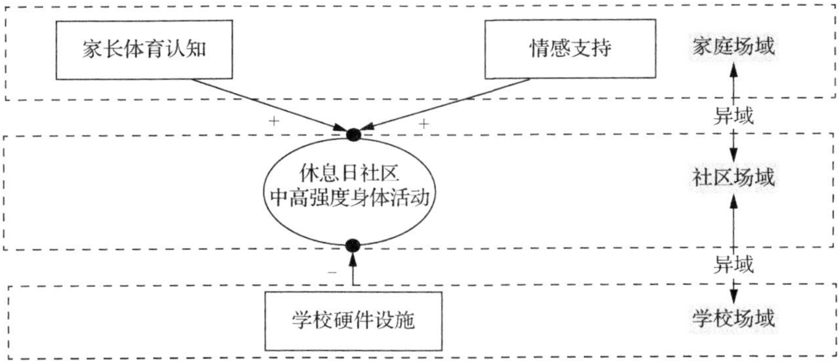

图 8-7　休息日社区中高强度身体活动的异域影响机制示意图

（三）休息日家庭中高强度身体活动的异域影响机制

如图 8-8 所示，休息日家庭中高强度身体活动受到异域影响机制的影响，即休息日家庭较上学日家庭有所进步，家庭场域下的家长体育认知和资金支持开始发生作用，但是儿童青少年依然无法摆脱来自学校场域的学校硬件设施、学校体育氛围及伙伴情谊的强大影响。相比完全异域影响机制的模型，不完全异域影响机制的模型有自身场域的影响因素支撑，因此将更加稳定。

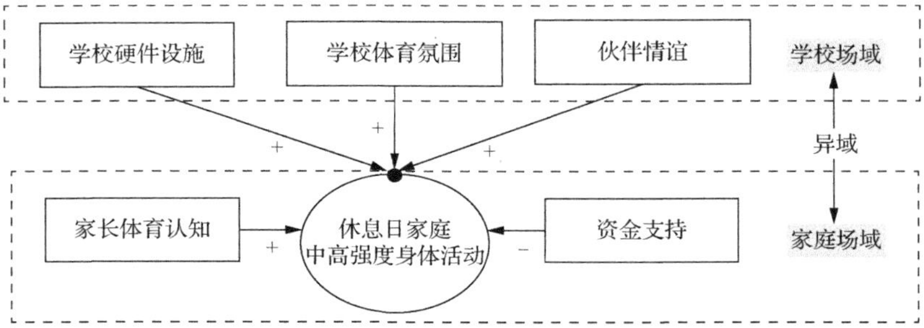

图 8-8　休息日家庭中高强度身体活动的异域影响机制示意图

四、域际消长机制

根据多元回归研究结论，父母情感支持对休息日社区中高强度身体活动产生正向影响，而资金支持对休息日家庭中高强度身体活动产生负向影响。根据对 11 个关键性影响因素的论述，作者认为资金支持与情感支持对休息日社区中高强度身体活动均产生了正向影响，但是影响路径略有不同。其中，资金支持与休息日家庭中高强度身体活动的负向关系并非资金支持水平越高、休息日家庭中高强度身体活动的绝对数值越低。由于资金支持水平越高，子女相对越独立，越不需要父母陪同、监护，所以很大一部分休息日家庭中高强度身体活动在统计过程中不再属于休息日家庭，而属于休息日社区；而情感支持在结论中直接体现出对休息日社区中高强度身体活动的正向影响。综合来看，家长体育认知可以被理解为改变父母情感支持和资金支持水平的重要前置变量，情感支持和资金支持两个变量又进一步影响休息日家庭和休息日社区两个场域之间中高强度身体活动的关系。因此，作者提出了休息日家庭与休息日社区中高强度身体活动的域际消长机制（图 8-9）。

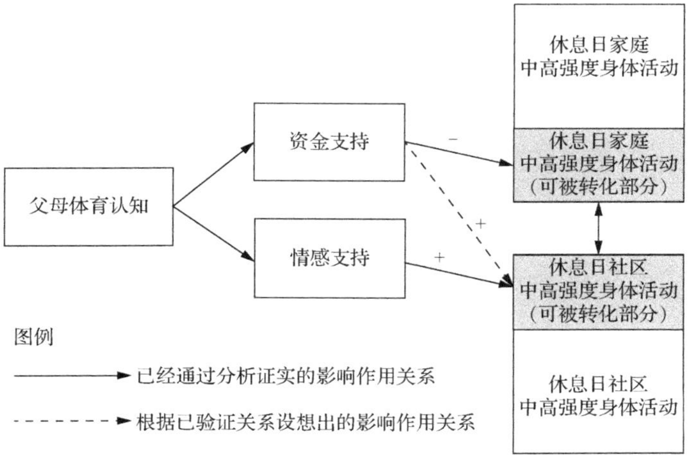

图 8-9　休息日家庭与休息日社区中高强度身体活动的域际消长机制示意图

第三节　我国儿童青少年身体活动影响作用机制全景设想与逻辑推测

本章通过一系列质性分析和量化研究，从 16 个影响因素中概括出影响我国儿童青少年身体活动的 11 个关键性影响因素，并归纳出 11 个关键性的影响作用，进而对其进行归纳总结，形成 3 个“影响因素—场域中高强度身体活动”和 1 个“场域中高强度身体活动—场域中高强度身体活动”的影响作用机制。由于基础条件的客观限制，本书论证研究的关键性影响因素、关键性影响作用及 4 类基础性的影响作用机制仅是整个儿童青少年身体活动影响作用机制的一小部分，仍有一部分影响因素处于临界状态而未能被纳入模型中，且纳入模型中的关键性影响因素及关键性影响作用也未能完全揭示，需要未来不断修正并展开进一步论证。

一、儿童青少年身体活动影响作用机制全景设想

当前，作者基于已经分析论证的 4 类影响作用机制展开我国儿童青少年身体活动影响作用机制的全景设想与逻辑推测，主要对“影响因素—影响因素”之间

可能存在的影响作用机制进行补充，如图 8-10 所示。图 8-10 中的实线代表已经得到论证的关键性影响作用关系，而虚线则代表在这些实线代表的关系基础上通过对访谈回忆文本的斟酌设想补充的影响作用关系。

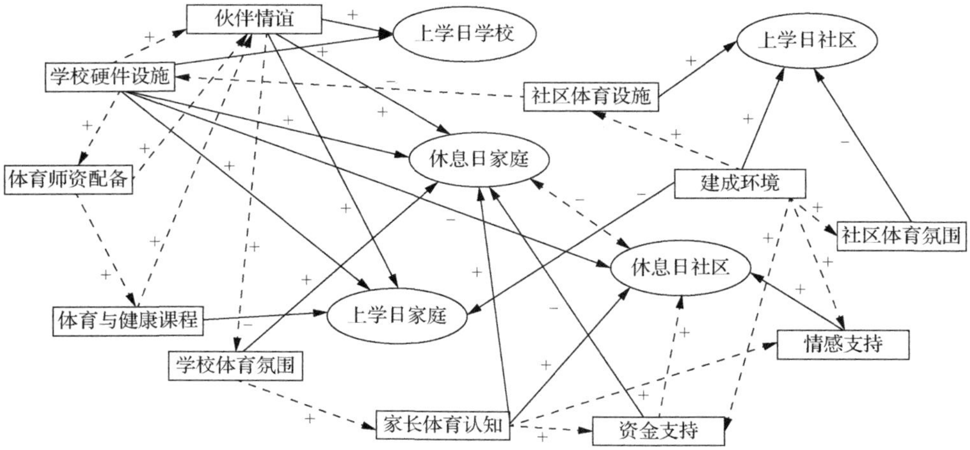

图 8-10　我国儿童青少年身体活动影响作用机制的全景设想与逻辑推测

二、儿童青少年身体活动影响作用机制全景的主要逻辑推测

基于本章结论，作者分别选择若干重要的逻辑起点来阐述不同的儿童青少年身体活动影响作用机制的潜在逻辑。其中，学校硬件设施、伙伴情谊、家长体育认知和建成环境是作者认为较为重要的机制解读逻辑起点。在不同逻辑起点上，沿着不同影响因素能够产生路径不一的影响作用逻辑，具体情况如下。

（一）学校硬件设施—体育师资配备—体育与健康课程—伙伴情谊—上学日的逻辑

根据跨域辐射机制，学校硬件设施同时对 4 个时空场域产生积极影响，这表明它是影响儿童少年身体活动水平的重要变量，因此作者选择其作为解释的逻辑起点之一。学校硬件设施体现了学校对体育活动的重视程度，如果学校重视体育，就可能投资建设大规模、高规格的硬件设施，继而会招聘一批优质的体育师资。因此，在一定程度上学校硬件设施对体育师资配备会产生正向影响。较高的体育师资配备水平会使体育与健康课程课堂教学达到更高水平，因此两者存在正向影响作用。学校硬件设施、体育师资配备与体育与健康课程共同作用能够对伙伴情谊产生积极影响，让儿童青少年在体育运动过程中建立良好的人际交往关系，继而对上学日中高强度身体活动产生积极影响。

（二）伙伴情谊—学校体育氛围—家长体育认知—休息日家庭—休息日社区的逻辑

根据跨域辐射机制，伙伴情谊同时对 3 个时空场域产生积极影响，它是影响儿童青少年身体活动行为的重要变量，因此作者将伙伴情谊作为重要逻辑起点之一。根据研究结论，在我国儿童青少年身体活动中，较好的伙伴情谊会产生较好的学校体育氛围。较好的学校体育氛围不仅会影响儿童青少年个体，还会对家长体育认知产生影响，当家长看到子女通过体育锻炼获得身心健康、收获快乐体验时，往往会形成更为积极的体育认知。结合研究结论发现，家长体育认知会对休息日家庭与休息日社区中高强度身体活动产生正向影响。换而言之，家长体育认知是决定儿童青少年休息日身体活动行为的重要因素。

（三）家长体育认知—资金支持—情感支持—休息日社区的逻辑

基于异域影响机制（图 8-7 和图 8-8）研究发现，家长体育认知对于休息日两大时空场域的身体活动均有显著性影响，与学校硬件设施一起共同正向影响休息日家庭中高强度身体活动和休息日社区中高强度身体活动。因此，作者选择家长体育认知作为解释的逻辑起点之一。

作者设想，家长体育认知的转变并不会直接影响两个时空场域（休息日家庭和休息日社区）的中高强度身体活动，而是通过两个中间的影响因素间接发生影响，包括情感支持和资金支持。其中，家长体育认知正向影响情感支持，家长越认可体育锻炼活动，越会鼓励子女在休息日开展体育锻炼；同时，家长体育认知正向影响资金支持，家长越认可体育锻炼活动，越会给予子女休息日开展体育锻炼更多的经费支持。

根据研究结论，情感支持对于休息日社区中高强度身体活动具有正向影响，这表明情感支持水平越高，休息日社区中高强度身体活动值就越高，越有利于儿童青少年独立自主地参与社区体育锻炼活动。资金支持对于休息日家庭中高强度身体活动具有负向影响，这表明资金支持水平越高，儿童青少年越独立自主，越不会过度依赖父母。因此，资金支持与休息日家庭中高强度身体活动之间的负向影响作用表明资金支持会将一部分休息日家庭中高强度身体活动转化为休息日社区中高强度身体活动，从而对休息日社区场域中的身体活动产生积极影响。总体来看，情感支持和资金支持均会对休息日社区中高强度身体活动产生积极影响，而休息日社区将是未来我国发展儿童青少年身体活动的重要时空场域。

（四）建成环境—资金支持—情感支持—休息日社区的逻辑

基于同域促进影响机制（图 8-5）、异域影响机制（图 8-6）研究发现，建成环境作为社区维度影响因素的重要组成部分，对儿童青少年身体活动有补充性影响。因此，作者选择建成环境作为解释的逻辑起点之一。作者认为，建成环境会在一定程度上正向影响父母对子女身体活动的情感支持与资金支持，因为建成环境越好、越安全，父母越容易给予子女更多的自主权力，越会鼓励子女独立前往社区开展体育锻炼活动。因此，建成环境与资金支持、情感支持存在正向影响作用，而资金支持、情感支持又能够同时促进休息日社区中高强度身体活动水平的提高。

（五）建成环境—社区体育设施—学校硬件设施的逻辑

基于多组研究结论对比，作者推测建成环境会对社区体育设施产生正向影响，因为建成环境越好，社区越会配备相对更高规格的社区体育设施。但是，研究结论显示，建成环境会对上学日家庭产生负向影响，同时对上学日社区产生正向影响，这表明较好的建成环境能够让父母更加放心给予子女放学后的自由空间，且子女不再需要父母监督陪伴前往社区展开体育锻炼，不再依赖学校硬件设施，而是更倾向使用社区体育场地。换一种角度来看，在一定程度上，社区体育场地对学校硬件设施产生负向影响。

第九章

总结与展望

本书共分九章，其中第四章至第八章集中整合质性分析与量化分析研究范式，层层推进、节节相扣，最终研究得出家庭、学校、社区场域下我国儿童青少年身体活动的关键性影响因素及影响作用关系，继而推测、构建我国儿童青少年身体活动的影响作用机制全景，以及其中具有重要研究意义的主要解释逻辑。本章将对本书的核心结论进行总结，基于第八章所得结论提出对策与建议，并基于当前积累的研究基础提出一个具有调节变量的链式中介模型，将其作为本书的研究设想。

第一节　研究结果、结论与建议

一、研究结果与研究结论

本书通过设计 4 份访谈提纲分别对儿童青少年、家长、中小学教师、行政部门主管领导进行访谈，构建包括个人、家庭、学校、社区 4 个主范畴的影响因素指标体系，进而构建“家校社三不脱离模型”。基于该模型编制量表，经过信度分析、探索性因素分析、验证性因素分析及结构方程模型检验，研制出《儿童青少年身体活动影响因素量表》。将研制的量表、三轴加速度计 ActiGraph GT3X+和“回忆录”共同作用于被试，分析了我国儿童青少年身体活动关键性影响因素及其影响作用机制。主要研究结果和结论汇总如下。

（一）研究结果

（1）年级对学校体育氛围因素具有显著性影响；BMI 对情感支持、资金支持因素具有显著性影响；性别、是否为独生子女、是否近视对影响因素不产生显著性影响。

（2）父亲身体形态对资金支持因素具有显著性影响，而母亲身体形态没有这种影响力；父母受过高等教育的儿童青少年在绝大部分影响因素指标上的得分均高于父母未受过普通高等教育父母的儿童青少年。

（3）性别在上学日和休息日对低、中、高强度身体活动时间的影响存在显著性差异，且男生活动时间远多于女生；年级在上学日对睡眠、久坐、低强度身体活动和中强度身体活动时间的影响有显著性差异，在休息日对低强度身体活动时间的影响有显著性差异；BMI 和是否近视对身体活动时间不产生显著性影响。

（4）父母身体形态和受教育程度在上学日和休息日对不同类型身体活动时间的影响均不存在显著性差异。

（5）儿童青少年身体活动关键性影响因素包括学校硬件设施、伙伴情谊、学校体育氛围、体育与健康课程、体育师资配备、家长体育认知、资金支持、情感支持、社区体育设施、社区体育氛围、建成环境等 11 个因素。

（二）研究结论

（1）学校场域下的关键性影响因素对儿童青少年身体活动行为产生主导性作用。

（2）家庭场域下的关键性影响因素对儿童青少年身体活动行为产生适时性作用。

（3）社区场域下的关键性影响因素对儿童青少年身体活动行为产生补充性作用。

（4）家校社场域下的个人因素不起主动影响作用。

（5）儿童青少年身体活动影响因素在三大场域发生相互作用并形成了跨域辐射、同域促进、异域影响和域际消长四大影响作用机制。

二、研究建议

（一）针对不同性别、年级和身体形态的儿童青少年进行差异化管理

儿童青少年性别、年级、BMI 和父亲 BMI 对其身体活动水平有显著性影响，因此应根据群体特点进行分类管理，具体如下：①强化女生体育锻炼的多样性，在低、中、高强度身体活动上提供多种锻炼方式供其选择，科学安排适量的家庭体育作业，促进所有学生休息日中高强度身体活动量的增长。②对于低年级学生，须营造相对自由的体育活动氛围，组织更加灵活的体育游戏活动；对于高年级学生，可通过体育锻炼政策强化其上学日和休息日的体育锻炼行为，弥补学业压力造成的体育氛围不浓厚缺陷。③对于超重、肥胖的儿童青少年，父母在情感和资金上应给予更多的支持，增强有效陪伴，积极劝导、鼓励孩子参加户外活动，并提供一定的物质支持。④超重、肥胖儿童青少年的父母和受教育程度不高的父母往往疏于对孩子身体形态的管理，且提供的物质基础有限。针对此部分缺乏资金支持的儿童青少年群体，应当积极制定针对性补贴、凭单机制或者减免锻炼收费等相关政策，积极引导他们走上运动场、开展体育锻炼活动。

（二）利用良性学校体育氛围改善家长体育认知

根据多元回归分析，家庭维度中各影响因素均未能对上学日三大场域（家校社）中高强度身体活动产生显著性影响，这表明上学日学校力量占据绝对主导，家长难以对子女体育锻炼行为主动施加影响。但是，家长体育认知对休息日两个场域中高强度身体活动均表现出显著性的促进作用，这表明在休息日学校力量有所减弱，而家庭力量相应得到提升。因此，根据域际消长机制，作者建议在上学日学校应积极邀请学生和家长共同参与儿童青少年体育课外活动，营造活跃的学校体育氛围，增强家长的运动体验感，优化家长对体育锻炼的态度与认识，从而在休息日进一步将儿童青少年休息日久坐时间转化为休息日家庭中高强度身体活动时间。

（三）科学规划出行，保障上学日儿童青少年身体活动安全

建成环境对家庭和社区的影响十分明显，具体如下：①建成环境对上学日社

区中高强度身体活动有着显著的正向影响，集中体现在对儿童青少年上下学交通方式的改变上，建成环境越安全、越便利、生态人文环境越良好，家长越容易允许子女采用骑行、步行的交通方式独自上下学，从而促进了儿童青少年上学日社区中高强度身体活动的发展；②建成环境对上学日家庭中高强度身体活动有着显著性负向影响，这表明建成环境越安全、越便利、生态人文环境越良好，越能吸引儿童青少年放学后前往社区进行自发性体育锻炼，同时也能让家长更加放心，使其同意子女在放学后到社区自发进行体育锻炼，但是此类体育锻炼行为在现实中仅占整体中高强度身体活动的4%。因此，作者认为建成环境依然是促进上学日儿童青少年自发性、独立性身体活动的重要前提，应当充分做好社区的外部规划，做好公共体育场馆设施、绿道步道、交通安全设施及安全标识的设计与施工，为上学日儿童青少年自发性、独立性的身体活动提供安全保障。

（四）加强社区体育俱乐部建设，推动休息日社区儿童青少年体育锻炼

社区因素仅对上学日社区中高强度身体活动产生影响，而家庭因素促进了休息日社区中高强度身体活动。考虑到低年级学生的安全性、便利性及高年级学生的学业压力等因素，学校、家庭控制了我国儿童青少年的社区活动，使其自身处于被动状态。因此，作者认为应当加强社区体育设施，围绕儿童青少年营造社区体育氛围，依托社区加强儿童青少年体育俱乐部的建设，在社区为儿童青少年群体专门开辟锻炼空间，增强锻炼的便利性、安全性，并设置专门的社会体育指导员与管理人员，在休息日中引导儿童青少年走出家门、独立参加俱乐部组织管理的各类社区体育活动或自发性体育活动，逐步规避学校、家庭在休息日中对儿童青少年独立性、自发性体育锻炼行为的过度影响和干扰。

（五）做好休息日学校硬件设施向儿童青少年开放的统筹安排

学校硬件设施在休息日中依然发挥着重要作用。这表明无论是家长还是儿童青少年自身，在休息日时都对学校体育氛围及学校场馆设施存在强烈认同。另外，我国休息日中的大量社区场馆被成年人占用、儿童青少年整体缺乏专门的健身场所的问题依然突出。因此，作者认为未来应当加大中小学学校体育场馆设施向社会开

放的力度，尤其是以服务中小学学生为核心宗旨，只有这样，才能够真正意义上降低休息日中儿童青少年的久坐时间，促进休息日中高强度身体活动时间的增长。

（六）以运动为契机搭建儿童青少年群体的人际交往平台

伙伴情谊是促进儿童青少年身体活动的最为重要的外部影响因素之一。因此，在家庭、学校、社区共同推进儿童青少年身体活动发展的过程中，应当充分借助现代互联网等先进手段，围绕运动锻炼主题搭建儿童青少年群体的良好人际交往平台，培育校内、校际及儿童青少年体育俱乐部内部良好的人际氛围，激发儿童青少年自发参与体育锻炼的动机与兴趣。

第二节　研究不足及展望

一、研究局限与解决办法设计

（一）初始量表检验还需要进一步控制发放对象的年龄范围

研究中存在小学低年级与初中高年级被试混合的情况，部分显著性影响因素受到年龄影响，被剔除出正式量表，这表明很多影响因素受到了年龄跨度的重大影响。因此，作者认为未来应当在进一步控制被试年龄、学段的基础上修订量表，保留适合不同阶段儿童青少年身体活动的影响因素。

（二）小样本统计分析有待逐步结合“加速度计+回忆录”扩展样本

在多元回归分析过程中，小样本数据深刻揭示了儿童青少年身体活动在家庭、学校、社区 3 个社会场域，以及上学日、休息日 2 个时间范畴内的具体影响作用机制，体现出较为深入的理论分析。但是，小样本数据同样存在一定弊端，在 16 个影响因素中仅保留了 11 个关键性影响因素，还有一部分接近临界值却未达到显著效果的影响因素并未被纳入回归方程。可以说，为了研究的理论深度更进一层，作者在当前研究条件影响下牺牲了一定的理论解释宽度。因此，作者将在现有数据的基础上，采用“加速度计+回忆录”的方式逐步扩展样本量，采集加工相关数据，以求将处于临界值的一批影响因素纳入模型方程，进一步丰富理论解释宽度。

二、一个拥有调节变量的链式中介模型的研究设想

作者发现在家庭、学校、社区三大基本场域下，学校力量最强，家庭力量次之，社区力量相对偏弱，而个人处于被动状态。根据场动力理论，外部环境会对个人的价值判断与决策取向产生影响，因此作者提出了一个拥有调节变量的链式中介模型（图 9-1），认为其比较符合理论与现实。从外部环境来看，学校与社区应当是家长与儿童青少年常处的环境（本书中，家庭的内涵更多偏向于与父母在一起的时间，并不是绝对意义上的地理空间范畴）。因此，将学校维度和社区维度中的大部分影响因素作为前置的自变量（由于本书的小样本施测时间是教学学期的一个自然周，学校与社区之间绝对力量差距最为显著，如果未来进一步扩大样本量，关注寒暑假的儿童青少年身体活动问题，那么研究结论一定会发生相应改变）。学校维度和社区维度的影响因素首先影响家长，继而通过家长影响孩子（其中，学校维度同样会对孩子产生直接的影响效应，因此家长维度是部分中介）。当然，从图 9-1 可以看出，还有一部分影响因素分别处在家庭、学校、社区之中，可以对主效应产生调节作用。作者提出了一个拥有调节变量的链式中介模型，是充分结合“家校社三不脱离模型”后提出的一个更加具体、更接近操作的理论设想，用以推进我国儿童青少年身体活动的理论研究，或者补充论证“因素—因素”“因素—场域”“场域—场域”之间的影响作用机制。

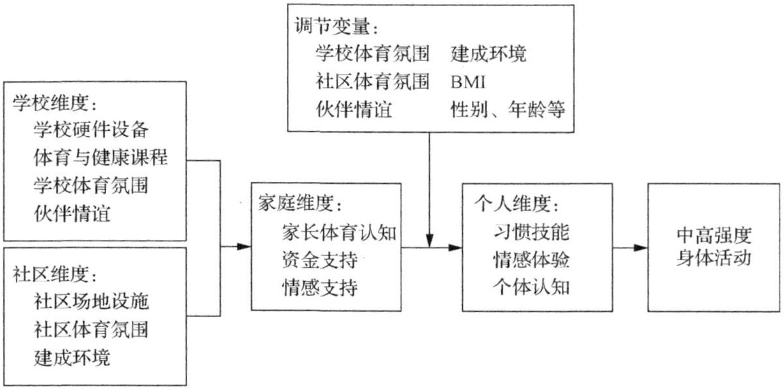

图 9-1　一个拥有调节变量的链式中介模型设想

参考文献

[1] 马德浩. 从割裂走向融合——论我国学校、社区、家庭体育的协同治理[J]. 中国体育科技，2020，56（3）：46-54.

[2] MULHALL P, REIS J, BEGUM S. Early adolescent participation in physical activity: Correlates with individual and family characteristics[J]. Journal of physical activity and health, 2011, 8(2):244-252.

[3] DWYER J J M, CHULAK T, MAITLAND S, et al. Adolescents' self-efficacy to overcome barriers to physical activity scale[J]. Research quarterly for exercise and sport, 2012, 83(4):513-521.

[4] KENYON S, BAETE D. Alternative high school students' physical activity: Role of self-efficacy[J]. American journal of health behavior, 2012, 36(3):300-310.

[5] BERGE J M, WALL M, LARSON N, et al. Family functioning: Associations with weight status, eating behaviors, and physical activity in adolescents[J]. Journal of adolescent health, 2013, 52(3):351-357.

[6] 高岩，王先亮. 父母支持、同伴友谊质量对青少年运动动机与投入影响[J]. 天津体育学院学报，2015，30（6）：480-486，519.

[7] TIMO J, SAMI Y P, ANTHONY W, et al. Perceived physical competence towards physical activity, and motivation and enjoyment in physical education as longitudinal predictors of adolescents' self-reported physical activity[J]. Journal of science and medicine in sport, 2016, 19(9):750-754.

[8] VESELSKA Z, GECKOVA A M, REIJNEVELD S A, et al. Socio-economic status and physical activity among adolescents: The mediating role of self-esteem[J]. Public health, 2011, 125(11):763-768.

[9] NOORDSTAR J J, NET J V D, JAK S, et al. Global self-esteem, perceived athletic competence, and physical activity in children: A longitudinal cohort study[J]. Psychology of sport and exercise, 2016(22):83-90.

[10] 苏晓红，李炳光，田英. 基于社会生态学模型的青少年体育锻炼行为相关因素分析[J]. 沈阳体育学院学报，2017，36（4）：70-76.

[11] 代俊，陈瀚. 社会生态学视角下青少年校外身体活动行为的影响因素研究[J]. 首都体育学院学报，2018，30（4）：371-377.

[12] 王富百慧. 家庭资本与教养方式：青少年身体活动的家庭阶层差异[J]. 体育科学，2019，39（3）：48-57.

[13] 范卉颖，唐炎，张加林. 上海市青少年运动意愿及其影响因素[J]. 上海体育学院学报，2017，41（3）：48-53，63.

[14] 郭强. 中国儿童青少年身体活动水平及其影响因素的研究[D]. 上海：华东师范大学，2016.

[15] Department of Health and Human Services. Strategies to increase physical activity among youth[R]. New York: Department of Health and Human Services, 2012.

[16] TREMBLAY M S, CARSON V, CHAPUT J P. Introduction to the canadian 24-hour movement guidelines for children and youth: An integration of physical activity, sedentary behaviour, and sleep 1[J]. Applied physiology, 2016, 41: 3-4.

[17] Department of Health and Human Service. President’s council on fitness, sports and nutrition. Physical activity guidelines for Americans[R]. Washington: Department of Health and Human Services, 2008.

[18] Australian Government Department of Health. Australia's physical activity and sedentary behaviour guidelines[R]. Canberra: Australian Government Department of Health, 2014.

[19] 张云婷，马生霞，陈畅，等. 中国儿童青少年身体活动指南[J]. 中国循证儿科杂志，2017，12（6）：401-409.

[20] HEBER R. A manual on terminlogy and classification in mental retardation[J]. American journal of mental deficiency, 1959, 64(2): 1-111.

[21] HERBER R A. Manual on terminlogy and classification in mental retardation（Rev ed）[J]. American journal of mental deficiency, 1961, 64(2): 1-111.

[22] KATZ G. LAZCANO-PONCE, et al. Intellectual disability: Definition, etiological factors, classification, diagnosis, treatment and prognosis[J]. Salud publica de mexico, 2008, 50(S2): 132-141.

[23] 刘春玲，马红英. 智力障碍儿童的发展与教育[M]. 北京：北京大学出版社，2011.

[24] CASPERSEN C J, POWELL K E, CHRISTENSON G M. Physical activity, exercise, and physical fitness: Definition and distinctions for health-related research[J]. Public health reports, 1985, 100(2): 126-131.

[25] 阳家鹏，向春玉，徐佶. 家庭体育环境影响青少年锻炼行为的模型及执行路径：整合理论视角[J]. 南京体育学院学报（社会科学版），2017，31（3）：118-123.

[26] 王学锋. 身体教育与竞技运动的哲学思考[J]. 体育学刊，2007，68（4）：11-16.

[27] MACHAMER P, CRAVER C F, DARDENL. Thinking about mechanisms[J]. Philosophy of science, 2000, 67(1): 1-25.

[28] HEDSTRÖM P, YLIKOSKI P. Causal mechanisms in the social sciences[J].Annual review of sociology, 2010, 36(1): 49-67.

[29] HARDCASTLE B, BYRNES D, BARTLETT A, et al. The Ecology of Human development—

experiments by nature and design by urie bronfenbrenner[M]. Cambridge, MA.: Harvard University Press, 1979.

[30] MCLEROY K R, BIBEAU D, STECKLER A, et al. An ecological perspective on health promotion programs[J]. Health education quarterly, 1988, 15(4): 351-377.

[31] ZHANG T, MELINDA A S, GAO Z, et al. Promoting school students' physical activity: A social ecological perspective[J]. Journal of applied sport psychology, 2012, 24(1): 92-105.

[32] SALLIS J F, OWEN, N. Physical activity and behavioral medicine[M]. Thousand Oaks, CA: Sage, 1999.

[33] SALLIS J F, CERVERO R B, ASCHER WW, et al. An ecological approach to creating active living communities[J]. Annu rev public health, 2006, 27: 297-322.

[34] 杨剑，邱茜，季浏．锻炼行为生态学模型及其在体育领域的应用[J]．武汉体育学院学报，2014，48（10）：75-81．

[35] 陈培友，孙庆祝．青少年体力活动促进的社会生态学模式构建——基于江苏省中小学生的调查[J]．上海体育学院学报，2014，38（5）：79-84．

[36] 韩慧，郑家鲲．西方国家青少年体力活动相关研究述评——基于社会生态学视角的分析[J]．体育科学，2016，36（5）：62-70，77．

[37] 代俊，陈瀚．青少年校内身体活动行为促进的社会生态因素及路径[J]．上海体育学院学报，2019，43（3）：85-91．

[38] NDIAYE G M , BENEFICE E. Patterns of daily activity and time spent in bed of adult women and adolescent and preadolescent girls from a rural community in Senegal, West Africa[J].Annals of human biology, 2007, 34(4): 454-469.

[39] WILSON H J, DICKINSON F, HOFFMAN D J, et al. Fat free mass explains the relationship between stunting and energy expenditure in Urban Mexican Maya children[J].Annals of human biology, 2012, 39(5): 432-439.

[40] CUMMING S P, SHERAR L B, ESLIGER D W, et al. Concurrent and prospective associations among biological maturation, and physical activity at 11 and 13 years of age[J].Scandinavian journal of medicine & science in sports, 2014, 24(1): e20-e28.

[41] BELCHER B R, BERRIGAN D, DODD K W, et al. Physical Activity in US Youth: Impact of race/ethnicity, age, gender, & weight status[J]. Medicine & science in sports & exercise, 2010, 42(12): 2211-2221.

[42] KIDOKORO T, TANAKA H, NAOI K, et al. Sex-specific associations of moderate and vigorous physical activity with physical fitness in adolescents[J].European journal of sport science, 2016, 16(8): 1159-1166.

[43] CORDER K, CRESPO N C, VAN SLUIJS E M F, et al. Predictors of change in sports

participation in Latino and non-Latino children[J].British journal of sports medicine, 2012, 46(9): 684-688.

[44] TROST S G, MCCOY T A, VANDER VEUR S S, et al. Physical activity patterns of inner-city elementary schoolchildren[J]. Medicine & science in sports & exercise, 2013, 45(3): 470-474.

[45] THIND H, GOLDSBY T S U , DULIN-KEITA A, et al. Cultural beliefs and physical activity among African-American adolescents[J].American journal of health behavior, 2015, 39(2): 284-293.

[46] WILSON D K, EVANS A E, JOEL W, et al. A preliminary test of a student-centered intervention on increasing physical activity in underserved adolescents[J].Annals of behavioral medicine, 2005, 30(2): 119-124.

[47] HUME C, OKELY A, BAGLEY S, et al. Does weight status influence associations between children's fundamental movement skills and physical activity?[J]. Research quarterly for exercise & sport, 2008, 79(2): 158-165.

[48] NAJAFABADI M G, AMIR-HOSSEIN M, RAMIN K, et al. Mental training can improve physical activity behavior in adolescent girls[J]. Journal of sport and health science, 2017, 6(3): 327-332.

[49] TROST S G, PATE R R, SALLIS J F, et al. Age and gender differences in objectively measured physical activity in youth[J]. Medicine and science in sports and exercise, 2002, 34(2): 350-355.

[50] IZQUIERDO-GOMEZ R, MARTINEZ-GÓMEZ D, ESTEBAN-CORNEJO I, et al. Changes in objectively measured physical activity in adolescents with down syndrome: The up & down longitudinalstudy [J]. Jouranl of intellectual disability research, 2017, 61(4): 263-372.

[51] PAN C Y . Age, social engagement, and physical activity in children with autism spectrum disorders[J]. Research in autism spectrum disorders, 2009, 3(1):22-31.

[52] EIBERG S, HASSELSTROM H, GRNFELDT V, et al. Maximum oxygen uptake and objectively measured physical activity in Danish children 6-7 years of age: The copenhagen school child intervention study[J]. British journal of sports medicine, 2005, 39(10): 725-730.

[53] LOHMAN T G, RING K, PFEIFFER K, et al. Relationships among fitness, body composition, and physical activity[J]. Medicine and science in sports and exercise, 2008, 40(6): 1163-1170.

[54] MACHADO-RODRIGUES A M, FIGUEIREDO A J, MOTA J, et al. Concurrent validation of estimated activity energy expenditure using a 3-day diary and accelerometry in adolescents[J]. Scandinavian journal of medicine & science in sports, 2012, 22(2): 259-264.

[55] MARK A E, JANSSEN I. Dose-response relation between physical activity and blood pressure in youth[J]. Medicine and science in sports and exercise, 2008, 40(6): 1007-1012.

[56] BAKER B L, BIRCH L L, TROST S G, et al. Advanced pubertal status at age 11 and lower

physical activity in adolescent girls[J]. The journal of pediatrics, 2007, 151(5): 488-493.

[57] JANZ K F, GILMORE J M, BURNS T L, et al. Physical activity augments bone mineral accrual in young children: The Iowa Bone Development Study[J].Journal of pediatrics, 2006, 148(6): 793-799.

[58] KATZMARZYK P T, TREMBLAY M S. Limitations of Canada's physical activity data: Implications for monitoring trends[J]. Appliquée physiologie, nutrition and métabolism, 2007, 32(1): S122-S134.

[59] COLLEY R C, GARRIGUET D, JANSSEN I, et al. Physical activity of Canadian children and youth: Accelerometer results from the 2007 to 2009 Canadian health measures survey[J]. Health report, 2011, 22(1): 7-14.

[60] 梁枢，梁伟．电子竞技国际研究热点与发展趋势的文献计量分析[J]．成都体育学院学报，2019，45（2）：7-14.

[61] 李佳薇，鲁长芬，罗小兵．回顾与展望：西方青少年身体活动研究热点领域与发展趋势[J]．山东体育学院学报，2019，35（1）：39-46.

[62] BALABAN V. The Relationship between objectively measured physical activity and fundamental motor skills in 8 to 11 years old children from the czech republic[J]. Montenegrin journal of sports science & medicine, 2018, 7(2): 11-16.

[63] 张磊，王丹丹，吴雪萍．软式曲棍球干预对中重度智力障碍男生基本动作技能的影响[J]．中国体育科技，2022，58（3）：19-26.

[64] FISHER A, BOYLE J M E, PATON J Y, et al. Effects of a physical education intervention on cognitive function in young children: Randomized controlled pilot study[J]. BMC pediatrics, 2011, 11: 97.

[65] RYAN R M, DECI E L. Self-determination theory: Basic psychological needs in motivation, development and wellness[M]. New York :Guilford Publications, 2017.

[66] VASCONCELLOS D, PARKER P D, HILLAND T, et al. Self-determination theory applied to physical education: A systematic review and meta-analysis[J]. Journal of educational psychology, 2019, 112(7): 1444-1469.

[67] WANG L J. Using the self-determination theory to understand Chinese adolescent leisure-time physical activity[J].European journal of sport science, 2017, 17(4): 453-461.

[68] HAGGER M S, CHATZISARANTIS N L D, HEIN V, et al. The perceived autonomy support scale for exercise settings (PASSES): Development, validity, and cross-cultural invariance in young people[J].Psychology of sport and exercise, 2007, 8(5): 632-653.

[69] VLACHOPOULOS S P. Psychometric evaluation of the basic psychological needs in exercise scale in community exercise programs: A cross-validation approach[J]. Hellenic journal of

psychology, 2007(4): 52-74.

[70] MULLAN E, Markland D, INGLEDEW D K. A graded conceptualization of self-determination in the regulation of exercise behavior: Development of a measure using confirmatory factor analysis[J]. Personality and individual differences, 1997, 23(5): 745-752.

[71] 王富百慧，王梅．动机与兴趣：社会环境与城市青少年身体活动之间的中介因素研究[J]．中国青年研究，2018（5）：76-83，67．

[72] BANDURA A. Self-efficacy: The exercise of control[M]. New York: W.H. Freeman and Company, 1997.

[73] KAEWTHUMMANUKUL T, BROWN K C. Determinants of employee participation in physical activity: Critical review of the literature[J]. Workplace health & safety, 2006, 54(6): 249-261.

[74] 程晖．朋友支持提升大学生有氧体适能的路径：身体活动和自我效能的中介作用[J]．体育与科学，2019，40（4）：114-120．

[75] DAVISON K K, JURKOWSKI J M, LI K, et al. A childhood obesity intervention developed by families for families: Results from a pilot study[J]. International journal of behavioral nutrition and physical activity, 2013, 10(1): 3.

[76] WEAVER R G, WEBSTER C A, BEETS M W, et al. An Intervention to Increase Students' Physical Activity: A 2-Year Pilot Study[J].American journal of preventive medicine, 2018, 55(1): E1-E10.

[77] SOLOMON-MOORE E, TOUMPAKARI Z, SEBIRE S J, et al. Roles of mothers and fathers in supporting child physical activity: A cross-sectional mixed-methods study[J]. Bmj open, 2018, 8(1): 10.

[78] ADAMO K B, LANGLOIS K A, BRETT K E, et al. Young children and parental physical activity levels: Findings from the Canadian health measures survey[J]. American journal of preventive medicine, 2012, 43(2): 168-175.

[79] ALEXY D, BOUDREAU A, DANIEL S, et al. Latino families, primary care, and childhood obesity: A randomized controlled trial[J]. American journal of preventive medicine, 2013, 44(3): S247-S257.

[80] EMM-COLLISON L G, JAGO R, SALWAY R, et al. Longitudinal associations between parents' motivations to exercise and their moderate-to-vigorous physical activity[J].Psychology of sport and exercise, 2019, 43: 343-349.

[81] CABANAS-SÁNCHEZ V, MARTINEZ-GÓMEZ D, ESTEBAN-CORNEJO I, et al. Associations of total sedentary time, screen time and non-screen sedentary time with adiposity and physical fitness in youth: The mediating effect of physical activity[J]. Journal of sports sciences, 2018, 37(8): 839-849.

[82] CLELAND V, TIMPERIO A, SALMON J, et al. A longitudinal study of the family physical activity environment and physical activity among youth[J]. American journal of health promotion, 2011, 25(3): 159-167.

[83] JANSSEN I. Impact of an active video game on healthy children's physical activity[J]. Yearbook of sports medicine, 2012: 159-160.

[84] GILLISON F B, STANDAGE M, CUMMING S P, et al. Does parental support moderate the effect of children's motivation and self-efficacy on physical activity and sedentary behaviour?[J]. Psychology of sport & exercise, 2017, 32: 153-161.

[85] 徐陆璐，董宝林．青少年感知父母支持与身体活动的关系：交叉滞后研究[J]．中国体育科技，2021，57（9）：60-66．

[86] 段玄锋．智障儿童学习活动支持程度研究[D]．重庆：重庆师范大学，2013．

[87] FERREIRA I, HORST K V D, WENDEL-VOS W, et al. Environmental correlates of physical activity in youth - a review and update[J]. Obesity reviews, 2010, 8(2): 129-154.

[88] MAHER C A, OLDS T S. Minutes, MET minutes, and METs: Unpacking socio-economic gradients in physical activity in adolescents[J]. Journal of epidemiology and community health, 2011, 65(2): 160-165.

[89] RAUDSEPP L, VIIRA R. Changes in physical activity in adolescent girls: A latent growth modelling approach[J]. Acta paediatrica, 2010, 97(5): 647-652.

[90] JANSSEN I, BOYCE W F, SIMPSON K, et al. Influence of individual- and area-level measures of socioeconomic status on obesity, unhealthy eating, and physical inactivity in Canadian adolescents[J]. American journal of clinical nutrition, 2006, 83(1): 139-145.

[91] LIORET S, MAIRE B, VOLATIER J L, et al. Child overweight in France and its relationship with physical activity, sedentary behaviour and socioeconomic status[J]. European journal of clinical nutrition, 2007, 61(4): 509-516.

[92] DRENOWATZ C, EISENMANN J C, PFEIFFER K A, et al. Influence of socio-economic status on habitual physical activity and sedentary behavior in 8- to 11-year old children[J]. BMC public health, 2010(10): 214.

[93] Office for National Statistics. Families and Households[R]. London: UK, 2017.

[94] BAGLEY S, SALMON J, CRAWFORD D. Family structure and children’s television viewing and physical activity[J]. Medicine & science in sports & exercise, 2006, 38(5): 910-918.

[95] ROBINSON C H, THOMAS S P. The interaction model of client health behavior as a conceptual guide in the explanation of children's health behaviors[J]. Public health nursing, 2004, 21(1): 73-84.

[96] O'LOUGHLIN J, PARADIS G, KISHCHUK N, et al. Prevalence and correlates of physical

activity behaviors among elementary schoolchildren in multiethnic, low income, inner-city neighborhoods in Montreal, Canada[J]. Annals of epidemiology, 1999, 9(7): 397-407.

[97] SALLIS J F, PROCHASKA J J, TAYLOR W C, et al. Correlates of physical activity in a national sample of girls and boys in grades 4 through 12[J]. Health psychology, 1999, 18(4): 410-415.

[98] LIJUAN W, JING Q. Association between family structure and physical activity of Chinese adolescents[J]. BioMed research international, 2016(6): 1-7.

[99] VAN SLUIJS E M F, MCMINN A M, GRIFFIN S J, et al. Effectiveness of interventions to promote physical activity in children and adolescents: Systematic review of controlled trials[J]. British medical journal, 2007, 335: 1-13.

[100] FAIRCLOUGH S J, BEIGHLE A, ERWIN H, et al. School day segmented physical activity patterns of high and low active children[J]. BMC public health 2012(12): 406.

[101] STEELE R M, VAN SLUIJS E M F, SHARP S J, et al. An investigation of pattern of children's sedentary and vigorous physical activity throughout the week[J]. International journal behavior nutrition and physical activity, 2010(7): 88.

[102] CAVILL N A, BIDDLE S, SALLIS J F. Health enhancing physical activity for young people: Statement of the United Kingdom expert consensus conference[J]. Pediatric exercise science, 2001(13): 12-25.

[103] TAYLOR I M, NTOUMANIS N, STANDAGE M, et al. Motivational predictors of physical education students' effort, exercise intentions, and leisure-time physical activity: A multilevel linear growth analysis[J]. Journal of sport & exercise psychology, 2010, 32(1): 99-120.

[104] DUDLEY D, OKELY A, PEARSON P, et al. A systematic review of the effectiveness of physical education and school sport interventions targeting physical activity, movement skills and enjoyment of physical activity[J]. European physical education review, 2011, 17(3): 353-378.

[105] FAIRCLOUGH S, STRATTON G. Improving health-enhancing physical activity in girls' physical education[J]. Health education research, 2005, 20(4): 448-457.

[106] MCKENZIE T L, NADER P R, STRIKMILLER P K, et al. School physical education: Effect of the child and adolescent trial for cardiovascular health[J]. Preventive medicine, 2016, 25(4): 423-431.

[107] SALLIS J F, MCKENZIE T L, BEETS M W, et al. Physical education's role in public health: Steps forward and backward over 20 years and hope for the future[J]. Research quarterly for exercise & sport, 2012, 83(2): 125-135.

[108] YOUNG D R, PHILLIPS J A, YU T, et al. Effects of a life skills intervention for increasing physical activity in adolescent girls[J]. Archives of pediatrics & adolescent medicine, 2006,

160(12): 1255-1261.

[109] SCANTLING E, DUGDALE H. The effects of two instructional formats on the heart rate intensity and skill development of physical education students[J]. Physical educator, 1998,55: 138.

[110] IGNICO A, CORSON A, Vidoni C. The effects of an intervention strategy on children's heart rates and skill performance[J]. Early child development and care, 2006, 176(7): 753-761.

[111] JOHNSON, MARTIN W. Physical education--fitness or fraud? A call for curriculum reform[J]. Journal of physical education recreation & dance, 1985, 56(1): 33-35.

[112] STRAND B, ANDERSON C. A comparison of two instructional formats on heart rate intensity, skill achievement and student attitude[J]. The journal of the nebraska dental association, 1996, 27(2): 21-24.

[113] RINK J E. Teaching physical education for learning[M]. Louis: Mosby- Year Book, Inc, 2009.

[114] COX A E, ULLRICH-FRENCH S . The motivational relevance of peer and teacher relationship profiles in physical education[J]. Psychology of sport & exercise, 2010, 11(5): 337-344.

[115] BATES D, MCHLER M, BOLKER B M, et al. Fitting linear mixed-effects models using lme4[J]. Journal of statal software, 2015, 1406(1): 1-48.

[116] KOFF E, WELLESLE C, BAUMAN C L, et al. Effects of wellness, fitness, and sport skills programs on body image and lifestyle behaviors.[J]. Percept and motor skills, 1997, 84(2): 555-562.

[117] ALLISON R, PATRICK H. The classroom social environment and changes in adolescents\" Motivation and engagement during middle school[J]. American educational research Journal, 2001, 38(2): 437-460.

[118] PATRICK H, RYAN A M. Identifying adaptive classrooms: dimensions of the classroom social environment. In K. A. Moore, & L.H. Lippman （Eds.）. What do children need to flourish?: Conceptualizing and measuring indicators of positive development[M]. New York: Springer, 2005.

[119] COX A E, ULLRICH-FRENCH S. The motivational relevance of peer and teacher relationship profiles in physical education[J]. Psychology of sport & exercise, 2010, 11(5): 337-344.

[120] DING D, SALLIS J F, KERR J, et al. Neighborhood environment and physical activity among youth a review[J]. American journal of preventive medicine, 2011, 41(4): 442-455.

[121] SUKYS S, CESNAITIENE V J, Grajauskas L, et al. Exercise services availability association with young adults' leisure time physical activity and personal health[J]. Transformations in business and economics, 2016, 15(38B): 709-722.

[122] NELSON N M, WOODS C B. Engineering children's physical activity: Making active choices

easy[J]. Municipal engineet, 2007(2): 103-109.

[123] SUN Z, LAI K Y, BELL S, et al. Exploring the associations of walking behavior with neighborhood environments by different life stages: A cross-sectional study in a smaller Chinese City[J]. International journal of environmental research and public health, 2020, 17(1).

[124] VET E D, RIDDER D T D D, WIT J B F D. Environmental correlates of physical activity and dietary behaviours among young people: a systematic review of reviews[J].Obesity review, 2011, 12(5): e130-e142.

[125] HANSON M D, CHEN E. Socioeconomic status and health behaviors in adolescence: A review of the literature[J]. Journal of behavioral medicine, 2007, 30(3): 263-285.

[126] FERREIRA I, HORST K V D, WENDEL-VOS W, et al. Environmental correlates of physical activity in youth - a review and update[J]. Obesity reviews, 2007, 8(2): 129-154.

[127] GORDON-LARSEN P, MCMURRAY R G, POPKIN B M. Determinants of adolescent physical activity and inactivity patterns[J]. Pediatrics, 2000, 105(6): E83.

[128] BROWNSON R C, BAKER E A, HOUSEMAN R A, et al. Environment and policy determinants of physical activity in the United States[J]. American journal of public health, 2001, 91: 1995-2003.

[129] SU M, TAN Y Y, LIU Q M, et al. Association between perceived urban built environment attributes and leisure-time physical activity among adults in Hangzhou, China[J]. Preventive medicine, 2014, 66: 60-64.

[130] FRANK L D, SALLIS J F, CONWAY T L, et al. Many pathways from land use to health: Associations between neighborhood walkability and active transportation, body mass index, and air quality[J]. Journal of the American planning association, 2006, 72(1): 75-87.

[131] GILES-CORTI B, VERNEZ-MOUDON A, REIS R, et al. City planning and population health: A global challenge[J]. Lancet, 2016, 388(10062): 2912-2924.

[132] SALLIS J F, CERIN E, KERR J, et al. Built environment, physical activity, and obesity: Findings from the international physical activity and environment network (IPEN) adult study[J]. Annual review of public health, 2020, 41(1): 119-139.

[133] SMITHE P. The role of afterschool settings in positive youth development[J]. Journal of adolescent health, 2007,41:219-220.

[134] AGBUGA B, XIANG P, MCBRIDE R. Students' attitudes toward an after-school physical activity programme[J]. European physical education review, 2013, 19(1): 91-109.

[135] Gagen L M, Getchell N. Using ‘constraints’ to design developmentally appropriate movement activities for early childhood education[J]. Early childhood education journal, 2006, 34(3): 227-232.

[136] TROST S G, ROSENKRANZ R R, DZEWALTOWSKI D. Physical activity levels among children attending after-school programs[J].Medicine & science in sports & exercise, 2008, 40(4): 622-629.

[137] LEE J, ZHANG T, CHU T L A, et al. Effects of a fundamental motor skill-based afterschool program on children's physical and cognitive health outcomes[J]. International journal of environmental research and public health, 2020, 17(3): 733.

[138] ROWLAND D, GROSS M, AFOLABI, et al. Randomised controlled trial of site specific advice on school travel patterns[J]. Archives of disease in childhood-fetal and neonatal edition, 2003, 88: 8-11.

[139] COOPER A R, PAGE A S, WHEELER B W, et al. Mapping the walk to school using accelerometry combined with a global positioning system[J]. American journal of preventive medicine, 2010, 38(2): 178-183.

[140] SARAH-JEANNE S, JAMES N, NATALIE D, et al. Effect of peers and friends on youth physical activity and motivation to be physically active[J]. Journal of pediatric psychology, 2009, 34(2): 217-225.

[141] BUKOWSKI W M, HOZA B, BOIVIN M. Measuring friendship quality during pre- and early adolescence: The development and psychometric properties of the friendship qualities scale[J]. Journal of social & personal relationships, 1994, 11(3): 471-484.

[142] BEETS, MICHAEL. Social support and youth physical activity: The role of provider and type[J]. American journal of health behavior, 2006, 30(3): 278-289.

[143] SALVY S J, BOWKER J W, ROEMMICH J N, et al. Peer influence on children's physical activity: an experience sampling study[J]. Journal of pediatric psychology, 2008, 33(1): 39-49.

[144] PELLEGRINI A D, BLATCHFORD P, KATO K, et al. A short-term longitudinal study of children's playground games in primary school: Implications for adjustment to school and social adjustment in the USA and the UK[J]. Social development, 2004, 13(1): 107-123.

[145] PELLIGRINI A D, SMITH P K. Physical activity play: The nature and function of a neglected aspect of play[J]. Child development, 1998, 69: 577-598.

[146] KING A C, PARKINSON K N, ADAMSON A J , et al. Correlates of objectively measured physical activity and sedentary behavior in English children[J]. The European journal of public health, 2011, 21(4): 424-431.

[147] CHRISTIANSEN C F, PEDERSEN L, SRENSEN H T, et al. Methods to assess seasonal effects in epidemiological studies of infectious diseases—exemplified by application to the occurrence of meningococcal disease[J]. Clinical microbiology and infection, 2012, 18(10): 963-969.

[148] MARTIN S, CARLSON S. Barriers to children walking to or from school—United States, 2004[J]. Morb mortal wkly rep, 2005, 54(38): 949-952.

[149] RICH C, GRIFFITHS L J, DEZATEUX C. et al. Seasonal variation in accelerometer-determined sedentary behaviour and physical activity in children: a review[J]. International journal of behavioral nutrition & physical activity, 2012(9): 9-49.

[150] REMMERS T, THIJS C, TIMPERIO A, et al. Daily Weather and children?s physical activity patterns[J]. Medicine & science in sports & exercise, 2017, 49(5): 922-929.

[151] GOODMAN A, PASKINS J, MACKETT A R. Day length and weather effects on children's physical activity and participation in play, sports, and active travel[J]. Journal of physical activity and health, 2012(8): 1105.

[152] HARRISON F, VAN SLUIJS E M, CORDER K, et al. The changing relationship between rainfall and chldren's physical activity in spring and summer: A longitudinal study[J]. International journal behavior nutrition physical activity, 2015(12): 12-41.

[153] EZZATI M, LOPEZ A D, RODGERS A, et al. Selected major risk factors and global and regional burden of disease[J]. Lancet, 2002, 360(9343): 1347-1360.

[154] HILL J O, WYATT H R, REED G W, et al. Obesity and the environment: Where do we go from here?[J]. Science, 2003, 299(5608): 853-855.

[155] 覃飞，徐旻霄，瞿超艺，等．空气污染暴露与体育活动：如何保障健康[J]．体育科学，2020，40（2）：58-69.

[156] MARSHALL J D, BRAUER M, FRANK L D. Healthy neighborhoods: Walkability and air pollution[J]. Environmental health perspectives, 2009, 117(11): 1752-1759.

[157] WEICHENTHAL S, HATZOPOULOU M, GOLDBERG M S. Exposure to traffic-related air pollution during physical activity and acute changes in blood pressure, autonomic and micro-vascular function in women: a cross-over study[J].Particle and fibre toxicology, 2014, 11(1): 70.

[158] FOLEY J T, BRYAN R R, MCCUBBIN J A. Daily physical activity levels of elementary school-aged children with and without mental retardation[J]. Journal of developmental and physical disabilities, 2008, 20(4): 365-378.

[159] EINARSSON I P, JÓHANNSSON E, DALY D, et al. Physical activity during school and after school among youth with and without intellectual disability[J]. Research in developmental disabilities,. 2016, 56: 60-70.

[160] KORENBERG J R, CHEN X N, SCHIPPER R, et al. Down syndrome phenotypes: The consequences of chromosomal imbalance[J]. Proceedings of the national academy of sciences of the United States of America, 1994, 91(11): 4997-5001.

[161] TOOMEY E, COOTE S B. Physical rehabilitation interventions in nonambulatory people with multiple sclerosis : A systematic review [J]. International journal of rehabilitation research, 2012, 35(4): 281-291.

[162] PHILLIPS A C, HOLLAND A J, TATJANA A. Assessment of objectively measured physical activity levels in individuals with intellectual disabilities with and without down's syndrome[J]. Plos one, 2011, 6(12): e28618.

[163] HOLMEN T L, BARRETT C E, CLAUSEN J, et al. Gender differences in the impact of adolescent smoking on lung function and respiratory symptoms. The Nord-Trondelag Health Study, Norway, 1995-1997[J]. Respiratory medicine, 2002, 96(10): 796- 804.

[164] BIDDLE S J, GORELY T, PEARSON N, et al. An assessment of self-reported physical activity instruments in young people for population surveillance: Project Alpha[J]. International journal of behavioral nutrition and physical activity, 2011, 8(1): 1-9.

[165] FREEDSON P, POBER D, JANZ K F. Calibration of accelerometer output for children[J]. Medicine & science in sports & exercise, 2005, 37(11): 523-530.

[166] 徐燕，余斌，李江敏，等. 西方国家社区玩耍与游憩观察系统方法的应用研究及启示[J]. 人文地理，2018，33（3）：11-19，160.

[167] MCKENZIE T L, COHEN D A, SEHGAL A, et al. System for observing play and recreation in communities(SOPARC): Reliability and feasibility measures[J]. Journal of physical activity & health, 2006, 3(1): 208-222.

[168] EVENSON K R, JONES S A, HOLLIDAY K M, et al. Park characteristics, use, and physical activity: A review of studies using SOPARC[J]. Preventive medicine, 2016, 86(5): 153-166.

[169] BOCARRO J N, FLOYD M, MOORE R et al. Adaptation of the system for observing physical activity and recreation in communities(SOPARC) to assess age groupings of children[J]. Journal of physical activity & health, 2009, 6(6): 699-707.

[170] SHORES K A, WEST S T. Physical activity outcomes associated with Afican American park visitation in four community parks[J]. Journal of park & recreation administration, 2008, 26(3): 75-92.

[171] KACZYNSKI A T, WILHELM S A, HASTMANNN T J, et al. Variations in observed park physical activity intensity level by gender, race, and age: Individual and joint effects[J]. Journal of physical activity & health, 2011, 8(2): 151-160.

[172] 郭可雷. 学校体育环境、锻炼意向与初中生身体活动的关系研究[D]. 上海：上海体育学院，2019.

[173] 杨进，李广，杨雪. 何以坚守——基于勒温“场动力理论”谈乡村教师流失的规避[J]. 杭州师范大学学报（社会科学版），2021，43（2）：114-121.

[174] Kurt Lewin. Field Theory in social Science[M]. 北京：中国传媒大学出版社，2016.

[175] 申荷永. 充满张力的生活空间：勒温的动力心理学[M]. 武汉：湖北教育出版社，1999.

[176] 李保玉. 勒温场动力理论视域下新建本科院校教师专业发展的动力机制探析[J]. 大理大学学报，2017，2（7）：91-98.

[177] 申荷永. 论勒温心理学中的动力[J]. 心理学报，1991（3）：306-312.

[178] 张弛. 行政文化：政府职能转变的内驱力——基于勒温场动力理论视角[J]. 中共伊犁州委党校学报，2018（4）：88-92.

[179] EVENSON K R, CATELLIER D J, GILL K, et al. Calibration of two objective measures of physical activity for children[J]. Journal of sports sciences, 2008, 26(14): 1557-1565.

[180] WORLD HEALTH ORGANIZATION. Global recommendations on physical activity for health[M]. Geneva: WHO Press, 2010.

[181] 周媛，梅强，侯兵. 基于扎根理论的旅游志愿服务行为影响因素研究[J]. 旅游学刊，2020，35（9）：74-89.

[182] 贾旭东，衡量. 基于"扎根精神"的中国本土管理理论构建范式初探[J]. 管理学报，2016，13（3）：336-346.

[183] GLASER B G, STRAUSS A L. The discovery of grounded theory: Strategies for qualitative research[M]. Chicago: Aldine, 1967.

[184] 范培华，高丽，侯明君. 扎根理论在中国本土管理研究中的运用现状与展望[J]. 管理学报，2017，14（9）：1274-1282.

[185] STRAUSS A L, CORBIN J M. Basics of qualitative research: Grounded theory procedures and techniques[M]. Newbury Park: Sage, 1990.

[186] 郭安元. 基于扎根理论的心理契约违背的影响因素及其作用机制研究[D]. 武汉：武汉大学，2015.

[187] 贾旭东，谭新辉. 经典扎根理论及其精神对中国管理研究的现实价值[J]. 管理学报，2010，7（5）：656-665.

[188] 李佳薇，梁枢. 青少年身体活动促进因素量表的研制与检验——基于"家校社三不脱离模型"的扎根理论构建[J]. 体育与科学，2020，41（1）：84-93，103.

[189] 王建明，贺爱忠. 消费者低碳消费行为的心理归因和政策干预路径：一个基于扎根理论的探索性研究[J]. 南开管理评论，2011，14（4）：80-89，99.

[190] GORSUCH R L. Factor analysis[M]. London: Psychology Press, 1983.

[191] BENTLER P M. Comparative fit indexes in structural models[J]. Psychological bulletin, 1990, 107(2): 238-246.

[192] CLARA I P, COX B J, ENNS M W. Confirmatory factor analysis of the depression–anxiety–stress scales in depressed and anxious patients[J]. Journal of psychopathology and

behavioral assessment, 2001, 23(1): 61-67.

[193] ANDERSON J C, GERBING D W. Structural equation modeling in practice: A review and recommended two-step approach.[J]. Psychological bulletin, 1988, 103(3): 411-423.

[194] GEFEN D, STRAUB D W, BOUDREAU M C. Structural equation modeling and regression: Guidelines for research practice[J].Communications of the association for information systems, 2000, 4(1): 1-78.

[195] GEFEN D. Assessing unidimensionality through LISREL: An explanation and an example[J]. Communications of the association for information systems, 2003, 12(1): 23-47.

[196] HINKIN T R. A brief tutorial on the development of measures for use in survey questionnaires[J]. Organizational research methods, 1998, 1(1): 104-121.

[197] 弗洛德·J·福勒．调查研究方法[M]．孙振东，龙藜，陈荟，译．3 版．重庆：重庆大学出版社，2004.

[198] 袁建文，李科研．关于样本量计算方法的比较研究[J]．统计与决策，2013（1）：22-25.

[199] BORG W R, GALL M D. Educational research: An introduction[M]. New York: Longman, 1983.

[200] 吴明隆．SPSS 统计应用实务[M]．北京：中国铁道出版社，2000.

[201] NILSSON A, EKELUND U, YNGVE A, et al. Assessing physical activity among children with accelerometers using different time sampling intervals and placements[J]. Medicine & science in sports & exercise, 2002, 14(1): 87-96.

[202] ROWLANDS, ANN V. Accelerometer assessment of physical activity in children: An update.[J]. Pediatric exercise science, 2007, 19(3): 252-266.

[203] TROST S G, LOPRINZI P D, MOORE R, et al. Comparison of accelerometer cut points for predicting activity intensity in youth[J]. Medicine & science in sports & exercise, 2011, 43(7): 1360-1368.

[204] BUTTE N F, WATSON K B, RIDLEY K, et al. A youth compendium of physical activities: Activity codes and metabolic intensities [J]. Medicine & science in sports & exercise, 2018, 50(2): 1-26.

[205] TROIANO R P, BERRIGAN D, DODD K W, et al. Physical activity in the United States measured by accelerometer.[J]. Medicine & science in sports & exercise, 2008, 40(6): 1188-1189.

[206] CORDER K, EKELUND U, STEELE R M, et al. Assessment of physical activity in youth[J]. Journal of applied physiology, 2008, 105(3): 977-987.

[207] ANDERSON C B, HAGSTROMER M, YNGVE A. Validation of the PDPAR as an adolescent diary: Effect of accelerometer cut points[J]. Medicine & science in sports & exercise, 2005.

37(7): 1224-1230.

[208] ROWE D A, MAHAR M T, RAEDEKE T D, et al. Measuring physical activity in children with pedometers: reliability, reactivity, and replacement of missing data[J]. Pediatric exercise science, 2004, 16(4): 343-354.

[209] 国家卫生和计划生育委员会．学龄儿童青少年营养不良筛查（WS/T 456-2014）[R]．北京：国家卫生和计划生育委员会，2014．

[210] 国家卫生和计划生育委员会．儿童青少年发育水平的综合评价（GB/T31178-2014）[R]．北京：国家卫生和计划生育委员会，2014．

[211] 中国肥胖问题工作组．中国学龄儿童青少年超重、肥胖筛查体重指数值分类标准[J]．中华流行病学杂志，2004（2）：10-15．

[212] 中华人民共和国卫生部疾病控制司．中国成人超重和肥胖症预防控制指南[M]．北京：人民卫生出版社，2006．

[213] 李佳薇．山东省高校竞技健美操群体凝聚力影响因素研究[D]．济南：山东大学，2015．

[214] 教育部，中小学健康教育指导纲要[R]．北京：教育部体育卫生与艺术教育司，2008．

[215] 教育部，国家发改委，公安部，等．中小学生减负措施[R]．北京：教育部基础教育司，2018．

[216] 罗胜强，姜嬿．管理学问卷调查研究方法[M]．重庆：重庆大学出版社，2014：114．

[217] 邱皓政．量化研究与统计分析——SPSS（PASW）数据分析范例解析[M]．重庆：重庆大学出版社，2013．

[218] 吴明隆．问卷统计分析实务：SPSS 操作与应用[M]．重庆：重庆大学出版社，2010．

[219] 席玉宝．全国学校体育场地建设现状统计分析[J]．西安体育学院学报，2013，30（6）：671-676．

[220] 马德浩．从割裂走向融合——论我国学校、社区、家庭体育的协同治理[J]．中国体育科技，2020，56（3）：46-54．

[221] 国家体育总局．2014 年全民健身活动状况调查公报[EB/OL]．（2015-11-16）[2023-04-07]. https://www.sport.gov.cn/n315/n329/c216783/content.html.

[222] 陈福亮，杨剑，季浏．成就目标定向与大学生体育锻炼参与的关系——友谊质量的调节作用[J]．体育科研，2013．34（4）：61-65．

[223] 王凯珍，周志雄，任弘，等．影响 3～6 岁幼儿家庭体育活动行为和活动量的因素及路径分析[J]．西安体育学院学报，2011，28（3）：257-263．

[224] 李彬彬，符明秋．家庭影响青少年体育参与的研究进展[J]．成都体育学院学报，2004（1）：12-15．

[225] 郭戈，刘静霞，王耀文．我国家庭体育及其研究进展[J]．体育学刊，2005（5）：139-141．

[226] 李凯．家庭环境对儿童青少年身体活动的影响——基于我国 6 个城市的调查[D]．上海：

上海体育学院，2019.
[227] 张莹，翁锡全．建成环境、体力活动与健康关系研究的过去、现在和将来[J]．体育与科学，2014，35（1）：30-34.
[228] 陈庆果，温煦．建成环境与休闲性体力活动关系的研究：系统综述[J]．体育与科学，2014，35（1）：46-51.
[229] 鲁斐栋，谭少华．建成环境对体力活动的影响研究：进展与思考[J]．国际城市规划，2015，30（2）：62-70.
[230] 冯玉娟，毛志雄．高中生身体活动意向和行为的促进策略：自我决定动机对 TPB 的贡献[J]．体育科学，2014，34（8）：64-69.

附　　录

附录一　访 谈 提 纲

（一）学生访谈提纲

1. 身体活动参与情况

（1）在校期间，你平均每天用于体育锻炼的时间有多少？

（2）在闲暇时间里，你一般是如何度过的？你会不会参与体育锻炼？如果参与，那么是什么类型的体育锻炼？

（3）在闲暇时间内，你是否有中低强度身体活动？

（4）你周中与周末的平均睡眠时间分别为几个小时？你认为影响你睡眠时间的主要因素是什么？

2. 行为态度

（1）在体育课堂中，你是否能积极配合教师完成学习任务？你认为影响你参与体育课堂积极性的原因有哪些？你能否对其进行重要性排序？

（2）你是否经常参加学校的课外体育活动？原因是什么？

（3）在家里，你是否愿意做一些家务？具体会做哪些？

（4）在闲暇时间里，你是否愿意与家人一起进行体育锻炼？例如，一起去健身房、散步、郊游等。

（5）你是否愿意参加社会组织的体育培训活动？

（6）你是否会和邻居、朋友、同学相约一起进行体育锻炼？

（7）你会不会因体育已经列入升学考试科目而变得更愿意上好体育课、参与课外体育活动或者报名参加体育兴趣班？

3. 感知物理环境

（1）你家中有哪些体育器材、玩具、健身器械？经常使用的有哪些？

（2）你家中有哪些电子产品？经常使用的有哪些？

（3）你家附近是否有室内或者室外运动场馆、场地、公园等可以运动的地方？这些地方有哪些体育设施？经常使用的体育设施有哪些？

（4）你所在的学校有哪些体育器材、玩具、健身器械？数量有多少？在体育课堂和课外体育活动中经常使用的体育器材、玩具、健身器械有哪些？它们能够满足你的需求吗？它们是否老旧？

（5）体育场地、体育馆是否拥挤、老旧？

（6）在非体育课时段里，学校的体育设施会向学生免费开放吗？

4. 社会支持

（1）你的家人是否支持你参加体育锻炼？表现在哪些方面？

（2）你的家人是否支持你做家务？家务包括哪些？

（3）你的朋友、同学是否经常约你一起参加体育锻炼或一起上体育兴趣培训班？

（4）你的家人、朋友、教师参加身体活动的情况如何？表现在哪些方面？

（5）你的体育课有被挤占吗？

（6）你的体育教师是否有计划地组织你们参与体育锻炼或者竞赛训练？

（7）你的班主任会经常在班级中组织体育活动吗？你认为他（她）重视班级体育活动吗？

（8）你们学校是否有运动队/俱乐部？有哪些？你参加了吗？

（9）你们学校是否有体育特色项目？除运动会外，学校每年还会组织哪些体育活动？

（10）你会不会受到社区体育文化的影响，报名参加一些体育培训兴趣班？

（11）你所在的学校的办学理念和方针有哪些？是否重视体育宣传工作？

（二）学生家长访谈提纲

1. 对子女身体活动的评价

离开学校以后，你的孩子一般是如何度过闲暇时光的？

2. 父母对自身身体活动的评价

工作之余，你是怎样度过空闲时间的？

3. 感知物理环境

（1）你家中有哪些体育器材、玩具、健身器械？这些体育器材、玩具、健身器械是为孩子锻炼准备的吗？孩子经常使用的体育器材、玩具、健身器械有哪些？

（2）你家中有哪些电子产品？你是否经常在家利用这些电子产品工作、娱乐？孩子经常使用的电子产品有哪些？

（3）你家附近是否有运动场馆、场地或者公园等可以运动的地方？这些地方有哪些体育设施？你和孩子是否常常到这些地方进行锻炼？孩子经常使用的体育设施有哪些？

（4）你知道孩子学校中有哪些体育器材、玩具、健身器械？数量有多少？在体育课堂和课外体育活动中，孩子经常使用的体育器材、玩具、健身器械有哪些？它们能够满足孩子的需求吗？

4. 家庭体育行为环境

（1）你会控制孩子的屏幕时间吗？你是如何做的？

（2）你会要求孩子在家里做力所能及的家务活吗？你会接送孩子上下学吗？你会鼓励孩子参加户外体育锻炼吗？

（3）你会同意或者鼓励孩子与同学、朋友单独外出参与体育锻炼、郊游、逛街购物、去 KTV 唱歌、打游戏吗？

（4）你会为孩子参与身体活动提供资金支持吗？

（5）你会为孩子参与身体活动提供时间支持吗？

（6）你会为孩子参与身体活动提供技术支持吗？

（7）你会与孩子一起进行锻炼，参与各种体育活动吗？是什么原因让你这么做的？

（8）如何处理孩子体育活动与课业的时间安排问题？

（9）通过把体育列入升学考试科目来促进孩子参与体育活动，你对此有什么看法？

（10）你的家庭成员经常一起使用电视、计算机、手机等电子产品吗？你认为这种家庭氛围会不会影响孩子参与身体活动？

（三）学校体育负责人和体育教师提纲

1. 学生身体活动情况评价

你认为影响体育课课堂和课外体育活动的因素有哪些？

2. 学校体育负责人、体育教师自身的身体活动评价

学校会组织体育教师进行基本功培训吗？你认为基本功培训对学生参与体育锻炼积极性有没有影响？

3. 感知物理环境

（1）你所在的学校配备有哪些体育器材、玩具、健身器械？数量有多少？在体育课堂和课外体育活动时，经常使用的体育器材、玩具、健身器械有哪些？

（2）学校配备的体育器材、玩具、健身器械在数量和多样性上能够满足学生需求吗？

（3）如果学校配备的体育器材、玩具、健身器械数量和多样性不足，那么原因是什么？

（4）学生会带自己的体育器材、玩具、健身器械来学校参与身体活动吗？是什么类型的体育器材、玩具、健身器械？主要应用于什么类型的身体活动？原因是什么？

（5）除硬件实施外，学校为保证学生参与身体活动创造了哪些条件？

4. 学校体育行为环境

（1）学校的体育课、课外体育活动是如何安排的？是根据上级部门规定安排的，还是从学生的兴趣或需要出发安排的？

（2）你所在的学校是否有多种多样的运动队/俱乐部供学生选择？

（3）学校会组织学生去校外参与身体活动吗？

（4）体育教师是严格按照教学大纲来教学，还是会个性化定制适合本班实际情况的教学计划？

（5）班主任会经常在班级中组织体育活动吗？你认为他（她）重视班级体育活动吗？

（6）你所在的学校有体育课被挤占的现象吗？

（7）在学生的评优评先方面，体育成绩是否和文化课成绩同等重要？如果不是，那么原因是什么？

5. 学校体育政策环境

（1）自从体育列入升学考试科目以来，学校是否重视体育课堂和课外体育活动？具体表现在哪些方面？

（2）学校招聘体育教师时，着重关注教师的哪些素养？是否存在体育教师缺编、聘用代课教师的情况？

（3）学校在周末和节假日能对社会公众免费或低成本开放体育设施吗？

（四）政府教育部门和体育部门负责人访谈提纲

（1）如何评价学校体育工作开展情况？有哪些评价指标和监督手段？

（2）如何对学生体质健康情况进行检测和监督？

（3）如何开展校际体育联赛或者中学生运动会？

（4）学校发展体育的诉求、困难有哪些？

附录二　儿童青少年身体活动影响因素量表

亲爱的同学：

你好，非常感谢你参与调查！本调查的主题是探究儿童青少年身体活动影响因素及其重要程度，以下内容按真实意愿填写或勾选即可，答案无对错之分，与学习成绩无关。我们承诺本调查仅用于学术研究，在数据分析过程中将隐去个人的所有基本信息，对全部数据资料做保密处理。

学校：____________________　　班级学号：____________________

身高：__________厘米（cm）　　体重：__________公斤（kg）

出生年月：________年________月　　　　性别：☐ 男　　☐ 女

是否为独生子女：☐ 是　　☐ 否　　　　民族：☐ 汉族　　☐ 其他________

是否近视：☐ 否　　　☐ 是　　　左眼________度　　右眼________度

父亲的年龄：________周岁　　　　母亲的年龄：________周岁

父亲的身高：________厘米（cm）　　母亲的身高：________厘米（cm）

父亲的体重：________公斤（kg）　　母亲的体重：________公斤（kg）

父亲的受教育程度：

☐ 初中及以下　☐ 中专　☐ 高中　☐ 大专　☐ 本科　☐ 硕士研究生

☐ 博士研究生

母亲的受教育程度：

☐ 初中及以下　☐ 中专　☐ 高中　☐ 大专　☐ 本科　☐ 硕士研究生

☐ 博士研究生

题号	题目	完全不符合	不太符合	不太确定	比较符合	完全符合
	第一部分——个人因素					
1	我认为身体活动能够使人心情愉悦	1	2	3	4	5
2	我认为身体活动能够减少沮丧情绪，使心情平静	1	2	3	4	5
3	我认为身体活动能够锻炼我的意志品质	1	2	3	4	5
4	我认为体育运动能够让我认识更多朋友，扩大交际圈	1	2	3	4	5
5	我认为通过体育运动能够缓解人际矛盾	1	2	3	4	5
6	我认为体育运动能够促进人的全面发展	1	2	3	4	5
7	我的体育运动很有规律性	1	2	3	4	5
8	我认为体育锻炼是日常生活的一部分	1	2	3	4	5
9	我会提前安排好每周体育锻炼的时间	1	2	3	4	5
10	通过后天系统训练，我的身体素质提高了	1	2	3	4	5
11	当我掌握一项运动技能时，学习新的项目会比其他人快	1	2	3	4	5
12	我会被优秀体育运动员的技术动作或竞技状态所吸引	1	2	3	4	5
13	好的运动体验增强了我的运动兴趣	1	2	3	4	5
14	在日常体育锻炼中，我希望比别人在技能、速度、耐力等方面表现得更好	1	2	3	4	5
15	家长认为体育锻炼可以缓解我的学习压力	1	2	3	4	5
16	家长认为体育课与语数外文化课同样重要	1	2	3	4	5
17	家长赞成体育作为升学考试的一个硬性指标	1	2	3	4	5

续表

题号	题目	完全不符合	不太符合	不太确定	比较符合	完全符合
	第二部分——家庭因素					
18	家长为了体育升学考试专门监督我训练	1	2	3	4	5
19	家长认为体育运动能够促进我的全面发展	1	2	3	4	5
20	家长经常去户外或在家进行体育锻炼	1	2	3	4	5
21	家长经常观看体育比赛或新闻资讯	1	2	3	4	5
22	家长熟练掌握 1～2 项运动技能	1	2	3	4	5
23	家长经常和我一起参加体育锻炼	1	2	3	4	5
24	家长常给我分享体育锻炼的经验	1	2	3	4	5
25	家长常给我讲体育运动的常识	1	2	3	4	5
26	家长常教我避免和处理运动损伤的方法	1	2	3	4	5
27	家长常在我体育活动时提供技术指导	1	2	3	4	5
28	家长常给我讲一些体育方面的奇闻趣事	1	2	3	4	5
29	家长常在我在体育运动中遇到挫折时给予鼓励	1	2	3	4	5
30	家长常在我在体育运动中取得一定成绩时给予肯定	1	2	3	4	5
31	家长常在选择运动项目和培训机构时与我一起商量	1	2	3	4	5
32	家长支持我参与体育锻炼	1	2	3	4	5
33	家长经常为我购买必要的体育器械和专业运动装备	1	2	3	4	5
34	家长经常为我购买日常穿着的运动鞋和运动服	1	2	3	4	5
35	家长支持我参加各种体育比赛，并为我提供报名费和食宿费	1	2	3	4	5
	第三部分——学校因素					
36	学校有充足的体育器材	1	2	3	4	5
37	学校的体育场地设施经常得到检修、翻新、维护	1	2	3	4	5
38	学校的体育器材经常更新	1	2	3	4	5
39	我的体育教师态度友善，从不打骂我们	1	2	3	4	5
40	我的体育教师工作责任心很强，从未迟到早退	1	2	3	4	5
41	体育教师会尊重我们的想法	1	2	3	4	5
42	我的体育教师上课认真，常耐心细致地讲解技术要领	1	2	3	4	5
43	体育教师可以较好地组织我们进行体育活动或训练	1	2	3	4	5
44	体育教师能根据我们不同的运动基础因材施教	1	2	3	4	5
45	我非常喜欢我的体育教师	1	2	3	4	5
46	我非常愿意配合体育教师的课程安排	1	2	3	4	5

续表

题号	题目	完全不符合	不太符合	不太确定	比较符合	完全符合
	第三部分——学校因素					
47	每节体育课都有 10 分钟左右的体能（速度、耐力、柔韧）训练	1	2	3	4	5
48	在体育课上我学会了 1～3 项运动技能	1	2	3	4	5
49	每节体育课上我都有一半以上时间在练习	1	2	3	4	5
50	课上体能训练时，体育教师能够运用各种器材增加训练趣味性	1	2	3	4	5
51	体育教师经常将同一种器材运用到不同的教学内容中	1	2	3	4	5
52	班主任经常组织班级体育活动	1	2	3	4	5
53	学校会对体育表现突出的学生进行表彰	1	2	3	4	5
54	学校定期组织丰富多彩的体育文化节（月）、体育比赛或者运动会	1	2	3	4	5
55	学校经常组织我们参加或观看校际体育活动	1	2	3	4	5
56	我可以按照自己的兴趣爱好，自由选择体育项目模块课	1	2	3	4	5
57	学校常通过黑板报、宣传栏、展板、广播、网站等方式宣传体育知识，展现师生运动风采	1	2	3	4	5
58	学校常开展关于体育与健康的专题讨论会	1	2	3	4	5
59	教师经常与同事或者学生一起参加体育活动	1	2	3	4	5
60	我和关系好的同学经常一起参加课上、课外体育活动	1	2	3	4	5
61	我和同学们经常一起讨论体育比赛、优秀体育运动员等话题	1	2	3	4	5
	第四部分——社区因素					
62	我家附近有公共广场或公园	1	2	3	4	5
63	我家附近有公益性免费或低收费的健身中心或场地（馆）	1	2	3	4	5
64	我家附近有商业性健身中心或俱乐部	1	2	3	4	5
65	我居住的小区有很多公共体育器材或健身路径	1	2	3	4	5
66	我居住的小区会定期检修、维护、购买公共体育器材或健身路径	1	2	3	4	5
67	我居住的小区公共体育器材或健身路径很安全	1	2	3	4	5
68	我家附近有很多公益性体育指导员	1	2	3	4	5
69	我居住的小区有完善的社区体育组织	1	2	3	4	5
70	我家附近有多种多样的体育培训班	1	2	3	4	5
71	我居住的小区经常举办体育比赛	1	2	3	4	5
72	我家附近的体育培训机构经常举办体育比赛	1	2	3	4	5

续表

题号	题目	完全不符合	不太符合	不太确定	比较符合	完全符合
	第四部分——社区因素					
73	我家附近的青少年文化宫定期开展小型体育竞赛活动或体育表演	1	2	3	4	5
74	我居住的小区会定期开展关于身体健康的讲座及宣传活动	1	2	3	4	5
75	我居住的小区开展很多关于体育运动保健与运动损伤修复的知识讲座	1	2	3	4	5
76	我在家附近的运动场上认识很多新朋友	1	2	3	4	5
77	空闲时间我经常和朋友一起去打球、爬山、跑步、郊游等	1	2	3	4	5
78	我认为和朋友一起参加体育锻炼可以增进感情	1	2	3	4	5
79	我的好朋友热爱体育会激发我参与体育锻炼的热情	1	2	3	4	5
80	我家附近的绿化和景观非常美丽，吸引我在户外锻炼	1	2	3	4	5
81	我居住的小区垃圾倾倒及时，空地干净空旷，方便我在户外锻炼	1	2	3	4	5
82	我家附近的治安良好，我可以放心在户外锻炼	1	2	3	4	5
83	我居住的小区实行人车分离，我可以放心在户外锻炼	1	2	3	4	5
84	我居住的小区有方便步行或骑行的人行通道、多用途步道、骑行道路和路灯等设施，我可以放心在户外锻炼	1	2	3	4	5
85	我家到学校的道路、人行横道设置便于步行或骑行	1	2	3	4	5
86	我居住的小区规划设计便于步行	1	2	3	4	5
87	我家附近公园锻炼的人群不是很拥挤，体验感很好	1	2	3	4	5

注：完全不符合=1 分；不太符合=2 分；不太确定=3 分；比较符合=4 分；完全符合=5 分。

附录三　每日身体活动回忆表

姓名________年级________日期________星期________

h	min			
	0 ~ 15	15 ~ 30	30 ~ 45	45 ~ 60
0:00				
1:00				
2:00				

续表

h	min			
	0 ~ 15	15 ~ 30	30 ~ 45	45 ~ 60
3:00				
4:00				
5:00				
6:00				
7:00				
8:00				
9:00				
10:00				
11:00				
12:00				
13:00				
14:00				
15:00				
16:00				
17:00				
18:00				
19:00				
20:00				
21:00				
22:00				
23:00				